같은 방향, 다른 행로?

- 중앙부처 간 갈등과 협력 사례 -

한국행정학회 행정사례연구회

박병식 · 이영철
김상봉 · 백병성 · 성지은
유홍림 · 윤상오 · 이상길
주재복 · 최성락 · 홍성만

도서출판 대영문화사

머리말

한국은 지난 60년간 비약적인 성공을 통해 해외에서 원조받는 수원국에서 해외 개발도상국가들을 원조하는 공적개발원조(Official Development Assistance: ODA) 국가가 되었다. 이런 결과는 한국 정부가 다양한 상황 속에서 적합한 대안을 모색해 국가 운영을 체계적으로 관리해 온 행정관리 능력에 상당 부분 기인한다.

이렇게 한국 행정의 성과를 산출할 수 있도록 한국 행정학은 1950년대부터 선진국의 행정이론과 관리기법들을 습득해 한국 사회에 제공했고, 선진 행정학의 동향을 파악해 지속적으로 한국 행정에 투입해 왔다. 한국 행정학의 이런 노력은 한국 행정의 과학화와 효율성을 향상시켰고, 행정의 대응성을 증진시켜 한국 경제 발전에 중요한 기초를 다져왔다. 그러나 2000년대 이후 한국 사회가 선진국 반열에 오름에 따라 선진국의 성공 사례나 선진 이론들을 모방하거나 전달만 하기에는 한계에 다다르게 되었다. 이제 한국 행정에 기여할 수 있는 한국 행정학이 되기 위해서는 한국 사회의 다양한 문제들을 독자적으로 해결할 수 있는 분석 역량과 관리기법들을 함양할 필요가 제기되고 있다.

이런 현실적 필요성을 충족시키기 위해 2010년 한국행정학회 산하에 행정사례연구회를 발족해 한국 사회에서 직면하는 행정 및 정책문제들의 실제 사례들을 연구해 성공 및 실패 요인들을 분석해 왔고, 우수 사례들을 발굴해 행정학 교육 사례로 활용할 수 있도록 노력해 왔으며, 2013년부터는 '행정 및 정책의 성공 사례 선발대회'를 개최해 우수 사례를 발굴함으로써 다른 기관의 벤치마킹 대상이 될 수 있도록 노력해 왔다.

이런 노력을 하던 중 2012년 행정사례연구회 임원회의에서 특정 주제의 사례를 집중적으로 연구 및 학습할 수 있도록 '행정사례 총서'를 발간하자는 데 의견의 일치를 보아, 첫 번째 사례집으로 '중앙부처 간 갈등과 협력 사례집'을 구상했다. 중앙정부와 지방자치단체 간이나 지방자치단체 간의 갈등 사례는 매우 많이 제시되어 왔으나, 중앙부처 간의 갈등 및 협력 사례는 사례의 복잡성과 부처 내부 결정 과정 분석의 어려움 등으로 인해 많은 연구가 이루어지지 않았기에 정부 간 갈등 및 협력을 첫 번째 '행정사례 총서'의 주제로 선정했다.

행정사례 연구가 필요한 이유를 보면 1970~80년대 안방 TV를 차지했던 「형사 콜롬보」 드라마에서 콜롬보 형사의 사건 현장 중심의 수사 방법을 예시로 들 수 있다. 형사 콜롬보는 수사의 가장 핵심은 사건의 발생 현장에 있다고 주장한다. 이처럼 사건 해결의 해답은 현장에 있다는 범죄수사론의 기초 이론처럼, 이제 한국 행정을 발전시키기 위해서는 선진국의 성공 사례들을 참고하면서 한국 행정의 현장을 심도 있게 분석하고 규명해 가장 최선의 방안을 모색해 내는 현실 지향적인 문제 탐색적 접근이 요청되고 있다.

이제까지 한국 행정학은 선진국을 따라가는 추적(following up) 전략을 구사해 왔지만, 선진 한국을 만들어 나가기 위해서는 선진국의 성공 사례를 참조하면서 한국 행정의 실태를 정확히 파악하고(왜 성과를 냈는지, 실패했는지) 구체적 해결책을 모색해 추진해 나가는 주도(leading up) 전략이 요청된다. 더구나 한국 행정을 벤치마킹하려는 전 세계 많은 개발도상국에 유용한 행정정보와 조직관리 방안을 제시해 주기 위해서는 한국 행정 현장을 정확히 파악해 한국 행정을 가장 최적의 방향으로 이끌었던 방안들을 제시할 수 있는 심도 있는 연구가 요청된다. 이런 접근을 통해 한국 행정은 전 세계 개발도상국가들의 행정관리 영역에서 지도자적 역할을 담당할 수 있을 것이다.

한국행정학회 행정사례연구회는 지속적으로 한국 행정의 다양한 사례들에 대한 심도 있는 분석을 통해 행정 성과를 증대할 수 있는 방안들을 개발하고, 행정실무 능력을 증진시킬 수 있는 사례교육 프로그램을 개발하며, 성공 사례들의 분석, 검토, 재구성을 통해 개발도상국 행정 발전에 활용할 수 있는 다각적인 행정 및 정책 방안들을 마련해 낼 계획이다.

이 책의 출간을 위해 지난 3년 동안 많은 노력을 해 준 행정사례연구회 이영철 연구위원장, 최성락 연구이사, 한형서 총무위원장 및 여러 임원께 감사드리고, 이 책 발간을 위해 옥고를 기고해 주신 저자들과 이 책을 출판해 준 대영문화사 임춘환 사장님께 고마움을 전한다. 그리고 이 책의 출판에 저작권 사용을 인정해 준 한국정책학회, 서울행정학회, 한국정책과학학회, 한국지방행정연구원의 임원진께도 감사의 마음을 전한다. 다시금 행정사례연구회는 한국 행정의 적실성을 증진시키고 한국 행정학의 주체성을 함양하며, 한국 행정의 현장에서 국민을 위한, 국민의 역량을 지원하기 위한, 국민의 꿈을 실현시켜 주기 위한 행정을 구현할 수 있도록 더욱 많은 노력을 다하고자 한다.

2014년 8월 중복,
경주 온방골에서

한국행정학회 행정사례연구회
회장 박병식

차 례

제 2 편 정부부처 활동: 같은 방향, 다른 행로

제 3 편 정부부처 활동: 다른 방향, 다른 행로

제 1 편

중앙부처 간 갈등과 협력: 사례와 이론

제 1 장

중앙부처 간 갈등과 협력 사례 연구

이영철

(전남대 행정학과)

제 1 절 서론

이 책은 중앙부처 간에 발생하는 갈등과 협력을 이해하기 위한 사례연구를 모아놓은 사례연구집이다. 이 책에서 소개하는 사례는 우리가 통상적으로 가지고 있는 '정부'에 대한 인식을 새롭게 하는 데 도움이 될 것이며, 정부의 운영 방식을 구체적으로 이해하는 데도 도움이 될 것이다. 이 책이 염두에 두고 있는 독자는 행정 현장에 있는 공무원과 학자, 그리고 행정이라는 중요하고 거대한 현상을 이해하려는 학생과 일반인이다. 현장의 공무원들은 직접적으로 접하는 세계를 이해하는 분석의 틀을 배울 수 있을 것이다. 학자들은 중앙부처 간의 복합적인 관계를 중점적으로 검토할 기회를 갖게 될 것이며, 이론의 소개 위주로 구성된 기존 교과서의 한계를 보완할 수 있는 좋은 사례들을 발견할 수 있을 것이다. 학생과 일반인은 추상적으로만 논의되는 정부 운영의 세계를 구체적으로 바라볼 수 있는 현실적 시각을 얻을 수 있고, 공무원들의 입장을 이해함으로써 정부 운영의 실태를 파악할 수 있는 새로운 접근 방법을 배우게 될 것이다.

행정학을 간단히 정의하자면, 정부가 수행하는 활동을 중심으로 정부의 제반 활동을 연구하는 학문이라고 말할 수 있다. 행정학의 주된 연구 대상은 정부이다. 정부는 하나의 조직으로서 많은 서비스를 직접 제공하기도 하고, 다양한 사회집단과의 관계를 통해 서비스를 제공하기도 한다. 현대 국가의 정부는 정말 많은 일을 수행한다. 복지국가 체제가 성립되면서 국가가 관여하는 일의 범위는 더욱 넓어졌다. 현대의 정부는 전통적인 정부의 기능인 외교, 국방, 재무, 내무 등의 국가 유지 기능을 넘어서 다양한 활동을 수행한다. 한 사람의 시민이 탄생하기 이전부터 인구계획을 세우고, 산모의 건강을 보살피기 시작하며, 탄생한 아이의 보육으로부터 교육, 건강, 주택, 취업, 노후문제 등 인생의 전 시기에 걸쳐 관여한다. 얼마 전까지 정부의 활동 영역 밖이라고 여겨지던 가정 내의 문제, 개인적인 선호와 취향에 관한 문제에도 정부가 관여하게 되었다. 정부의 활동이 영향을 미치지 않는 분야를 찾기 힘들다. 이에 걸맞게 현대의 정부는 복잡하게 변모했다.

어떤 국가에서든 가장 많은 인원을 지닌 조직은 정부이며, 정부는 대체로 가장 많은 자금을 관리하고 사용하는 조직이다. 거대한 인원과 예산을 사용하면서 복잡하고 많은 일을 수행하기 위해 정부의 구조는 중앙정부와 지방정부의 업무로 구분된다. 최근에는 정부가 활동하는 데 민간 부문과의 관계의 중요성이 부각되면서, 정부와 민간조직과의 관계 정립도 주목을 받고 있다.

현대의 발달된 국가의 경우 다각화된 업무를 다루기 위해 대체로 15~20개의 부처로 나누어 구성되어 있다. 정부부처의 수가 정부 활동의 복합성을 다 말해주는 것은 아니다. 각 부처에는 숱한 정부 산하기관이 있으며, 각 부처가 관여하는 준정부기관의 수도 적지 않고, 또 정부의 업무를 수행하기 위해 민간조직의 인원과 자원을 활용하는 것도 정부 활동의 주요한 부분이 되고 있다.

정부의 구조와 활동이 복합적인데도 불구하고, 우리는 자신도 모르는 사이에 '정부'가 하나의 잘 짜여진 합리적 조직이라고 전제하곤 한다. 이런 견해는 위에서 설명한 현대 정부의 역할과 조직을 고려할 때, 순진하고 단순한 생각임을 쉽게 알 수 있다. '정부'는 하나의 행위자가 아니라 적어도 15~20개의 행위자라고 말할 수 있다. 우리는 정부부처 간 갈등, 정책 조정의 실패, 정책의 지연, 정책 변화라는 말을 자주 듣게 되는데 정부 활동의 복잡성과 거대한 규모를 고려한다면, 또 정부부처 간 역할의 불명확성, 중복성 등을 고려해 본다면, 그러한 불협화음과 불가측성은 일견 당연하다고 할 수 있다. 이런 상황은 '정부 활동'을 연구하는 행정학에 커다란 도전이 아닐 수 없다.

정부의 어떤 활동이 핵심적인 중요성을 지니고 있으며, 어떻게 연구할 것인가? 행정학의 연구 대상을 정부조직과 정부의 작동(즉, 정책)으로 나누어 볼 수 있다. 정부조직의 연구는 업무의 구분, 조직의 분화와 통합, 중앙정부-지방정부의 관계에 관한 연구로서, 정부의 구조(뼈대)를 연구하는 작업이다. 정부 작동의 연구는 그런 구조를 지닌 정부조직(혹은 관료제도)이 어떤 일을 어떻게 수행하는가에 대한 연구로서, 정부의 활동(신체적 작용)에 대한 연구라고 말할 수 있다. 행정 현상의 연구를 뼈대의 연구와 신체적 작용의 연구의 두 가지로 구분한 것은 분석상의 편의를 위한 것이다. 해부학과 생리학을 알아야 신체의 활동을 이해할 수 있는 것처럼, 정부 활동을 제대로 이해하기 위해서는 두 가지 연구를 동시에 수행해야 할 것이다.

정부가 여러 기능을 수행하는 여러 부처로 구성되었다고 인식을 하게 되면, 연구 방법도 그에 따라 달라져야 할 것이다. 우리 행정학계에서는 계량적인 연구가 주류로 인식되어 왔고, 정성적인 질적 연구는 사회과학적인 관점에서는 제한된 연구라는 인식이 팽배해 있다. 이러한 인식에도 불구하고, 비계량적인 연구가 더 많이 이루어지고 있는 것이 현실이다. 이런 비계량 연구의 역설—즉, 열등하다고 인식되는 학문적 지위, 그러나 연구에서의 수적인 우위—은 어느 정도는 정성적 연구에 대한 불신과 계량 연구에 대한 맹신의 결과로서 설명될 수 있다. 여기서는 이런 방법론적인 논쟁을 검토하지는 않을 것이다. 다만, 우리는 정성적 연구와 계량적 연구가 배타적이라고 보지 않으며, 각각의 연구 방법에 맞는 적절한 연구 영역이 있다고 본다는 점을 밝혀두고자 한다. 또한 정부부처 간의 현상을 이해하는 데에는 사례연구 방법이 좀 더 적절하다고 본다.

사례연구 방법은 계량연구 방법에 비해 어떤 현상이 발생하는 메커니즘을 밝혀내는 데 유효하다. 정부의 뼈대와 활동을 구분하지 않고 분석에 포함시키는 장점도 있다. 이 책에서 소개되는 중앙정부 부처 간의 정책사례 연구는 특정한 정책을 둘러싼 주요 행위자들, 그들의 이해 관계와 관점, 그들 간의 상호 관계, 상호 관계를 형성하는 제도적인 틀, 상호 관계의 결과를 검토하고 있다. 이들 사례는 한국의 중앙부처가 작동하는 메커니즘을 다각도로 비추어 줌으로써, 이를 이해하고 설명하는 데 크게 기여할 것이다.

행정 사례를 통해 행정 현상을 연구하고 교육해야 한다는 연구와 교육의 필요성은 오래전부터 제기되어 왔고, 몇 권의 중요한 사례연구집이 편집·출판되었다. 기존의 사례집은 대개의 경우, 사례연구의 중요성을 인식한 학자들이 자신들이 중요하다고 생각되는 사례 혹은 잘 알고 있는 사례를 엮어서 편집해 출간한 것이다. 그 결과 사례를 아우르는 연구 시각이나 연구 대상의 특성에 대한 고려는 제한적이며, 모아놓은 사례들이 말하는 바를 파악하기가 쉽지 않았다. 결과적으로 그러한 사례집은 연구에 크게 기여하지 못했다.

기존의 사례집은 교육용으로서도 그 유용성이 제한적이다. 학부의 학생들로서는 연구 대상이 너무 다양하고, 각 사례가 의미하는 바도 상이하기 때문에 사례들을 체계적으로 이해하고 그 의미를 음미하는 데 어려움을 겪는다. 따라서, 기존의 사례집을 학부의 수업에서 교재로 사용하는 데에는 일정한 한계가 있다. 유사한 이유로 공무원이나 일반인이 행정사례 연구집에 흥미를 갖기도 어렵다. 독자 스스로 사례를 비교함으로써 직접 구체적인 교훈을 얻고 통찰력을 얻기 위한 작업을 해야 하기 때문이다.

이 책은 기존 사례집이 지닌 연구와 교육상의 문제를 해소하기 위해 다음과 같은 몇 가지 면에 노력을 기울였다.

첫째, 선정된 사례는 중앙부처 간의 갈등·협력을 다루고 있다. 중앙부처와 지방자치단체와의 갈등, 정부부처와 시민단체와의 갈등은 많이 연구된 분야인데, 중앙부처 간의 갈등·협력 사례는 상대적으로 연구가 미진한 분야이다. 연구가 미진한 것은 연구의 중요성이 낮기 때문이 아니다. 오히려 중앙부처의 정책 과정은 파급 효과가 크기 때문에 다른 분야의 연구에 비해 그 정책적·이론적 중요성이 크지만, 그만큼 관계자와 자료에 접근하기가 쉽지 않았기 때문에 암흑상자(black box)로 취급되면서 연구가 미진했던 것이다. 따라서 중앙부처 간의 갈등·협력의 연구 사례들을 묶어놓는 것은 그 자체로서 이 분야 연구의 훌륭한 자료가 될 것이며, 이 분야 연구의 좋은 안내자가 될 수 있다. 이와 관련해, 이 책에 소개된 논문의 많은 저자가 국가연구소에 소속했거나, 소속되어 있는 젊은 학자들이라는 점은 특기할 만하다. 정부기관의 연구자들이 대학의 연구자들보다 실질적인 정보에 접근하기 쉬웠고, 직·간접으로 연결되었기 때문에 좋은 사례 보고를 할 수 있었다고 생각된다.

둘째, 선정된 사례의 범위를 중앙부처로 한정했다. 주제를 한정함으로써 사례

모음집은 산만하고 일관성이 결여되었다고 보는 기존의 일반적인 이미지를 불식하고자 했다. 이 책을 따라 읽다보면 학자뿐만 아니라 공무원이나 학생 등 일반 독자들도 자연스럽게 중앙부처의 갈등·협력에 대해 나름대로 입장을 정리할 수 있으리라고 기대해 본다.

셋째, 사례를 소개하고 분석하는 데 가능하면 학생들과 일반인이 접근하기 쉽도록 정리했다. 선정된 사례는 모두 학술지나 학술대회에서 발표된 내용이다. 학술지의 논문은 통상적으로 일반인이 쉽게 접근하기에 충분할 만큼 친절하지 않다. 전문가를 주요 독자로 보고 글을 쓰기 때문에 때로는 너무 간단하게 축약한 부분이 있고, 때로는 너무 이론에 치우친 부분이 있다. 또, 지나치게 많은 참고문헌도 사례를 읽어나가는 데 방해가 되곤 한다. 이 책에 실린 사례들은 읽히기 쉽도록 원래의 논문을 다시 정리했다. 축약한 부분은 풀어 쓰고, 과도한 이론적 논의는 삭제하거나 줄였으며, 참고 문헌도 최소화하려고 노력했다. 논문식의 난해함이 곳곳에 남아 있는 것은 사실이지만, 원문보다는 읽기가 훨씬 쉬워졌다.

넷째, 각 사례의 마지막 절에는 사례를 통해 생각해 볼 이론적인 문제와 생각해 볼 질문을 제시했다. 주로 교육적인 목적을 위해 제시된 것이다. 질문에 대해 나름대로 답변을 찾는 가운데 현실적이고 구체적인 상황 속에서 정부를 이해하는 것이 교육적 효과가 크다는 점을 확인할 수 있으리라고 믿는다.

제 2 절 이 책의 구성

이 책에 소개된 사례는 중앙부처 간의 갈등·협력 분야에 한정되어 있음에도 불구하고, 그 갈등의 주제, 갈등의 내용, 전개 과정, 분석의 초점이 다양하게 제시되어 있다. 어떤 사례는 갈등을 발생시키는 요인에 중점을 둔 반면, 어떤 사례는 협력 방안에 역점을 두고 있다. 제도적 차원이라는 정태적인 측면에 중점을 둔 사례도 있고, 행위 주체 간의 상호작용과 상호작용의 역동성에 중점을 둔 사례도 있다. 어떤 사례에서는 각 부처가 자신들의 이해 관계를 관철하기 위해 정치적인 전략에 주력하고 있는 반면, 또 다른 사례에서는 각 행위자가 논리와 설

등을 통해 쟁점에 접근하고 있다.

이 소개의 글에서는 각 사례가 보여 주는 다채로운 갈등의 양상과 그를 추적하고 분석하는 묘미를 독자가 직접 맛보고 느낄 수 있도록, 각 장을 요약하지는 않으려고 한다. 복잡한 논리가 동원된 글들이 아니고, 사례를 구체적으로 소개하고 분석하고 있기 때문에 간단하게 요약하기도 어려울 뿐만 아니라, 굳이 그럴 이유도 없다고 보기 때문이다. 다만, 이 책에 수록된 사례들이 하나의 기획 의도에 따라 작성된 것이 아니고, 이미 어떤 목적을 가지고 출판된 논문을 모은 것이기 때문에 이 책을 편성한 기준에 대해서는 간단한 설명이 필요하다.

이 책에는 제1편의 소개의 글에 이어서 이론적인 글과 8편의 사례 분석이 실려 있다. 편자의 기준에 따라 8개의 사례를 크게 두 집단으로 구분하고, 제2편에서는 "같은 방향, 다른 행로"에 관한 5개의 사례를, 제3편에서는 "다른 방향, 다른 행로"에 관한 3개의 사례를 실었다. 8편의 사례를 편집할 때에는 몇 가지 기준이 적용될 수 있다. 예를 들면 사례의 정책 내용(정책 영역의 성격), 갈등의 요인(가치갈등-사실 갈등), 분석 방식(정적 분석-동적 분석), 분석 수준(행위 중심-제도 중심), 분석의 초점(분석 중심-정책대안 중심) 등을 기준으로 삼을 수 있다. 물론 각각의 기준은 뚜렷하게 구분되기도 어렵고(예를 들어, 정책행위자에 초점을 두면서도, 제도적 틀도 중요하게 다루는 경우), 각 기준 간에 중복되는 점이 없는 것도 아니기 때문에, 8편의 사례연구를 하나의 기준에 따라 일관되게 구분하기에는 어려움이 있다.

사안이 복잡해서 다양한 그림이 그려질 수 있는 경우에는 세밀한 잣대를 적용하기보다는 단순한 기준을 적용해 크게 나누는 방식이 유용하다. 이 책은 아주 단순한 기준을 적용해 책을 크게 두 부분으로 구성해 보았다. 즉, 갈등의 주요 요인이 목표(방향)의 차이인가, 대안(행로)의 차이인가라는 기준에 따라 8편의 연구 사례를 나누었다.

정부부처 간의 갈등은 때로는 궁극적인 정책 목표에 대한 합의가 어렵기 때문에 발생한다. 갈등 상황에 놓인 관련 부처들이 실현하려는 목표가 같은 방향에 놓여 있지 않은 경우이다. 환경 보전과 지역경제 개발의 갈등과 같은 가치 대립으로 인해 발생하는 부처 간 갈등이 대표적인 사례라고 할 수 있다.

좀 더 일반적으로는 관련 부처 간에 궁극적인 목표에는 합의를 이루었지만, 그 목표를 달성하기 위한 대안에 차이가 있을 때 갈등이 발생한다. 같은 방향의 추상적 목표를 지향하고 있지만, 목표점에 도달하는 행로에 대해서는 이견을 보이는 경우이다.[1)] 제2장에서 논의되고, 구체적인 사례분석에서 나타나듯이 행로에 대한 이견이 발생하는 이유는 매우 다양하다.

정부부처 갈등의 방향과 행로에 대한 단순한 구분을 기준으로 삼은 이 책의 구성을 간략히 소개하면 다음과 같다. 제1편 "중앙부처 간 갈등과 협력: 사례와 이론"에는 두 편의 글이 실려 있다. 이 사례연구집의 전체적인 의도를 설명한 제1장에 이어서, 박병식(제2장, "정부부처 간 갈등과 협력의 이론적 고찰")은 중앙부처의 갈등 분석에 활용될 수 있는 큰 그림을 소개하고 있다. 그는 정부부처 간 갈등이 발생할 수밖에 없는 현실적인 이유, 법적인 근거, 중앙부처 간 갈등의 유형, 갈등관리와 갈등 조정의 전략 등을 차례로 다루고 있다.

제2편 "정부부처 활동: 같은 방향, 다른 행로"에는 5편의 사례가 소개되고 있다. 유홍림·윤상오(제3장, "전자정부 추진 과정에서 부처 간 갈등 사례")는 노무현 정부의 전자정부 추진 과정에서 발생한 행정자치부(현재의 안전행정부)와 정보통신부의 갈등 사례를 분석하고 있다. 김상봉(제4장, "국가R&D사업 정책 결정 과정의 갈등 조정과 협력 사례")은 신성장산업의 R&D사업을 둘러싸고 발생한 정보통신부, 산업자원부, 과학기술부 간의 갈등 조정, 주요 전략, 조정 기제를 중심으로 사례를 분석하고 있다. 윤상오(제5장, "산업정보화정책을 둘러싼 부처 간 갈등과 경쟁")는 산업정보화를 둘러싸고, 정책 경쟁이라는 이름 아래에 벌어진 산업자원부, 정통부, 중소기업청 사이의 관할권 경쟁을 분석하고 있다. 이들 3개의 장은 공교롭게도 정보 분야의 갈등을 다루고 있는데, 이는 정보정책의 방향과 중요성에 대해서는 모두 공감하는 가운데, 다른 분야에 비해 이 분야는 정책의 융합적 성격이 강해 관련된 부처가 많고, 그 정책의 미래에 대한 예측이 어려워 논쟁의 소지가 많기 때문에 심각한 경쟁과 갈등이 유발된 결과라고 할 수 있다.

같은 목표를 지녔지만, 목표 도달 방법에 대한 이견으로 인한 갈등이 첨단정책 분야에서만 발생하는 것은 아니다. 제2편의 나머지 두 장은 전통적인 정책 분야에서 발생한 갈등 사례를 다루고 있다. 최성락(제6장, "미술품 양도세의 정책 과정")

1) '추상적 목표'에 대한 합의란 대안을 논의하는 과정에서 목표 해석의 여지를 남기기 때문에 모호한 합의일 수 있다는 점에 주의를 기울여야 한다.

은 조세 정의를 명목으로 제정된 미술품 양도세 부과 정책이 23년 동안 시행이 연기된 특별한 사례를 분석하고 있으며, 백병성(제7장, "소비자정책의 소관 이전에 관한 사례")은 소비자 보호를 위한 소관 부서가 재정경제부에서 공정거래위원회로 바뀌게 되는 과정에서의 갈등, 논리, 절차와 그 효과를 다루고 있다.

이어서 제3편 "정부부처 활동: 다른 방향, 다른 행로"에는 3편의 사례가 소개되고 있다. 홍성만·주재복(제8장, "동강댐 건설을 둘러싼 정책갈등 사례")은 오랜 논란을 빚었던 동강댐 건설을 둘러싼 건설교통부, 수자원공사, 환경부 사이의 갈등을 분석하고 있다. 동강댐의 건설 목표에 대한 관련 부처의 견해가 변화하고, 갈등의 조정 기제도 변화한 사례를 분석하고 있다. 성지은(제9장, "위성 DMB 사업을 둘러싼 이해갈등 사례")은 민간 업체가 추진해 온 위성 DMB라는 새로운 사업이 도입되고, 법 개정을 통해 인정받고 추진되는 과정에서 정보통신부와 방송위원회의 사업에 대한 인식이 어떻게 변화하고, 쟁점과 주요 행위 주체가 어떻게 변화하는가를 입체적으로 소개하고 분석하고 있다. 최성락(제10장, "상호 협의를 통한 규제: 셧다운제 정책 사례")은 청소년의 수면권 보장과 게임 중독으로부터의 보호를 위한 청소년보호법의 개정 과정에서 여성가족부와 문화체육관광부가 궁극적인 목표에 대한 이견에도 불구하고, 어떻게 중간적인 대안에 합의해 갔는가를 분석하고 있다.

이 책에 실린 글들은 하나의 기획에 따라 집필되지 않았다. 이 사례연구집의 발간은 한국행정학회 산하에 구성된 '행정사례연구회'의 회원들 간의 논의 속에서 출발했다. 연구회 회원들은 행정 현상을 연구하고 이해하며 교육하는 데 사례연구가 중요한데, 대학교에서 수업을 하면서 참조할 좋은 사례연구집이 없다는 점에 공감하고 사례연구집을 발간하기로 합의했다. 특히 중요한 중앙부처 간의 정책갈등이 암흑상자로 인식되는 점에 착안해, 첫 번째 사례연구집의 주제로 중앙부처 간의 정책갈등을 선정했다. 행정사례연구회의 이와 같은 노력은 최근 행정학계에서 일어나고 있는 사례연구에 대한 높아진 관심과 궤를 같이하는 것으로, 이 사례집의 발간이 우리의 현실과는 다소 동떨어진 미국의 이론을 주로 소개하고 있는 행정학 교과서를 보완하는 데 기여하며, 한국적 행정 현상에 대한 연구를 촉진하는 데 조금이나마 도움이 되기를 기대해 본다.

수록된 논문은 행정사례연구회의 회의를 거쳐 선정되었고, 선정된 논문의 저자들에게는 사례집의 발간 취지에 맞게 기존의 발표 논문을 다시 써 달라는 부탁을 드렸다. 이 사례집에 게재된 논문의 저자들은 흔쾌히 제안에 응해 주었고, 빠른 시일 내에 논문을 재정리해 보내 주었다. 원래 쓴 논문의 틀이 있기 때문에 수록된 모든 사례가 일관되게 하나의 형식을 따라 재정리된 것은 아니다. 형식의 차이는 사례연구 대상의 성격 차이를 반영하는 점도 있기 때문에, 편집자가 더 이상 형식의 준수를 강요하지는 않았다. 편집자로서는 좋은 사례집의 발간을 위해 노력해 준 저자들께 감사할 따름이다. 제1장과 제2장을 제외하고, 여기에 수록된 사례들은 기존의 학술지에 게재되었거나 학술대회에서 발표된 논문을 바탕으로 하고 있다. 원래 논문의 출처는 다음과 같다. 사례연구집의 발간을 위해 협조해 준 학술단체에 감사의 뜻을 전한다.

제3장 유홍림 · 윤상오 (2006). 전자정부 추진 과정에서 부처 간 갈등 분석: 행자부와 정통부 간 갈등을 중심으로. 「한국정책과학학회보」, 10권 4호: 397-421.

제4장 김상봉 (2007). 국가R&D사업 정책 결정 과정에 있어서 정부부처 간 갈등 조정: 참여정부 신성장동력사업 선정을 중심으로. 「정책분석평가학회보」, 17권 3호: 161-192.

제5장 윤상오 (2007). 정부부처 간 정책 경쟁에 관한 연구: 산업정보화정책 분야를 중심으로. 「한국사회와 행정연구」, 16권 2호: 163-189.

제6장 최성락 (2011). 미술품 양도세 정책과정. 「한국행정학회 2011년 하계학술대회 발표논문집」.

제7장 백병성 (2011). 소비자정책의 소관 이전에 관한 사례연구. 「지방행정연구」, 25권 2호: 357-387.

제8장 홍성만 · 주재복 (2001). 중앙부처 간 정책 갈등과 조정기제: 동강댐 건설을 둘러싼 건교부와 환경부의 대응행동을 중심으로. 「한국행정학회 2001년 하계학술대회 발표논문집」.

제9장 성지은 (2006). 위성 DMB 사업을 둘러싼 이해 갈등. 「한국정책학회보」, 15권 2호: 159-184.

제10장 최성락 (2011). 상호 협의를 통한 규제: 셧다운제 정책 사례. 「한국행정학회 2011년 추계학술대회 발표논문집」.

제 2 장

정부부처 간 갈등과 협력의 이론적 고찰

박병식
(동국대학교 경주캠퍼스 행정경찰공공학부)

제 1 절 중앙부처 간 갈등 현상

대통령은 국무총리와 국무위원의 보좌를 받아 업무를 수행하며, 행정 각부의 장은 소관사무에 관해 법령에 근거해 업무를 수행한다. 현재 정부의 소관사무는 17부 3처 17청에 의해 구분되어 수행되며, 국무위원인 각부의 장관은 헌법 96조와 정부조직법에서 정한 직무 범위에 따라 소관사무를 수행한다.[1)]

각 부처는 부처별 목적과 기능이 상이하므로 부처별 직무 범위를 수행하기 위

1) 대통령은 헌법 제69조에 "나는 헌법을 준수하고 국가를 보위하며 조국의 평화적 통일과 국민의 자유와 복리의 증진 및 민족문화의 창달에 노력하여 대통령으로서의 직책을 성실히 수행할 것을 국민 앞에 엄숙히 선서"한다고 규정하고 있고, 헌법 86조 제1항에 국회의 동의를 얻어 국무총리를 임명하고, 헌법 87조 제1항에 국무총리의 제청으로 국무위원을 임명하도록 하고 있다. 국무총리는 헌법 86조 제2항에 대통령을 보좌하며, 행정에 관하여 대통령의 명을 받아 행정 각부를 통할하며, 국무위원은 헌법 87조 제2항에 국정에 관하여 대통령을 보좌하며, 국무회의의 구성원으로서 국정을 심의한다고 규정하고 있다. 국무회의는 헌법 88조 제1항에 정부의 권한에 속하는 중요한 정책을 심의하며, 제89조는 1. 국정의 기본계획과 정부의 일반정책, 2. 행정 각부 간의 권한의 획정, 3. 정부안의 권한의 위임 또는 배정에 관한 기본계획, 4. 국정 처리 상황의 평가·분석, 5. 행정 각부의 중요한 정책의 수립과 조정, 6. 정부에 제출 또는 회부된 정부의 정책에 관계되는 청원의 심사 등을 국무회의의 심의를 걸쳐야 한다고 규정하고 있다. 대통령은 헌법 제94조에 의해 국무위원 중에서 국무총리의 제청으로 행정 각부의 장을 임명하며, 국무총리 또는 행정 각부의 장은 헌법 제95조에 의해 소관사무에 관해 법률이나 대통령령의 위임 또는 직권으로 총리령 또는 부령을 발할 수 있고, 행정 각부의 설치·조직과 직무 범위는 헌법 제96조에 의해 법률로 정한다고 규정하고 있다.

해 노력하는 과정에서 부처 간의 갈등 현상이 발생한다. 산업통상자원부와 환경부의 자동차 배기오염도 기준, 국토교통부와 환경부의 산업단지 조성, 산업통상자원부와 농림축산식품부의 FTA 협상에서의 농수산물의 개방 범위, 병무청과 여성가족부의 군복무자의 채용시험 가산점제도, 기획재정부와 보건복지부의 4대 중증질환 무상 의료 등 직무 수행 과정에서 부처 간의 갈등이 발생하고 있다.

각 부처들은 모두 국가 발전이라는 공동 목표를 위해 노력하고 있지만, 분업의 원리에 의해 나뉜 각 부처들의 직무에 따른 기능들은 상호 협력적인 경우도 있지만 상호 대립적인 경우도 있다. 따라서 상호 대립적인 경우에는 각 부처 직무 범위의 상호 조정이나 타협에 의해 조정되거나 국무총리 등의 상위 기관이나 국무회의에 의해 조정되도록 되어 있다. 헌법 제89조에 국정의 기본계획과 정부의 일반정책, 행정 각부 간의 권한의 획정, 행정 각부의 중요한 정책의 수립과 조정의 사항 등에 대해 국무회의의 심의 과정을 통해 조정하도록 규정하고 있다. 즉, 행정 각 부처 간의 정책에서 갈등 사항은 국무회의의 심의 과정을 통해 조정할 수 있는 제도적 장치가 구비되어 있다.

일반적으로 정부정책은 국가의 한정된 자원을 권위적으로 배분하는 기능을 수행하며, 이로 인해 국가자원을 소비하는 특정 집단에는 혜택을 주는 반면에, 국가자원을 소유·관리하거나 지원하는 다른 집단에는 규제나 부담을 주는 효과를 발생시킨다(박병식, 2001). 즉, 정부정책은 비용의 부담 주체와 편익의 이용 주체를 상이하게 설정하고 있어 양 집단 간에 갈등이 발생하게 되며, 또한 특정 자원의 소유자/관리자와 정부와의 사이에도 갈등이 발생하게 된다.

과거 1960년대에서 80년대 중반까지는 권위주의적 국가 운영으로 인해 부처 간의 갈등이 통제되거나 내부적인 관계를 통해 해결되어 왔다. 이 당시에는 정부정책에 대한 이해관계집단의 범위가 좁았고, 정책의 집행 과정에서 투입되는 자원에 대한 희소적 가치나 상징적 가치가 크게 부각되지 않았으며, 특정 자원에 대한 국민적 관심이나 사회적 공감대가 약해 이해관계자들의 저항이나 반대는 상대적으로 미약했다.

그러나 1990년대 이후 민주주의의 물결로 인해 개인적 욕구와 민주적 가치가 중요시됨에 따라 과거 역사적 민족적 효율성 개념으로 일방적 희생을 강요하는 정부정책은 한계에 다다르게 되었다(김동영, 2011; 강태호, 2005). 국민의 참여가 중요시되는 민주정치 체제에서 이해관계집단들이 부처의 정책 수립과 집행 과정에 깊이 관여하게 됨에 따라 부처별 정책은 부처 담당 공직자들만의 문제가 아니라 관련된 이해관계집단이나 단체들의 문제로 확대되었다. 이로 인해 특정 부처의 정책이 다른 부처의 정책과 상충하는 경우에 이해관계집단의 참여로 인해 부처 간 갈등과 대립은 더욱 심화되었다.

따라서 부처 간 정책갈등이 발생하는 경우 정책의 실태를 정확히 파악하고 부처 간 정책갈등의 원인을 조사해 합리적인 해결 방안을 제시하는 것이 필요하며, 특히 부처별로 관련된 이해관계집단이 존재하는 상황에서 국가 발전의 공동 목적을 달성할 수 있도록 부처 간의 의견을 상호 조정하면서 한정된 자원을 적절하게 배분하고 이해관계집단들 간에 발생되는 이득과 손실을 조화시키는 방안이 요청되고 있다.[2)]

오늘날 정부정책들이 다양한 이해관계집단의 참여로 다원화·융복합화되는 상황[3)]에서 부처별로 자기 부처만의 직무를 단독적으로 수행하기에는 직무의 범위가 매우 다원화되고 있으므로 유관된 다른 부처의 직무들을 검토해 상호 조정하는 접근이 요청된다. 또한 부처 정책에 관련된 이해관계집단들이 확대됨에 따라 다른 부처와 관련된 이해관계집단들로 인해 부처 간의 갈등과 대립이 확대되는 경향이다. 이런 문제점을 해결하기 위해 상호 융합적·복합적으로 실행되어야 하는 정책들은 사전에 이해관계집단들의 의견을 충분히 검토해서 추진하는 방안이 요청되며, 이런 다원화·융복합적 정책들의 갈등을 사전에 점검해 체계적으로 관리하는 방안이 마련되어야 한다. 이 장에서는 중앙부처 간의 갈등의 특징과 유형을 소개하고, 중앙부처 간의 일반적인 갈등 조정 방안을 검토해 보고자 한다.

---

2) 정부는 공익 구현의 명분하에 아무런 보상 없이 부당하게 피해를 입혀온 각종 규제를 대폭 완화 또는 철폐해 서민들의 고통을 많이 해소하고 있다. 그린벨트와 군사보호구역을 대폭 축소하고 불필요한 곳은 해제해 자유로운 개발이 가능하게 했고, 도시계획으로 지정한 공원도 10년 이상 개발을 안 하면 해제하는 '도시계획 일몰제'를 시행하는 등 서민들의 일방적인 비용 부담을 해소하려고 노력하고 있다.

3) 2003년 출범한 '참여정부'는 갈등관리가 대통령에 의해 주요한 국정의제로 제시되었고, 이명박 정부도 갈등관리를 통한 사회통합을 주요 국정 의제로 정하고 대통령 직속 사회통합위원회와 국무총리실의 사회통합정책실을 신설했다. 행정부의 갈등관리에 대한 정부와 정치권의 관심은 결국 법제화되기에 이르러 2007년 2월부터 「공공기관의 갈등 예방과 해결에 관한 규정」(대통령령 제19886호)(이하 「공공갈등규정」)이 중앙행정기관을 대상으로 시행되고 있다. 이 제도는 중앙행정기관이 공공갈등의 당사자이면서 공공갈등의 예방과 해결, 즉 갈등관리의 역할과 책임이 있다는 것을 가정하고 있어 부처 간의 증가하는 갈등에 대응할 수 있도록 제정되었다(김동영, 2011).

제 2 절 중앙부처 간 갈등의 개념과 특징

1 중앙부처 간 갈등의 개념

갈등이란 행동 주체 간의 대립적 내지 적대적 상호작용을 말하며, 심리적 대립감과 대립적 행동을 포괄하는 개념이다(홍수정, 2010). 갈등은 둘 이상의 갈등 당사자들 간의 상호의존성을 전제로 하는 동태적 과정이며, 특히 공공 분야에서 발생하는 갈등은 둘 이상의 사회집단이 정책 결정 및 집행 과정에서 접근 방법, 가치, 목표, 이해 관계 등의 차이로 인해 의견의 합치를 도출하지 못할 때 발생한다.

중앙부처 간 갈등이란 특정 부처가 부처의 목적과 기능을 수행하기 위해 정책을 수행하는 과정에서 다른 부처의 기능이나 역할과의 대립으로 발생하게 된다. 오늘날 부처 업무 수행 시에 민간 분야의 조직 및 단체 등이 이해관계집단으로 참여하게 됨에 따라 부처 간 정책갈등은 이해관계집단 간의 갈등으로 깊어지게 된다. 예를 들면, 한미 FTA 협상에서 산업통상자원부가 상공회의소나 자동차협회 등의 의견을 반영하는 자유무역주의를 강조하는 반면, 농림축산식품부가 농민단체나 축산업협회의 의견을 반영해 보호무역주의를 강조하는 과정에서 부처 간의 정책갈등이 발생하게 된다. 이와 같이 정책이나 사업 시행을 둘러싸고 부처 간 정책갈등이 표면화되었을 때 이를 어떻게 해소할 것인가의 문제가 발생하게 된다.[4]

2 중앙부처 간 갈등의 특징

갈등의 기본적 특징은 첫째, 갈등은 무엇보다도 둘 이상의 당사자가 포함되어

4) 갈등과 관련된 연구를 분류해 보면, 갈등의 원인에 관한 연구(김길수, 2008; 하혜영, 2007), 협상론적 접근 방법에 관한 연구(은재호, 2010; 박호숙, 2001), 갈등 과정에 관한 연구(김창수 · 양기용, 2007; 김도희, 2001), 갈등의 해결 방안에 관한 연구(김광구 외, 2009; 김길수, 2008)로 분류할 수 있다.

야 성립될 수 있다.

둘째, 갈등은 지각을 통해서만이 나타난다. 만약 상대방에 대한 긴장과 대립 등이 존재하는 것을 지각하지 못하는 경우 갈등은 존재하기 어렵다.

셋째, 갈등은 상호의존성을 갖는다. 특히 상호의존성이 높으면 그만큼 갈등의 가능성과 갈등의 강도도 높아진다.

넷째, 갈등은 커뮤니케이션의 내용, 형태, 방법 및 심리적, 감각적, 행동적 요소의 복합으로 발생하는 특성을 갖고 있다(천대윤, 2005).

갈등에서 상대방에 대한 대화의 형태나 방법, 대화 시 상대방에 대한 행동이나 신뢰 등은 갈등을 발생시키거나 완화시키는 데 중요한 영향을 미친다. 이 밖에도 변화에 대한 요구, 순기능과 역기능의 양면성 등을 갈등의 특징으로 보기도 한다.

이런 갈등의 기본적인 특징을 바탕으로 중앙부처 간의 갈등에 대해 다음과 같은 특징을 제시해 볼 수 있다.

1) 중앙부처의 기능상 차이에 의한 부처 간 갈등

부처 간의 정책들 중에는 기능상 차이로 인해 갈등이 발생하는 경우가 많다. 산업통상자원부의 산업 진흥을 위한 공단 조성과 환경부의 환경 보호 활동은 불가피하게 두 부처 간의 갈등을 발생시킨다. 특히 환경자원은 일단 개발이 이루어지면 돌이킬 수 없는 비가역적 성격을 지니고 있어 공단 조성에 대한 환경부와 관련 환경보호단체들의 관심이 클 수밖에 없다. 공단 조성에 관련된 갈등은 환경분야의 비가역적 성격 때문에 양보나 협상이 어려워 심각한 부처 간 갈등으로 표출되고 첨예한 대립을 가져오게 된다. 이처럼 정부부처마다 독자적인 기능과 역할을 갖고 있어, 이런 부처 간의 기본적 기능 차이로 인해 발생하는 부처 간의 정책갈등은 부처 간의 입장 차이가 커서 해결이 쉽지 않다.

2) 부처별 직무 범위 내 관련 집단들의 이해 관계에 따른 부처 간 정책갈등

정부조직법 제4장 제26조에서 제43조까지 중앙부처별 직무 범위를 제시하고 있으며, 각 중앙부처는 해당 직무 범위를 수행하기 위해 관련된 단체나 이해관계 집단들의 의견을 수렴하고 반영한다. 특정 부처의 정책이 다른 부처 관계 집단의 이해 관계에 영향을 미치는 경우, 관계 집단들은 자신과 연계된 부처를 통해 특정 부처의 정책을 변경하거나 폐지하려고 노력하게 되며, 이 과정에서 부처 간 갈등과 대립이 발생하게 된다.

3) 정책의 공정성·형평성 문제에 의한 부처 간 정책갈등

부처 간 연관된 정책의 경우 공정성과 형평성 문제로 인해 부처 간 갈등이 발생할 수 있다. 공익을 목적으로 하는 정책이라도 정책의 집행에는 이익을 보는 정책대상집단과 손해를 보는 정책대상집단이 등장하게 된다. 편익수혜집단과 연관된 부처와 비용부담집단과 연관된 부처가 상이한 경우에 부처 간의 갈등은 심화된다. 특히 정책이 다수의 이해관계집단과 관련된 경우나 장기간에 걸쳐 광범위한 지역에서 영향을 미치는 경우에 정책의 편익수혜집단과 비용부담집단 간의 이해 관계를 조정하기에는 어려움이 있다. 이런 한계를 극복하기 위해서는 정책 결정·집행 과정에서 부처 간의 사전 조정과 함께 이해관계집단들의 참여와 의견 수렴을 통해 최대한 공정하고 형평한 정책 수립과 집행이 이루어지도록 해야 할 것이다.

4) 효과 추정이 불명확한 정책으로 중앙부처 간 갈등의 내재화

일반적으로 부처 정책은 광범위해서 비용편익의 분석이 어렵고, 발생되는 효과를 구체적으로 규정하기에 어려운 경우가 많다. 이로 인해 상호 연계되어 있으면서도 효과 추정이 명확하지 않는 부처 간 정책들은 부처 간 갈등이 내재적인 형태로 진행되거나 타협적인 내용으로 조정된다. 즉, 정책의 효과에 대한 정확한 정보가 없거나 추정이 어려운 경우에 부처 간 상호 용인되는 차원에서 정책을 수립·집행해 나간다.

3 중앙부처 간 갈등의 역기능과 순기능

정부정책에서 대부분의 갈등 요인은 정부 기능상 상호 상이한 기능을 수행하는 과정에서 발생되거나 정부정책과 관련한 이해집단이 자기 집단에 유리한 방향으로 가치 배분이 되기를 원하는 과정에서 발생하게 된다. 정부 기능상의 갈등은 분업화된 정부 업무의 성격에 따라 발생하게 되며, 이해관계집단에 의한 갈등은 각 이해집단들이 자기 집단과 연계된 중앙부처에 영향을 미치려고 노력하는 과정에서 발생하게 된다. 부처의 기능상의 차이에 의한 갈등이나 이해관계집단들의 이익을 극대화하려는 동태적인 과정 속에서 부처 간 대립과 마찰을 가져오게 되며, 이런 갈등은 순기능과 역기능을 발생시킨다.

중앙부처 간 갈등의 순기능은 첫째, 제기된 정책문제에 대한 성격이나 범위를 명확하게 하며, 둘째, 소속된 관계 집단들의 응집력과 활동성을 증가시키고, 셋째, 부처의 기능이나 관계 집단의 이익에 대한 충성심을 증가시키며, 넷째, 제시된 정책에 대한 부처의 의견을 반영할 수 있도록 다양한 아이디어를 산출하는 혁신 풍토를 조성하고, 다섯째, 부처 정책에 대한 상이한 의견을 제시하는 도전적 분위기를 상승시키며, 여섯째, 다양한 대안을 개발하고 창조적 접근을 통해 해결책을 모색하는 노력이 증대된다.

이에 반해 중앙부처 간 갈등의 역기능은 첫째, 부처 간의 첨예한 대립은 부처 상호간의 커뮤니케이션을 감소시킬 수 있고, 둘째, 상호 협력이 안 되는 경우 상대 부처의 문제점만을 지적하고 자기 부처의 기능과 역할의 중요성만을 부각하는 편견을 증가시키며, 셋째, 소속 이해관계집단들과의 결속을 강화하는 파벌 의식을 고조하고, 넷째, 부처 간의 칸막이가 높아지면서 상호 경계 의식이 증가하며, 다섯째, 상위 부처에서의 조정 요청에 대해 형식적으로 대응하게 된다.

따라서 부처 간 갈등에서 역기능을 최소화하고 순기능을 최대화하는 방안이 요청되며, 이런 기능을 수행할 수 있도록 부처 전체 차원의 직무 범위에 대한 검토가 요청된다.

표 2-1 부처 간 갈등의 순기능과 역기능

순기능	역기능
문제의 인식, 응집력과 활동성 증가, 충성심 증가, 혁신 풍토 조성, 도전적 분위기 상승, 다양성과 창조성 증대	커뮤니케이션 감소, 편견의 증가, 파벌 의식 고조, 상호 경계 의식 증가, 융통성 없는 형식적 대응

제 3 절 중앙부처 간 갈등의 유형

일반적으로 갈등은 원인과 주체에 따라 분류될 수 있는데, 갈등의 원인별 종류를 보면, 첫째는 정책에 관련된 한정된 자원이나 권력에 대해 서로 경쟁하거나 이해 관계의 분배 방법 및 절차 등에 대한 서로 다른 입장 때문에 발생하는 이해 관계 갈등이다.

둘째는 정책에 대한 가치관이나 신념 체계, 접근 방법 등에 대한 시각차가 갈등의 원인이 되는 가치갈등이다.

셋째는 정책의 구성 요소나 자료, 상대방의 언행에 대한 해석 차이로 발생하는 사실 관계 갈등으로 과학기술의 한계로 인한 갈등도 이에 속한다.

넷째는 정책을 둘러싼 사회구조나 제도 등 분쟁 당사자 외부의 상황적인 요인

표 2-2 갈등의 종류

갈등의 종류		주요 내용
원인에 따른 분류	이해 관계 갈등	정책에 관련된 한정된 자원이나 권력에 대해 서로 경쟁하거나 이해 관계의 분배 방법 및 절차 등에 대해 서로 다른 입장을 지니는 경우
	가치관 갈등	정책에 대한 가치관이나 신념 체계, 접근 방법 등에 대한 시각차가 갈등의 원인
	사실 관계 갈등	정책의 구성 요소나 자료, 상대방의 언행에 대한 해석 차이로 갈등이 발생하는 경우
	구조적 갈등	정책을 둘러싼 사회구조나 제도 등 분쟁 당사자 외부의 상황적 요인으로 인한 갈등(제도상의 문제)
주체에 따른 분류	개인 대 개인/집단	개인과 개인이나 집단 간 갈등은 규모가 작고 제도 내에서 대부분 해결 가능
	집단 대 집단	한 집단은 경제적·물질적 이익을 얻는 반면, 다른 집단은 물질적·경제적·실리적 피해를 얻는 경우 및 과학기술의 안전성과 생명가치 등에 대한 가치관에 차이가 있는 경우
	정부와 개인/집단	정부의 정책, 법, 사업 등에 대한 사회집단의 반대가 있는 경우

자료: 김종호·이창훈·신창현(2004)의 환경갈등의 종류의 내용을 재구성함.

으로 인한 구조적 갈등으로 법·제도적 차원의 문제뿐만 아니라 절차상의 문제까지도 포함하는 경우이다.

갈등의 주체별 종류를 보면 첫째는 개인 대 개인의 갈등으로 개별적인 구성원들 사이의 갈등이고, 둘째는 집단 대 집단의 갈등으로 일정한 규모를 지닌 단체나 협회나 조직들 간의 갈등이며, 셋째로 정부와 개인/집단 간의 갈등으로 정책을 수행하는 정부와 정책의 대상이 되는 개인/집단들 간의 갈등을 말한다(김종호 외, 2004; 조철주, 2005).

이와 같은 갈등의 종류에 기반해 부처 간의 갈등의 유형을 나누어 보면 첫째, 기능상의 차이에 의한 갈등으로 각 부처는 고유한 직무 범위를 갖고 있으며, 부처별 직무를 수행하는 과정에서 다른 부처와 기능상의 충돌로 인해 갈등이 발생할 수 있다.

둘째, 이해 관계에 의한 갈등으로 한정된 자원이나 권한을 배분하는 과정이나 이해 관계의 분배 방법 및 절차 등에 대해 서로 다른 입장을 지니는 경우에서 부처 간의 갈등이 야기될 수 있다.

셋째, 구조적인 갈등으로 상호 대등한 지위에 있는 경우에 상호 조정이 되지 않아 갈등이 발생하게 된다.

표 2-3 중앙부처 간 갈등의 유형

갈등의 유형	주요 내용
기능 갈등	부처는 고유한 직무 범위를 갖고 있으며, 부처별 직무를 수행하는 과정에서 다른 부처와 기능상의 충돌로 인해 갈등이 발생
이해 관계 갈등	한정된 자원이나 권력에 대해 서로 경쟁하거나 이해 관계의 분배 방법 및 절차 등에 대해 서로 다른 입장을 지니는 경우
구조적 갈등	상호 대등한 지위에 있는 경우에 상호 조정되지 않아 갈등이 발생
과정적 갈등	부처 간의 상호 의견 조정 과정이나 협력 과정이 사전에 구성되지 않은 경우 상호 의견 교류의 과정이나 절차의 부족으로 갈등이 발생
사실 인식 갈등	부처별로 기능적 차이에 따른 문제 인식에 차이가 있을 수 있으며, 동일한 사실 관계에도 인식 차이로 인해 부처 간 갈등이 등장
이해관계집단 갈등	부처가 관장하고 있는 이해관계단체와 기관들이 다른 부처의 정책에 의해 피해가 발생하는 경우에 소속 이해관계단체를 대변하는 과정에서 부처 간 갈등이 발생

넷째, 과정적 갈등으로 부처 간의 상호 의견 조정 과정이나 협력 과정이 사전에 구성되지 않은 경우 상호 의견 교류의 과정이나 절차의 부족으로 갈등이 발생하게 된다.

다섯째, 사실 관계의 인식 차이에 의한 갈등으로 부처별로 기능적 차이에 따른 문제 인식에 차이가 있을 수 있으며, 동일한 사실 관계에도 인식 차이로 인해 부처 간 갈등이 등장할 수 있다.

여섯째, 부처 소속 이해관계단체들에 의한 갈등으로 부처가 관장하고 있는 이해관계단체와 기관들이 다른 부처의 정책에 의해 피해가 발생하는 경우에 소속 이해관계단체를 대변하는 과정에서 부처 간 갈등이 발생하게 된다.

제 4 절 중앙부처 간 갈등관리 및 조정 전략*

1 중앙부처 간 갈등 예방 전략

부처 간 정책갈등은 일단 발생하고 나면 사회 전반에 충격과 혼란을 가져오게 하며, 그것을 해소하기에 어려움이 많고 해결되더라도 심리적 후유증이 남기 때문에 미리 예방하는 것이 갈등관리에서 매우 중요하다. 부처 간 갈등의 예방관리 전략으로는 다음과 같은 방안을 검토해 볼 수 있다.

1) 부처의 직무 범위 명시 전략

국정 이념이나 국정지표 및 국정과제를 현실적이고도 구체적으로 제시하고 부처별 직무 범위를 명확히 하는 전략으로 이에 근거해 부처 간의 정책조정이 사전적으로 이루어지도록 한다.

---

* 중앙부처 간 갈등관리 및 조정 전략의 내용은 박미옥, “방폐장 이후의 한수원본사 이전 지역갈등 분석”(2012)의 내용을 바탕으로 재작성했음.

2) 부처의 정책명세표 명시 전략

개별 부처들이 수행해야 할 정책 목표들을 부처 간 합의에 따라 구체적인 정책명세표로 명시하는 전략으로 부처별 정책 수립 및 집행에 활용하도록 한다.

3) 부처의 상호 협력 지침 전략

정책 수립 및 집행 시에 부처 간 모든 수준에서 상호 협력이 이루어지도록 지침(guidance)을 명시하는 전략이다.

4) 융복합적 정책 수립 및 집행 절차 정형화 전략

상호 연관된 정책의 경우 부처 간 융복합적 정책 수립 및 집행 절차와 규칙 등을 정형화하고, 융복합된 정책의 집행 과정이 부처 간에 충분한 정보 교류와 상호 협의를 통해 이루어지도록 하는 전략으로 이로 인해 역기능적 갈등 발생의 가능성을 사전에 최소화하게 한다.

5) 상호 협력적 분위기 조성 전략

부처 간에 상호 협력적 분위기를 조성하는 전략으로 비공식적인 의견 교류 체제를 구축해 갈등 발생을 미연에 방지하게 한다.

2 부처 간 갈등 해소 전략

부처 간 갈등의 역기능을 해소시키기 위한 전략으로는 다음과 같은 것이 있다.

1) 상위 목표의 설정 전략

부처의 개별적 목표를 넘어 서로 협조할 수 있는 상위 목표(superordinate goal)인 '공동 목표'를 설정하도록 함으로써 갈등을 완화시키는 기법이다. 예를 들어 노사 간의 갈등이 불황 시에는 협조 체제로 변화되는 것을 들 수 있다. 그러나 이 방법은 공동 목표가 부처 간에 공유할 수 있어야 하며, 공동 목표의 달성을 위해 상호 협동작업이 이루어져야 하고, 공동 목표가 달성 가능해야 할 것이다.

2) 자원의 증대 전략

부처 간 희소자원의 획득을 위한 경쟁으로 발생하는 갈등을 해소하는 가장 효과적인 전략이다. 예를 들어 머시멜로 하나를 서로 먹으려는 두 아이에게 머시멜로를 하나 더 사서 하나씩 나눠 주면 갈등이 해결된다. 그러나 현실적으로 전체적인 가용자원은 한정되어 있기 때문에 이 전략에는 한계가 있다.

3) 공유 경쟁 대상의 설정 전략

갈등 관계에 있는 집단들은 공동으로 위협을 느끼는 외부의 적(common enemy)을 설정해 이에 공동 대항함으로써 상호간의 차이를 잊고 협동 노력하는 분위기를 형성하는 전략으로, 상위 목표 설정 방법과 비슷하지만 상위 목표에 비해 부정적인 성격을 띠고 있으며, 비교적 단기적으로 갈등을 모면하는 효과는 있으나 외부의 위협이나 적이 없어지는 경우에는 갈등이 재현될 가능성이 많다.

4) 공식적인 권한 부여 전략

하부 기관들의 의견 대립에 의한 갈등은 공식적 권한에 근거한 상부 기관의 명령에 의해 해소하는 전략이다. 현재 헌법과 정부조직법에는 부처 간의 갈등은 국무총리와 대통령이 조정할 수 있으며. 또한 국무회의에서 조정 기능을 담당하도록 하고 있다. 그러나 이 전략은 갈등을 근본적으로 제거하지 못하고 표면화된 갈등 행동만을 해소하는 한계가 있다.

5) 인적 변수의 변경 전략

갈등을 야기할 가능성이 있는 인적 변수를 변화시킴으로써 갈등을 예방 또는 해소시키는 전략이다. 주된 수단은 부처 간 담당자들의 교육훈련, 감수성훈련, 팀빌딩(team building) 등이 있다. 이 전략은 갈등의 원인을 제거해 실제적이고 영구적으로 갈등을 해소하는 방법이다. 그러나 이 기법의 실행에는 상당한 시간과 비용을 필요로 한다는 단점이 있다.

6) 구조적 변수의 변화 전략

조직의 공식적 구조를 변화시킴으로써 갈등을 근본적으로 해소시키는 전략이다. 예를 들어 부처 간의 인사 교류, 조정기구의 신설, 갈등정책의 사전 협의제도 실행, 협력적 직무 수행의 보상 체계의 수립 등이 있다. 이 전략은 갈등을 영구히 해결하는 기법이나, 비용이 많이 들고 조직의 변화가 있을 때마다 계속적인 조정을 요구하는 단점이 있다.

7) 제도화 전략

뚜렷한 규율과 책임 한계가 없어서 부처 간의 분쟁과 갈등이 발생한다면 이를 제도화시키고 구체적인 룰을 만들어 규칙에 의해 직무를 수행하도록 하는 전략이다. 예를 들어 부처 간의 업무 분담에 대한 규정이 없을 경우 부처이기주의가 팽배하고 자기 부처만의 이익을 구현하려고 한다. 이런 한계를 극복하기 위해서는 부처별로 직무 범위에 의한 합리적 업무 분담과 상호 조정 방안 마련 및 부처별 협력적 정책 수행에 대한 상벌, 승진, 보상에 대한 규정을 구체화해 협력적 분위기를 조성하도록 한다.

8) 커뮤니케이션의 활성화 전략

부처 간 정보의 소통이나 의사소통을 원활히 하고 오해의 소지를 최소화하는 전략이다. 부처 간 상호 이해의 폭을 넓히면 갈등의 원인을 초기에 진화할 수 있다. 이를 위해 부처 구성원들 간의 합동 교육훈련이나 상호 의견 교류 분위기를 조성할 수 있는 제도 개편 방안이 마련될 수 있다.

3 중앙부처 간 갈등 조정 전략

중앙부처 간 갈등이 발생한 경우에 갈등을 효과적으로 조정하는 방안이 요청된다. 효율적인 중앙부처 간 갈등 조정 전략은 다음과 같다.

1) 문제 해결 전략

부처 간에 추진하는 정책 목표는 동일하나 정책문제의 인지 차이 때문에 발생하는 정책갈등이나 정책 대안의 선택 과정에서 발생하는 정책갈등을 해결하기 위한 전략으로, 최적의 정책 대안을 모색하거나 정책문제의 인지 차이를 해소하기 위해 정확한 정보의 수집과 분석을 통해 부처 간의 갈등문제를 해결하게 한다. 이 과정에서 부처 간의 공동 목표를 달성할 수 있는 최적의 문제 해결 방안을 탐색하는 활동을 하게 된다.

2) 설득전략

부처들이 추진하는 정책의 공동 목표에 입각해 하위 목표나 정책 대안들에 대한 부처 간의 의견 대립을 설득으로 조정하는 전략이다. 문제 해결 전략에 비해 정보 수집 활동은 적은 편이며, 일차적으로 세웠던 부처별 하위 목표나 정책 대안들이 어떻게 공통의 상위 목표와 일치하는지를 검토해 보는 데 중점을 둔다.

3) 협상전략

부처들이 추진하는 정책 목표가 상이하며, 이런 고정된 정책 목표의 차이를 바탕으로 부처 간 정책 목표나 직무 범위 및 이해 관계들을 조절하기 위한 직접적인 협상에 의해 부처들의 목표나 직무 내용이나 이해 관계를 조절하거나 수정한다.

4) 정치적 전략

부처 간의 갈등이 기본적 상황(부처 간의 기본적 목표나 기능의 차이)에서 협상에 참여하는 부처들이 직접적인 이해관계자로 고정되지 않고 다른 부처들을 끌어들여 연합, 동맹 등의 세력을 형성해 부처 간의 갈등을 해결하는 전략이다.

제 5 절 중앙부처 간의 협력

오늘날 국가 발전의 중심적 위치를 차지하는 중앙부처들의 정책 수립 및 집행에서 정책 효과의 다양화, 다른 부처와 상호 연계된 융합적·복합적 정책 수립 및 집행 가능성이 확대되고 있다. 국가 발전의 중심적 역할을 수행하는 중앙부처들이 정책 수립과 집행 과정에서 다른 부처와의 복합적 융합적 직무 수행이 증대됨에 따라 부처 간의 협력(collaboration) 업무들의 효과적 수행 방안이 요청되고 있다. 그러나 협력적 업무의 확대는 부처 간의 기능 갈등, 이해 관계 갈등, 구조적 갈등, 과정적 갈등, 사실 인식 갈등으로 부처 간의 정책갈등을 확대 심화할 수 있다. 더구나 부처와 연관된 민간 분야의 다양한 협회나 단체들이 정책의 수립 및 집행 과정에 참여하게 됨에 따라 정책갈등은 부처 간의 갈등뿐만 아니라 부처별 이해관계집단들 간의 대립과 갈등의 양상을 띠게 되어 국가 발전의 혼란과 지체를 가져오게 할 수 있다.

이런 점에서 중앙부처 간의 갈등 현상을 정확하게 파악해서 부처 간 갈등의 특징과 유형별로 효율적인 관리가 가능할 수 있는 부처 간 정책갈등의 관리 방안과 조정 방안이 요청된다.

21세기 정보화, 전문화, 첨단화, 다원화가 심화되는 상황에서 중앙부처는 기존의 분업 원리에 의해 설정된 직무 범위만으로 기능을 수행하기에는 한계가 있다. 다양한 민간 분야의 참여와 국가 발전에의 기여를 확대하기 위해 다원적 융복합적 정책을 수립 집행할 필요가 확대되고 있다.

이런 점에서 다원화된 정책들을 수립하고 집행하기 위해서는 부처 간 정책갈등을 해소할 수 있는 협력적 업무 수행의 뉴 패러다임적 접근이 요청되며, 이를 통해 국정 운영의 협력적 업무 수행을 위해 중앙부처 간 정책갈등의 체계적 조정 방안이 확대될 필요가 있다.

제 2 편

정부부처 활동: 같은 방향, 다른 행로

제 3 장

전자정부 추진 과정에서 부처 간 갈등 사례

유홍림 · 윤상오

(단국대학교 공공관리학과)

제 1 절 서론

우리나라는 2010년과 2012년 2회 연속 UN의 세계 전자정부 평가에서 1위를 차지한 전자정부 최고 선진국이다. 김대중 정부 출범 이후 외환위기 극복을 위한 정부혁신의 핵심 수단으로 도입하기 시작한 전자정부는 노무현 정부를 거쳐서 그 기반을 완성했고, 이명박 정부에 접어들면서 그 효과를 본격적으로 발휘했다. 우리나라가 단기간에 전자정부 세계 1위를 달성하게 된 가장 큰 이유는 대통령 주도 하에 주관 부처가 적극적인 전자정부 정책을 펼쳤기 때문이다. 특히 김대중 정부의 전자정부사업을 연계해 확대 발전시킨 노무현 정부의 공이 크다고 할 수 있다.

본래 전자정부 정책은 국가정보화 정책의 하위 부문으로서 김대중 정부 시기에는 정보통신부의 주도로 추진되었다. 정보화 초창기에 행정자치부는 정보기술에 대한 전문성이 부족했고, 전문기술 지원기관과 인력, 그리고 예산도 갖고 있지 못해 행정정보화를 비롯한 전자정부 정책 및 사업 대부분을 정보통신부에 의지할 수밖에 없었다. 그러나 노무현 정부의 출범과 함께 정부조직 개편 과정에서 행정자치부가 갖고 있던 지방자치 권한을 지방에 대폭 이양하고 공무원 인사 기능을 중앙인사위원회로 분리 · 독립시킴에 따라 정보통신부가 주도하던 전자정부 기능을 행정자치부로 이관하게 되었다. 가장 큰 근거 논리는 전자정부가 행정 정보화뿐만 아니라 정부혁신의 과정이기 때문에 기술 중심의 정보통신부보다는 혁신 중심의 행정자치부가 주관하는 것이 맞다는 것이며, 또한 김대중 정부 기간 동안 행정자치부 나름대로 전자정부에 대한 전문성과 노하우를 축적해 주관 부처로서의 역할 수행이 가능하다는 것이었다.

정부통신부의 입장에서는 전자정부 기능의 이관은 자기 부처의 권한과 역할의 상실을 의미하므로 여러 가지 논리를 들어 반대하거나 소극적으로 임할 수밖에 없었다. 행정자치부와 많은 갈등과 마찰도 당연히 발생했다. 특히 전자정부는 정보기술과 정부혁신의 복합이기 때문에 전자정부 구축에 필요한 정보기술 인프라는 계속해서 정보통신부가 담당하고 행정자치부는 정보기술 인프라를 활용한 업무 처리 방식 혁신이나 대국민 서비스 혁신을 추진해야 한다는 주장을 펼쳤다. 이에 대해 행정자치부는 전자정부의 인프라 구축과 혁신 및 서비스 제공 등 모든 기능을 이관받아서 독자적으로 추진하려 했다. 따라서 양 부처 간에는 크고 작은 갈등과 마찰이 지속적으로 발생했고, 결국은 문제가 심각해져 대통령이 직접 나서서 조정을 하는 상황에까지 이르렀다.

이 사례연구에서는 노무현 정부 출범과 함께 시작된 행정자치부와 정보통신부 간의 전자정부 정책을 둘러싼 갈등 분석에 초점을 맞추었다. 특히 부처 간 갈등의 부정적인 측면에서 행자부와 정통부 간의 갈등 원인, 갈등 양상, 갈등 대처 전략, 갈등 결과를 분석했다. 이를 바탕으로 양 부처 간 갈등을 극복하고 전자정부의 효과를 극대화하기 위한 조정 방안을 제시했다.

제 2 절 전자정부 추진 과정에서 행자부-정통부 간 갈등 분석

1 갈등 배경 및 원인

갈등의 첫 번째 원인은 정치적 요인으로서 정부 기능 개편을 들 수 있다. 김대

중 정부까지 전자정부를 포함한 국가정보화 추진은 정보화촉진기본법에 의해 정보화추진실무위원회 간사기관인 정통부에서 주관했다. 반면 행자부는 정보화 추진 체계 내에서 행정정보화분과를 담당하는 역할에 그쳤다. 그러나 노무현 정부 출범과 함께 정부부처 간 부분적인 기능 개편이 이루어지면서 전자정부 추진 기능에 변화가 생겼다. 행자부가 담당해 오던 지방자치에 대한 권한과 공무원 인사권을 지방정부와 중앙인사위원회로 이관시키고, 그에 대한 반대급부로서 정통부가 관장해 오던 전자정부 추진 기능을 행자부로 이관시킨 것이다. 2003년 3월 정통부의 대통령 업무보고,[1] 2003년 8월 대통령과 행자부 직원과의 면담,[2] 2004년 1월 행자부의 대통령 업무보고[3] 등에서 대통령은 "업무혁신 부처(행자부)가 전자정부를 주도적으로 추진하고, IT 전문부처(정통부)가 기술적으로 이를 뒷받침" 하라는 기준을 제시함으로써, 정통부가 관장해 오던 전자정부사업권, 정보화촉진기금 업무 등을 2004년 4월 행자부로 이관하도록 했다. 이러한 조치는 일면 부처 간 기능의 재편이라는 합리적인 성격을 띠지만 그 이면에는 행자부의 기능 공백을 메우기 위한 정치적 의도도 가지고 있다. 부처 간 갈등 측면에서 볼 때 심각한 문제는 전자정부 추진 기능 전체가 이관된 것이 아니라 전자정부의 '기획 · 관리' 권한만 행자부로 이관되고, '기술 · 인프라' 기능은 정통부에 남게 되었다는 것이다. 개념적으로는 '기획 · 관리'와 '기술 · 인프라'를 구분하는 것이 어렵지 않으나, 실제의 개별 전자정부 정책과 사업에서 '기획 · 관리'와 '기술 · 인프라'를 명확하게 구분하는 것은 불가능하다. 따라서 행자부와 정통부는 전자정부의 '기획 · 관리'와 '기술 · 인프라'의 범위에 대해 서로 다른 해석을 함으로써 갈등이 발생하게 되었다.

갈등의 두 번째 원인은 제도적 요인으로서 정부조직법 개정을 들 수 있다. 정부 기능에 대한 부분적 조정은 정부조직법 개정으로 이어져 행자부와 정통부의 전자정부 관련 조항도 개정이 이루어졌다. 즉, 정부조직법에서 "행자부 장관은…

---

1) 전자정부는 행정개혁 측면에서 접근해야 하므로, 행정개혁과 밀접한 관련이 있는 각 부처 보유 데이터베이스(DB)의 통합 · 연계 업무는 행자부가 하되, 시스템이나 데이터 베이스의 기술적 통합과 공동 기반을 만들어나가는 것은 정통부가 해야 함(2003. 3.28 정통부 대통령 업무보고).

2) 업무혁신 부처가 전자정부를 주도적으로 추진하고, IT전문 부처가 기술적으로 이를 뒷받침하면 됨(2003.8.11, 행자부 직원과 대통령과의 대화).

3) 정통부는 인프라를 관리하는 기능을 수행하면 되고, 행정혁신 프로세스와 관련된 전자정부 기능은 행자부가 수행하는 것이 옳음(2004. 1.15 행자부 대통령 업무보고).

정부혁신, 행정 능률, 전자정부…에 관한 사무를 관장한다”(제34조 1항)고 규정했고, “정통부 장관은… 정보통신…에 관한 사무를 관장한다”(제38조)로 규정했다. 문제가 되는 것은 정부조직법에서 전자정부의 개념을 명확하게 하지 않음에 따라 갈등의 단초를 제공했다는 점이다. 일반적으로 전자정부는 ‘정부혁신 · 행정 능률’과 ‘정보통신 인프라’ 모두를 포함하는 개념이다. 즉, 정부조직법의 개정으로 전자정부 추진 기능이 명목적으로는 행자부 영역으로 되었으나 실질적으로는 어느 부처의 전담 영역이 아니라 양 부처가 공동으로 관련되는 중첩 영역으로 남게 되었다는 점이다. 따라서 행자부와 정통부는 중첩되는 영역을 서로 많이 차지하려는 입장을 가짐으로써 양 부처 간 갈등이 발생하게 된 것이다.

그림 3-1 정부조직법상 전자정부 영역의 중복

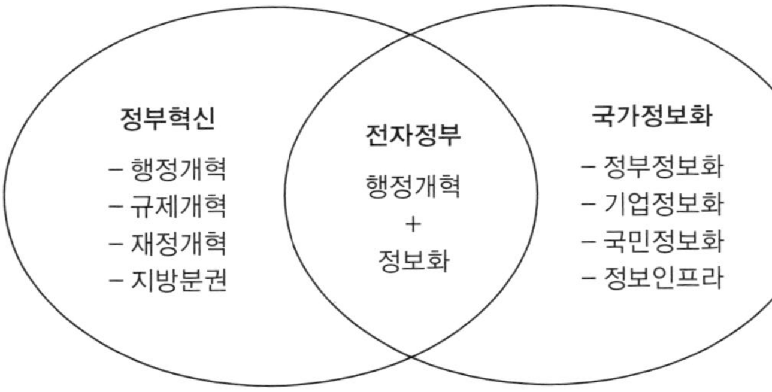

자료: 정통부(2003.4).

갈등의 세 번째 원인은 상황적 요인으로서 지식정보화의 진전에 따른 전자정부 영역의 확대이다. 2001년 제정된 「전자정부법」에서 ‘행정사무의 전자화’로 규정(전자정부법 제2조 1항)되었던 전자정부 개념이 노무현 정부의 출범과 함께 대폭 확장되어, 정부혁신 · 지방분권위원회(2003. 5)는 전자정부를 “정보통신기술을 활용하여 일하는 방식, 대국민 서비스, 정보자원 관리를 혁신하는 정부”로 규정했다. 이처럼 전자정부의 개념이 초기의 ‘행정 업무 처리 전자화’에서 ‘범정부적 정보화’로 계속 확대됨에 따라서 새롭게 등장하는 기능과 분야를 두고 관련 부처 간에 선점 경쟁과 관할권 다툼이 발생한 것이다.

네 번째 원인은 조직심리적 요인으로서 전자정부 개념에 대한 행자부와 정통부 간의 인식 차이를 들 수 있다. 전자정부 기능을 이관받은 행자부는 전자정부의 개념을 최광의로 해석해 최대한 많은 기능을 확보하려는 반면 정통부는 전자정부를 국가정보화의 하위 개념으로 취급함으로써 행자부의 기능 확대 시도를 견제함과 동시에 여전히 정통부의 업무 범위 내에 두려 했다는 것이다. 좀 더 구체적으로, 행자부는 '중앙정부와 지방정부가 추진하는 모든 정보화'를 전자정부로 인식했다. 여기에는 전자정부의 기획 · 집행 · 관리뿐만 아니라 전자정부 평가 및 인프라 구축까지도 포함된다. 반면 정통부는 '정부 공통 행정 업무 정보화 및 대국민 서비스 정보화'만을 전자정부로 인식하고, 보건복지 · 문화 · 농림 · 교통 등 각 분야별 공공정보화는 전자정부가 아닌 국가정보화의 영역으로 보았다. 따라서 이러한 양 기관의 전자정부 개념과 범위에 대한 인식 차이가 갈등을 유발한 것이다.

2 갈등의 표출 분야 및 양상

전자정부 추진 과정에서 행자부와 정통부 간의 갈등은 여러 분야에서 표출되었다. 첫째, 정부통합전산센터 구축 · 운영과 관련한 갈등이다. 이 사업은 행자부가 주관해 오다가 2004년 11월 기술적 · 인프라적 성격이 강하다는 이유로 정통부로 주관기관이 변경되었다. 이에 대해 행자부는 통합전산센터 기능 중에서 각 부처의 서버를 관리하는 기능만 이관된 것으로 간주하는 반면 정통부는 통합전산센터와 관련된 기획 기능을 비롯한 모든 기능을 이관받은 것으로 인식했다.

둘째, 공공기관의 정보기술아키텍처(Information Technology Architecture: ITA)에 대한 갈등이다. ITA는 조직 또는 기관 전체의 정보 시스템을 효율적으로 구현하거나 재구성하기 위한 정보화 종합 설계기법이다. 공공 부문의 ITA에 대해 행자부는 중앙행정기관과 지방자치단체는 전자정부 주무 부처인 행자부가 담당하는 것이 타당하다고 주장한 반면, 정통부는 ITA가 범정부적인 차원에서 접근해야 하며, 정보기술적 성격이 강하므로 정통부가 주관하는 것이 타당하다는 입장을 보였다.

셋째, 전자정부평가 또는 정보화평가와 관련한 갈등이다. 행자부는 전자정부의 기획·집행·관리 권한을 가진 행자부가 평가 권한도 가져야 한다는 입장인 반면 정통부는 전자정부 평가를 포함한 모든 국가정보화평가는 정보화추진위원회(정보화평가위원회)에서 맡는 것이 타당하다는 입장을 보였다. 또한 2005년부터 도입을 추진해 2006년 「정부업무평가기본법」 제정을 통해 이루어진 통합국정평가제도에서도 행자부는 통합국정평가의 '정보화' 부문을 '전자정부' 부문으로 바꾸어 총괄 기능을 담당해야 한다는 입장인 반면, 정통부는 정부 업무평가의 영역은 전자정부가 아니라 정보화이므로 평가총괄기관을 당초의 계획대로 정통부가 담당해야 한다고 주장했다.

넷째, 전자정부진흥원 설립과 관련된 갈등이다. 행자부는 전자정부 주관기관으로서의 기능을 원활하게 수행하기 위해 전문 지원기관으로서 '전자정부진흥원' 설립을 강력하게 추진했다. 이에 대해 정통부는 전자정부 전문 지원 기능을 수행하고 있는 한국전산원이 있으므로 '전자정부진흥원'을 설립하는 것은 역할 중복과 예산 낭비라는 이유로 분명한 반대 입장을 취했다.

다섯째, 정보자원 관리 기능에 대한 갈등이다. 당시 정보화촉진기본법은 정보자원 현황 조사·관리를 정보통신부가 수행하도록 규정했다. 이에 대해 행자부는 전자정부법 개정안에 행정정보자원 관리 규정을 신설함으로써 기존의 정통부가 추진해 오던 기능과 중복을 일으켰다. 특히 행자부가 정보자원의 개념과 관리 대상을 행정정보, 정보 시스템, 정보기술, 정보화 예산, 정보화 인력 등 정보화 활동 전반에 걸쳐 포괄적으로 규정함으로써 정통부는 물론 기획예산처와도 갈등을 표출했다.

여섯째, 행정전자서명과 관련된 갈등이다. 행자부는 기존의 행정기관에 한정해 활용하던 행정전자서명을 모든 공공기관에 확대 적용하려 했다. 이에 대해 정통부는 행정전자서명은 본래의 목적대로 행정사무를 처리하는 행정기관의 전자공문서에 국한해서 사용해야 하며, 공공기관은 이미 공인 인증을 활용하고 있으므로 모든 공공기관에 행정전자서명을 확대하는 것은 불필요할뿐더러 혼란과 예산 낭비를 불러온다고 주장했다.

일곱째, 전자정부 관련 국제 협력에 대한 갈등이다. 행자부는 전자정부 주관기관인 행자부가 민간기관의 전자정부 관련 국제 협력을 지원하는 기능을 수행해야 한다고 주장했다. 반면 정통부는 민간기관의 전자정부 관련 국제 협력은 전자정부사업에 참여하는 정보통신업체에 대한 지원의 성격을 갖고 있으므로 정통부의 기능에 해당하며, 전자정부 로드맵 상에도 정통부의 기능으로 되어 있다고 주장했다.

여덟째, 표준 및 감리와 관련한 갈등이다. 행자부는 전자정부사업과 관련한 표준 및 전자정부사업에 대한 감리 권한을 전자정부 주관기관인 행자부가 수행해야 한다고 주장했다. 반면 정통부는 표준 및 감리는 범정부 공통 인프라에 관련된 기술적 사항이므로 정통부의 기능에 속한다고 주장했다.

아홉째, 전자정부통신망과 관련한 갈등이다. 행자부는 전자정부통신망에 대한

표 3-1 전자정부 추진 과정에서 양 부처 간 갈등 양상

갈등 영역	행자부 입장	정통부 입장
통합전산센터	정통부의 역할은 기술적인 측면에서 각 부처의 서버 관리 기능에 한정하고 기획 기능은 행자부가 담당	통합전산센터의 기획 기능을 포함한 모든 기능을 정통부가 담당
정보기술아키텍처 (ITA)	전자정부 주관 부처인 행자부가 ITA를 담당	ITA는 기술적 성격이 강하고 전자정부 로드맵 상에도 정통부 과제
정보화평가 (전자정부평가)	정부 CIO로서 전자정부 전담기관인 행자부가 담당	정보화추진위원회 실무위원회 간사기관인 정통부가 기존의 정보화평가를 담당해 왔으며 향후에도 계속 담당
전자정부진흥원 설립	독자적인 전자정부 지원기관으로 설립	한국전산원이 있으므로 설립 불필요
행정정보자원 관리	공공 부문 행정정보 자원관리는 행자부 기능	공공 부문 정보자원조사 및 관리는 정통부 역할
행정전자서명	전체 공공기관에 행정전자서명 확대 적용	행정기관에만 한정해 적용하고, 공공기관은 공인 인증 활용
전자정부 국제 협력	전자정부 주관기관인 행자부가 민간부문의 국제 협력 지원	민간 부문 국제 협력은 정보통신업체 지원 성격이며, 로드맵상에도 정통부 과제
표준, 감리	전자정부에 관한 사항은 행자부가 관장	공통 기반에 관한 사항이므로 정통부가 주관하고 행자부가 사용
전자정부통신망	전자정부통신망은 행자부가 운영	기존 국가망을 전자정부통신망과 공공통신망으로 이원화해 정통부가 운영

관리 기능을 행자부가 수행해야 한다고 주장했다. 반면 정통부는 기존의 국가망을 전자정부통신망과 공공통신망으로 이원화하되 관리 기능은 계속 정통부가 가져야 한다고 주장했다.

열 번째, U-시티 추진과 관련한 갈등이다. 행자부는 U-시티를 지역정보화의 일환으로 인식해 정책 수립과 지원에 관할권을 주장했으나, 정통부는 U-시티는 GIS와 RFID 등 IT 기술과 도시 개발이 결합되는 것으로서 정통부가 건교부와 공동으로 추진해야 하는 사업으로 규정했다.

이상의 부처 간 갈등을 요약하면 앞의 <표 3-1>과 같다.

3 갈등 과정에서 부처별 대응 전략

전자정부 추진을 둘러싼 부처 간 갈등에서 유리한 입지를 차지하기 위해 부처들이 취하는 첫 번째 전략은 조직 확대이다. 행자부는 전자정부 기능의 이관 논란이 시작될 무렵인 2004년 초까지 전자정부 기능을 1국 3과로 수행했으나, 2004년 2월에 '전자정부국'을 신설해 1국 4과로 개편했고, 2004년 3월 정통부에서 주관하던 전자정부의 예산 및 과제 지원 기능을 이관받아 1국 6과로 확대했다. 그 이후 2004년 10월 전자정부국 산하에 '전자정부전략개발실'을 설치해 전문계약직 공무원으로 외부 전문가 7명을 채용해 전자정부 브레인 기능을 강화했고, 2004년 11월 전자정부국을 다시 기능 중심으로 개편했다. 2005년 2월에는 기존의 전자정부국을 전자정부본부로 다시 확대 개편했으며, 2005년 9월에는 전자정부본부가 맡고 있는 각종 시스템 구축 업무를 현업 부서로 이관시키고 전자정부본부는 기획 및 평가 기능에 집중하는 등 전자정부 업무를 행자부 전체로 확대시켰다. 또한 2004년 5월 기존의 정부전자정보관리소(GCC)를 전자정부지원센터로 개편했고, 2005년 3월에는 이를 다시 전자정부아카데미로 변경해 전자정부본부에 소속시키는 조직 개편을 단행했다. 이 밖에 앞서 언급한 전자정부진흥원 설립을 추진했으며, 총리를 위원장으로 하는 '행정정보공유추진위원회'를 구성해 행자부 전자정부본부장을 단장으로 하는 '행정정보공유추진단'을 설치·지원하도록 했다.

이에 반해 정통부는 행자부에 전자정부 기획·집행·관리 기능을 이관했음에도 불구하고 여전히 '정보화기획실'을 유지했으며, 오히려 이관으로 생긴 기능의 공백을 메우기 위해 2006년 상반기에 '미래정보전략본부'로 확대 개편을 단행했다. 또한 정보화추진위원회 조직을 개편해 약화된 정통부의 영향력 회복도 도모했다. 정보화에 관한 실질적 종합기획 및 조정 기능을 강화하기 위해 정보화추진실무위원회를 정보화추진운영위원회(위원장: 정통부 장관)로 개편하고, 정보화추진분과위원회를 기획조정·정보자원관리·정보화평가·정보통신기반·정보 보호 등 5대 기능별 전문위원회로 개편하려 했다(정보통신부, 2005.7). 또한 정통부와 한국전산원은 행자부의 전자정부진흥원 설립 명분을 약화시키기 위해 2005년 7월 한국전산원 조직 개편을 통해 전자정부 31대 과제를 전담하던 인력을 기존 1개 팀 8명에서 2개 팀 21명으로 대폭 늘렸으며, 행정DB사업 태스크포스(TF)도 정식 팀으로 승격시켰다.

각 부처가 취하는 두 번째 전략은 기능 확대이다. 전자정부 기능 이관 이후 행자부는 전자정부 주관 부처로서 이관받은 기능을 최대한 확대하려는 전략을 취했다. 이에 따라 전자정부법 개정안을 통해 앞서 언급했던 바와 같이 정보화평가, 정보기술아키텍처(ITA), 행정전자서명, 범정부 통합전산센터, 전자정부 국제협력, 정보자원 관리, U-시티 등의 기능을 확보하기 위해 노력했다. 또한 전자정부법 개정안을 마련해 전자정부의 대상 범위를 행정기관뿐만 아니라 공공기관(정부투자기관, 지방공사 및 공단, 특수법인, 각급 학교, 대통령령으로 정하는 기관 및 단체)으로까지 확대하려 했다. 이와 함께 과거 정통부가 정보화추진위원회를 통해 각 부처에 행사했던 영향력을 확보하기 위해 전자정부법 개정안에 '프로세스혁신위원회'(위원장: 행자부 장관) 설치와 정보화책임관(CIO)협의회(의장: 행자부 장관) 설치 규정을 두었다. 이 밖에도 2005년 10월 행자부 직제개정(안)을 만들어 전자정부와 관련된 약 33개의 직제를 신설하고, 약 105개의 직제를 개정하는 등 전자정부 기능 강화를 꾀했다.

이에 대해 정통부는 행자부로의 이관으로 생긴 전자정부 기능의 공백을 메우기 위한 새로운 기능 개발에 몰두했다. 먼저 앞서 살펴본 대로 정보화추진위원회의 조직 개편을 통해 범정부적인 차원에서 정통부 영향력을 유지하려 했다. 특히 개별 법률에 의해 운영되고 있는 정보격차해소위원회, 전자정부특별위원회, 정보기반보호위원회, 프로세스혁신위원회 등 각종 위원회를 통합해 정보화추진위원회로 일원화시키려 했으며(정보통신부, 2005.7), 이것이 어려울 경우 개별위원회의 활동을 정보화추진위원회의 테두리 안에 두고 통제함으로써 영향력을 유지하려 했다. 또한 정부 CIO로서의 기능을 행자부로 넘겨줌에 따라 정부 CITO(Chief Information Technology Officer)로서의 새로운 기능을 개발하고 위상을 확립하려는 노력을 했다. 정통부가 구상 중인 국가 CITO의 주요 기능은 국가정보화 종합기획 및 조정, 정보 보호, 분야별 국가정보화 촉진, 범정부 공통 인프라 구축 운영 등으로, 세부 기능 면에서는 행자부가 확대하려는 기능과 상당 부분이 중복되었다.

행자부와 정통부가 갈등 관계에서 우위를 차지하기 위해 취하는 세 번째 전략은 제도적 기반을 다지는 것이다. 즉, 각 부처는 전자정부사업에서 주도권을 잡기 위해, 전자정부 관련 각종 법률에 대한 제정·개정 작업을 추진하거나 다른 법령에 전자정부 관련 조항을 포함시킴으로써 전자정부를 주도할 수 있는 제도적 기반을 다져나갔다. 대표적인 법으로는 앞서 살펴본 전자정부법 개정, ITA법 제정, 정부업무평가기본법 제정 등이다. 제도적 기반 조성과 관련해 정통부와 행자부가 취하고 있는 전략은 유사하다. 주도권을 선점하려는 부처에서는 소관 법률의 개정안이나 제정안에 자기 부처에게 유리한 법 조항을 삽입하는 방식을 취하며, 이에 대해 반대 입장에 선 부처는 법률안에 대한 부처 협의 과정에서 여러 가지 이유를 들어 합의를 거부·회피함으로써 법안이 국무회의에 올라가거나 국회에 상정되는 것을 막는 전략을 취했다.

각 부처가 취하는 네 번째 전략은 정치적 기반 조성이다. 전자정부 추진을 위한 부처 간 갈등이 첨예화됨에 따라 각 부처는 정치적 기반 형성을 위해 다양한 활동을 전개했다. 먼저, 각 부처는 자기 부처에 유리한 여론을 생산해 낼 수 있는 여론 주도자를 적극적으로 포섭해 관리하는 전략을 구사했다. 행자부는 친(親)정통부 인사를 가급적 배제한 채, 친(親)행자부 인사들만을 활용해 각종 세미나와 워크숍 등을 통해 자기 부처에 유리한 여론 조성을 위해 노력했다.[4] 특히 자기 부처에 유리한 여론을 형성하거나, 이미 형성되어 있는 불리한 여론을 불식시키

4) 행자부와 같이 일을 하는 한국전산원 전자정부지원단 전자정부사업팀장의 진술에 의하면, "행자부는 친정통부 인사와는 절대로 같이 일하지 않는 것이 불문율이다."

기 위해 또는 자기 부처에 필요한 새로운 논리를 개발·전파시키기 위해 각종 세미나, 심포지엄, 콘퍼런스, 워크숍 등을 직접 개최 또는 적극 후원하는 전략을 구사했다.[5] 예를 들어, 노무현 정부 출범 후 전자정부 추진 과정에서 정통부와 갈등이 본격화되기 이전에는 1회 세미나를 개최하는 데 그쳤으나, 2004년 4월 전자정부 기능 이관으로 정통부와 갈등이 본격화된 이후에는 8회의 세미나를 개최하는 등 여론 형성에 주력했다. 이에 대해 정통부는 기존에 한국전산원, 한국정보문화진흥원, 정보통신정책연구원, 전자통신연구원 등 산하기관이 확보하고 있는 광범위한 전문가 인력풀을 자문위원·평가위원 등으로 활용함으로써 정통부에게 유리한 여론을 조성하는 데 노력했다.[6]

4 갈등의 결과

전자정부 추진을 둘러싼 행자부와 정통부의 갈등은 여러 가지 부정적인 결과를 초래했다. 첫째, 법·제도 정비의 지연이다. 효율적인 전자정부 추진을 위해서는 관련 법·제도 정비가 필수적이다. 그러나 부처 간 갈등 과정에서 관련 법률의 제정·개정이 지연됨으로써 전자정부 추진에 심각한 장애를 초래했다. 대표적인 예가 바로 「전자정부법」 개정안과 「정보시스템의 효율적 도입 및 운영 등에 관한 법률」(이하 ITA법) 제정안, 그리고 「정부업무평가기본법」 제정안이다. 전자정부법 개정안은 2004년 초부터 만들어져 2004년 12월 입법 예고되었지만, 정통부와의 부처 협의가 원만하게 이루어지지 않아 2006년 6월 13일이 되어서야 국무회의를 통과해 국회에 상정되었다.

ITA법(안)의 경우에도 애초 2003년도에 정통부가 공공기관의 ITA 도입을 위

5) 전자정부법 개정안에 대해 정통부와 인증기관 등의 불만이 비등해지자, 행정자치부는 2004년 12월 23일 전자정부법 개정안 공청회가 아닌 전자정부 토론회를 개최해 전자정부법 개정안 설명과 친행자부 인사를 동원한 추진 체계 개편, 범정부 아키텍처 구현 등의 주제 발표를 섞음으로써 토론회 참석자들의 전자정부법 개정안에 대한 의견 개진 기회를 원천적으로 봉쇄하는 전략을 구사했다.

6) 정통부는 그동안 정보화 주관기관으로서 한국전산원, 한국정보문화진흥원, 정보통신정책연구원, 전자통신연구원 등 산하기관 등을 통해 방대한 전문가 인력풀을 관리하고 있다. 예를 들어, 한국전산원 정보화평가팀에는 국가정보화평가를 위한 평가위원 인력풀을 행정(전자정부), 경영(MIS), IT기술(전산, 컴퓨터, 공학 등) 각 분야별로 교수, 박사급 연구원 등 약 300여 명을 보유하고 있다.

해 법안을 발의했으나, 2004년 전자정부 전담기관이 행자부로 이관됨에 따라 ITA 주도권을 누가 가질 것인가를 놓고 행자부와 2년여 동안 갈등을 보이면서 표류하다 2005년 4월에야 국무회의를 통과해 국회에 상정되었다. 정부업무평가 평가기본법도 2005년 상반기에 국회 통과로 법률을 확정해 2006년 상반기부터 본격 적용하려는 계획이었으나, 법률안에서 정부업무평가위원회에 정통부 장관 포함 여부와 동법 시행령에 규정하려는 정보화 부문 총괄기관 지정과 관련해 보인 양 기관 간의 갈등이 하나의 원인이 되어 법률안이 2005년에 통과되지 못하고, 2006년 3월에야 국회 본회의를 통과하게 되었다.

둘째, 전자정부 추진 체계의 난맥상이다. 기존의 정보화추진위원회와 정통부가 전자정부의 기술과 인프라 부문, 그리고 정보화 평가 부문에서 여전히 관련 업무를 수행하고 있는 상태에서 전자정부특별위원회(구 전자정부전문위원회)와 행자부도 전자정부사업을 중심으로 유사한 업무를 수행했다. 여기에 더해 전자거래정책협의회(산자부), 국가지리정보체계추진위원회(건교부), 지식정보자원관리위원회(정통부), 정보통신기반보호위원회(국무총리), 정보격차해소위원회(정통부), 프로세스혁신위원회(행자부), 정부CIO협의회(행자부), 행정정보공유추진위원회(국무총리, 행자부) 등이 개별법에 근거해 신설·운영됨으로써 주관 부처나 개별 사업을 추진하는 각 부처들이 상당한 혼란을 겪게 되었다. 이러한 현상은 과거 정보화추진위원회가 수행하던 범정부적 차원에서의 조정과 통제 기능의 약화, 정통부와 행자부 간의 갈등을 비롯해 행자부의 역량 부족에서 야기된 것이다. 각 부처의 전자정부사업을 이끌어 나가야 할 국가 CIO 역할을 담당하려면 전자정부의 정책·기획 능력과 함께 IT 능력이 필수적으로 겸비되어야 한다. 그러나 IT에 대한 전문성과 경험·능력이 부족한 행자부가 정통부와 갈등을 빚으면서 정통부로부터 적절한 지원을 받지 못함에 따라 정보화 리더십이 제대로 발휘되지 못한 것이다.

셋째, 전자정부사업의 지연이다. 전자정부 31대 로드맵 과제들의 경우 2003년 8월에 기본계획이 수립·발표되었음에도 불구하고 2004년 하반기에 기획 단계를 거쳐 시스템 개발 단계로 진입한 사업이 11개에 불과했으며, 2005년 2월 기준으로 시스템 개발에 착수한 과제들은 31대 과제 가운데 21개에 불과했다. 나머지 사업 과제들은 중복 개발의 우려, 부처 간 이견 및 갈등 등으로 사업이 지연되면서 추진 일정을 맞추지 못한 것이다. 또한, 대부분의 사업이 2003년에 준비, 2004년에 BPR/ISP를 거쳐 2005년에 접어들어서야 시범사업이 진행되어 전자정부 로드맵 일정에 비추어 상당 부분 뒤처졌다. 또한 이러한 사업의 지연은 행자부로 전자정부 주관기관이 이관되고 1년 여가 지난 후에도 개선되지 않았다. 특히 행자부와 한국전산원 발표에 의하면 2005년 9월 현재 연내 발주 예정인 43개 전자정부 로드맵 2단계 세부 과제 중 15개 사업만이 프로젝트에 착수했고, '전자정부 통합콜센터 ISP' 등 12개 사업(총 918억 원 규모)은 사업계획서조차 제출되지 않아 연내 사업 추진이 불투명한 상태였다. 이와 같이 전자정부사업 추진이 계속 지연된 것은 전자정부 주관 부처의 이관 및 부처 간 갈등으로 추진 동력이 분산되어 이전 단계의 사업이 제때에 완료되지 않은 이유가 크다.

넷째, 때로는 부처 간 갈등이 부처 간에 부적절한 타협을 이끌어내고, 그로 인해 전자정부사업 추진을 왜곡시키기도 했다. 대표적인 예가 ITA 사업이다. ITA는 범정부적인 차원에서 일관성 있게 통합 추진되어야만 그 효과를 담보할 수 있다. 그러나 부처 간 관할권 갈등 과정에서 사업 지연이 장기화되자 주관 부처인 정통부의 양보로 중앙행정기관과 지방자치단체는 행자부가 추진하고, 나머지 공공기관은 정통부가 추진하는 기형적인 모습으로 조정이 이루어졌다. 이로 인해 중앙행정기관과 산하기관과의 ITA 추진 주체가 달라 통합과 연계를 통한 시너지 효과를 기대하기 어려워졌다. 공공기관의 정보자원조사의 경우에도 행자부와 정통부 간의 관할권 다툼 과정에서 부적절한 역할 분담이 이루어져 정보자원조사의 취지를 살리지 못하게 되었다. 중앙행정기관과 지방자치단체는 행자부가, 기타 공공기관은 정통부가 별도로 수행했으며, 양 조사가 하나로 통합되지 않아 공공 부문 전체의 정보자원 현황을 파악할 수 없다는 것이다.

다섯째, 부처 간 갈등으로 인한 업무 중복 및 중복 투자가 발생했다. 정보화 평가는 2005년까지 정보화추진실무위원회 산하에 민간 전문가로 구성된 정보화평가위원회가 담당해 왔다. 그러나 한국전산원이 평가 지원기관으로 실질적인 역할을 하고 그 결과는 정통부가 취합해 정보화추진실무위 및 정보화추진위에 보고하는 체제로 되어 있어, 사실상 정통부와 한국전산원이 주도적인 기능을 수행했다. 이에 대해 행자부는 2001년부터 지방자치단체 정보화 수준 평가, 행정기관 홈페이지 평가를 수행해 왔으며, 전자정부 관할권 이관 이후 2005년부터 전자정부 31대 과제 중 20개 부처 자율 과제에 대한 성과평가를 시행했고, 향후에는 전자정부법 개정, 정부업무평가기본법 제정 등을 통해 행정기관이 추진하는 모든 정보화사업에 대한 평가까지 수행하려 했다. 국가통신망 활용과 관련해서도 정통부가 추진 중인 전자정부통신망 사업과 행자부가 기존 3대 국가망을 통합해 쓰고 있는 '전자정부 통합망'이 중복되었다. 행자부는 중앙행정기관을 지원하고 있는 정부고속망, 지방자치단체를 지원하고 있는 지방행정정보망, 중앙과 지방 간 행정전화 및 화상통신을 지원하는 행정전화망을 통합하는 전자정부 통합망사업을 추진해 2004년 8월에 완공했다. 반면 정통부는 국가·국민·기업 간 정보공유 및 유통을 활성화하기 위해 전자정부 31대 과제로 선정된 전자정부통신망 고도화 과제를 추진하기 위해 2004년 정보화전략계획을 수립했고, 2005년 사업계획서를 수립해 본격 추진에 돌입했다. 이에 대해 감사원은 2005년 전자정부사업 감사에서 행자부의 전자정부통합망과 정통부의 전자정부통신망이 유사해 중복 투자라고 지적했다.

여섯째, 조정 비용의 증가 및 국민 혼란의 가중이다. 갈등 현안이 발생할 때마다 정통부와 행자부는 한국전산원과 전자정부전략개발실 등 산하 전문기관의 도움을 받아 개발한 자기 논리로 무장한 채 충돌했다. 이러한 충돌은 부처 간 자율적인 조정을 어렵게 만들고 결국 전자정부특별위원회(정부혁신위원장), 정보화추진위원회(국무총리) 등에서도 조정이 이루어지지 않아 대통령이 직접 나서서 조정을 해야 하는 현상이 자주 발생했다. 전자정부 관할권, ITA 주도권, 정부통합전산센터 관할권 등은 대통령이 직접 나서서 조정을 한 대표적인 예이다. 이러한 부처 간 갈등의 조정 과정에서 행정력을 낭비하는 사이에 행정 효율성이나 국민생활과 직접적 관련이 있는 주요 전자정부사업에 문제점이 발생해 국민들에게 혼란을 가중시켰다. 2005년 9월 국정감사에서 문제가 제기된 인터넷 민원서류 발급(G4C) 서비스에 대한 해킹 문제와 이로 인한 인터넷 민원서류 발급 전면 중단이 사회적으로 큰 파장을 불러일으켰는데, 문제의 원인 중 하나가 이원화된 전자정부 지원 체계와 부처 간 갈등으로 인한 협력의 부재였다. 인터넷 민원서류 발급 위변조 가능성이 제기되었음에도 불구하고 주관 기관인 행자부와 기술적 지원을 담당해야 할 정통부가 갈등 관계에 있어 긴밀한 협력을 통해 적절히 대처하지 못했기 때문이다.

제 3 절 갈등 해결 방안

전자정부 추진 과정에서 발생하는 갈등과 이로 인한 문제점을 해결하기 위해서는 두 가지 방향에서의 접근이 필요하다. 첫 번째는 갈등의 발생 소지를 최소화하는 것이며, 두 번째는 발생한 갈등을 적절히 다루고 해소하는 것이다. 전자의 방안으로는 전자정부 추진 체계의 정비와 부처 간 역할 분담의 재설정을 들 수 있고, 후자의 방안으로는 수직적・수평적 조정 체계의 강화를 들 수 있다.

1 전자정부 추진 체계의 정비

전자정부 추진 과정에서 부처 간 갈등을 최소화하기 위해서는 근본적으로 추진 체계를 정비하는 것이 필요하다. 전자정부 추진에서 부처 간 갈등이 발생하게 된 근본 원인 중의 하나가 전자정부 추진 기능이 기획・집행과 기술・인프라로 나뉘고, 행자부・정통부・전자정부특위・정보화추진위 등으로 다원화되었기 때문이다. 따라서 전자정부 추진 과정에서의 갈등을 최소화하기 위해서는 다원화되어 있는 추진 체계를 정비하는 것이 당연하다.

당시의 갈등을 해소하기 위한 추진 체계 정비 방안의 핵심은 행자부(기획・집행・관리)와 정통부(기술・인프라)로 이원화되어 있는 전자정부 추진 권한을 통합해서 일원화하는 것이었다. 그리고 일원화된 전자정부 추진 체계는 중앙・지방정부를 비롯한 공공기관 전체를 총괄적으로 지휘해 나갈 수 있는 높은 위상과 함께 전자정부에 대한 기획・예산・조직・인사・평가권을 갖고 전자정부・정보기술・정부혁신을 통합적으로 추진해 나갈 수 있는 강력한 권한을 가져야 하며, 이를 뒷받침하는 전문성과 역량을 보유하도록 하는 것이다.

이를 위해서는 정부혁신의 전문성과 노하우를 갖고 전자정부의 정책・사업을 주관하는 행자부의 '전자정부본부'와 IT 전문성을 갖고 전자정부 인프라를 담당하는 정통부의 '미래정보전략본부'를 통합하고, 그 산하에 정책・사업관리・기술을 전문적으로 지원하는 한국전산원을 두는 방안도 필요했다. 그리고 정보화추진위와 전자정부특별위원회로 이원화되어 있는 조정 및 평가 기능을 일원화시키는 것도 불가피했다. 이를 위해서는 전자정부특별위원회를 정보화추진위원회 산하로 옮기고 정보화추진위원회의 위상을 대통령 지속으로 격상시켜 권한과 활동을 실질화시키는 방안이 논의되었다. 또한 전자정부에 대한 일상적인 평가는 통합국정평가제도에 따라 각 부처의 자체 평가에 위임하고, 31대 과제를 비롯한 주요 전략과제에 대해서만 정보화추진위원회 산하 전자정부특별위원회에서 별도의 심층평가 및 관리를 하는 방안도 고려되었다.

2 부처 간 역할 분담의 명확화

부처 간 갈등을 줄일 수 있는 또 한 가지 방법은 전자정부 추진에서 부처 간 역할 분담을 명확히 하여 갈등의 소지를 없애는 것이다. 그러나 역할 분담의 방식에 대해서는 논란이 있을 수 있다. 이미 노무현 대통령은 2004년 정부 출범 직후 정통부 업무보고 및 행자부 업무보고에서 "행자부는 전자정부 추진 기능을 수행하고, 정통부는 전자정부 인프라 관리 기능을 수행하라"고 역할 분담을 지시했으며, 부처 간 갈등이 첨예화된 2004년 10월 참여정부의 전자정부사업 점검 및 향후 추진 방향 모색을 위한 청와대 회의에서도 전체적인 전자정부 사업 집행과 운영은 행정자치부가 맡고, 정보기술아키텍처(ITA) 등 기술 부문은 정보통신부가 주관하도록 역할 분담을 지시한 바 있다. 그러나 이러한 대통령의 지시는 전반적인 원칙을 제시한 것일 뿐 전자정부 추진의 세부 항목에까지 명확한 분담 방안을 제시한 것은 아니었다. 따라서 대통령의 지시와 함께 추가적인 역할 분담 기준을 마련할 필요가 있었다.

역할 분담의 또 다른 기준으로는 전문성과 역량을 들 수 있다. 국민의 입장에서는 어느 부처가 전자정부를 추진하는가 또는 추진해야만 하는가보다는 어느 부처가 더 잘할 수 있는가가 중요하다. 따라서 부처 간 역할 분담에 대한 핵심 기준은 전문성과 역량이다. 이러한 기준으로 볼 때, 행자부는 전자정부를 통한 정부혁신에 전문성을 보유하고 있고, 정통부는 정보통신망 및 시스템, 표준 등 정보기술 및 인프라에 전문성을 보유하고 있었다. 또한 정통부는 정보화추진위원회를 통해 1997년부터 정보화평가를 수행해 온 까닭에 정보화평가에 대한 많은 경험과 지식을 가지고 있었다. 따라서 당시의 갈등 해소를 위해서는 정통부와 행자부 간의 역할 분담이 [그림 3-2]와 같이 이루어지는 것이 필요했다. 즉, 행자부는 정부 CIO로서 전자정부의 기획·관리, 범정부 공통 행정정보화를 전담하고, 정통부는 정부 CITO로서 전자정부의 기술 및 범정부 공통 인프라 구축·관리를 전담하며, 각 부처는 정부 CIO 및 CITO의 지휘·지원에 따라 전자정부사업에 대한 집행을 담당하는 것이다. 그리고 전자정부 추진에 대한 평가에서도 각 부처는 자체 평가를 실시하고 이에 대해 정통부가 확인 점검평가를 수행하며, 행자부는 전자정부 지원사업에 대한 집행 점검 및 진척률 관리를 담당하도록 하는 것이다.

그림 3-2 전자정부 추진에 대한 부처 간 역할 분담

<table>
<tr><th>기관명</th><th colspan="7">전자정부 기획·진행</th><th>전자정부 평가</th></tr>
<tr><td rowspan="2">행자부</td><td>전자정부 기획</td><td colspan="6">범정부 전자정부 비전/전략 수립
전자정부 핵심 과제 선정 및 지원</td><td rowspan="2">전자정부지원사업
집행 점검/
진척률 관리</td></tr>
<tr><td>전자정부
공통행정</td><td colspan="6">전자결재, 문서 유통,
지식관리, 온라인 민원 서비스, 시민 참여</td></tr>
<tr><td>각 부처</td><td>각 부처
분야별 정보화</td><td>재정
정보화</td><td>교육
정보화</td><td>산업
정보화</td><td>SOC
정보화</td><td>복지
정보화</td><td>......</td><td>전자정부산업
자체평가</td></tr>
<tr><td>정통부</td><td>전자정부
공통인프라</td><td colspan="6">ITA/표준, 범정부 통합전산환경, 전자정보통신망</td><td>자체평가 분석/점검
상위평가</td></tr>
</table>

3 조정 체계의 강화

조정 체계는 크게 수직적 조정 체계와 수평적 조정 체계로 나눌 수 있다. 전자정부와 관련한 수직적 조정 체계는 부처 간 갈등 관계를 상위기관에서 조정하는 것이다.

선진국들의 경우 행정부처 간에 발생하는 부처이기주의와 이로 인한 갈등을 방지·해소할 제도가 잘 구비되어 있다. 영국의 경우 총리 직속의 e-Minister가 전자정부 어젠다를 정치적으로 총괄·조정하며, 전자정부 실무전담기관인 총리 직속의 Office of e-Envoy가 전자정부의 비전과 목표 달성을 촉진하고 관련 정책과 추진 전략의 실질적인 범부처 조정 기능을 담당했다. 그리고 e-Minister와 Office of e-Envoy는 전자정부 어젠다의 추진 상황을 월/년 단위로 총리에게 직접 보고하는 체계를 갖추고 있다. 미국의 경우에는 백악관 직속으로 예산권과 평가권을 가진 OMB(Office of Management and Budget)가 연방정부의 IT 정책을 통합·조정하는 역할을 수행하며, OMB 산하에 OEG(Office of e-Government)가 전자정부의 구체적 실현을 전담하는 체제로 되어 있다. 싱가포르도 마스터플랜위원회를 통해 부처 간의 갈등을 집약해 국익 차원에서 조정하고 있다.

우리나라의 경우 과거 김대중 정부에서는 청와대에서 비법정기구인 '정보화전략회의'를 통해 정보화 관련 부처 간 갈등을 조정했었다. 그러나 노무현 정부에서는 부처 간의 이견을 조정할 수 있는 기제가 제 기능을 발휘하지 못했다. 조정 권한을 갖고 있는 국무조정실이나 정부혁신위원회(전자정부특별위원회), 정보화추진위원회 차원에서도 조정이 원만하게 이루어지지 못해 결국 대통령에 의한 직권 조정이 이루어진 것이다. 특히 전자정부 31대 과제의 주요 쟁점 사항, 갈등 사항에 대한 조정권을 가진 (구)전자정부전문위원회는 위원들이 주로 외부 전문가로 구성된 비상임위원으로서 개인별로 개별 사업을 전담하고 조정하는 역할을 수행해 범정부적인 통합을 이루어내지 못했다.

전자정부를 추진할 때 수직적 조정 체계를 강화하기 위해서는 전자정부 추진체계를 정비하고, 조정권을 가진 기관에 실질적인 조정 권한을 부여하는 것이 필요하다. 구체적인 방안으로는 정보화추진위원회를 대통령 직속기관으로 격상시키고 전자정부 조정권을 부여하는 방안, 정부혁신지방분권위원회 산하 전자정부특별위원회의 권한과 위상을 강화하고 실무담당 조직을 신설해 조정 실무를 담당하도록 하는 방안, 청와대에 정보과학기술보좌관 또는 혁신기획수석을 국가 CIO로 임명하거나 청와대에 국가 CIO 직제를 신설해 강력한 조정력을 발휘하도록 권한을 부여하는 방안 등이 거론되었다.

그러나 전자정부 추진 과정에서 발생하는 모든 갈등을 수직적 조정 체계에 맡기는 것은 비효율적이다. 가장 효율적인 방법은 전자정부 추진 관련 당사자 간의 자율적인 조정을 통해 해결하고, 이것이 어려운 경우에만 수직적 조정 기제를 활용하는 것이다. 특히 사회가 다원화되고 거버넌스가 확산되면서 의사소통과 협력을 통한 자율적 조정 메커니즘의 중요성이 점점 커지고 있다. 전자정부 추진 주체 간 자발적 조정을 위해서는 갈등 관계에 있는 부처 간 상호 신뢰 구축과 이를 통한 의사소통과 협력의 활성화가 필요하다. 부처 간 벽을 허물고 의사소통과 협력을 활성화하기 위해 운영 중인 부처 간 인사 교류제도가 좋은 방법이 될 수 있다. 따라서 전자정부 추진에서 정통부와 행자부 간 인사 교류를 적극 활성화하는 방안이 제시되기도 했다. 정통부 정보화기획실과 행자부 전자정부본부의 인력을 정기적으로 교류하도록 하고, 그 대상 인원도 대폭 늘리도록 하며, 순환근무를 승진이나 경력 발전에 도움이 되도록 하는 방안도 고려되었다.

수평적 조정 능력의 강화를 위한 두 번째 방안은 행자부와 정통부로 구성된 협의체를 구성해 정기적인 모임을 갖고 주요 현안에 대해 상호 토론을 활성화하는 것이었다. 갈등이 발생하고 장기화하는 배경에는 상호간의 불신과 의사소통의 단절이 큰 원인이 된다. 따라서 행자부 전자정부본부와 정통부 정보화기획실 간 정기적인 모임을 갖고 토론회나 워크숍 등은 물론이고 체육대회나 등반대회, 야유회 등 비공식적 모임도 자주 가짐으로써 상호 이해를 증진시키고 친목을 도모하는 것이 필요하다.

제 4 절 생각해 볼 문제

1 시대의 변화와 갈등의 노출

과거에는 갈등을 부정적으로 취급하는 문화가 지배했기에 기관 내부는 물론 부처 간에 심각한 갈등이 존재하더라도, 그 갈등은 노출되지 않았었다.[7] 그러나 최근 들어 부처 간 갈등이 빈발해지고, 그 강도는 점점 세지며, 양상마저 복잡해지고 있다. 심지어는 갈등의 존재를 의도적으로 공개함으로써 외부의 지원을 받아 자기 부처에 유리한 방향으로 해결하려는 부처도 생겨나고 있어 국정의 효율적 관리뿐만 아니라 국가경쟁력마저도 훼손되어가고 있다는 주장이 나올 정도이다.

이 사례에서는 갈등의 부정적인 측면에 초점을 맞추었지만, 사실상 갈등은 긍정적인 측면을 동시에 갖고 있다. 반드시 제거하거나 최소화해야 한다는 주장은 점점 설득력을 잃어간다. 또한 행정 부문을 비롯한 사회 각 부문에 걸친 빠른 속도의 민주화는 갈등에 대한 인식 변화를 가져왔다. 즉, 부처 간 갈등의 존재는 지극히 자연스러운 현상이며, 민주주의가 성숙해 갈수록 활발해지는 다양한 의견의 개진과 갈등의 표출은 더 나은 의사 결정을 이끌어 낸다는 인식이 보편화되고 있다. 전반적인 생활 수준의 향상으로 인한 국민 의식과 행태의 변화로 특정 정책이나 정책 대상에 대한 기존의 인식이 달라지고 있는 것도 그 원인이 될 수 있다. 국민들의 인식의 지평(地平)이 더욱 다양화되고 고급화되고 있다는 것이다.[8]

부처들마다 서로 다른 목표와 이해관계자를 가지고 있어 서로 다른 정책적 입장이나 견해를 갖는 것은 당연하며 이 과정에서 부처 간 갈등도 불가피하다고 할 수 있다. 외교부·통일부·국방부 등과 같이 일반 국민 전체를 고객으로 하는 부처들도 있지만, 대부분의 행정부처는 나름대로 고유한 기능을 수행하고 있어, 보호하고 대변해야 할 집단의 부류도 다르고, 특정 사회문제에 대한 이해도 다르며, 그를 해결하려는 전략과 지향에도 뚜렷한 차이를 나타내기 마련이다.

그러나 이 사례분석에서 살펴본 바와 같이 부처 간 갈등이 발생하는 가장 큰 원인은 부처 간 경계의 모호와 관할권의 중복에서 찾아야 할 것이다. 정부부처의 고유 업무 영역은 분업과 전문화의 원리에 의해 정해지고는 있지만, 부처 간 관할권의 경계를 상호 배타적으로 설정한다는 것은 거의 불가능에 가깝다. 또한 공

7) 당시에는 갈등의 노출을 지도력의 실패 내지는 덕(德)의 부족으로 여기는 경향이 강했기에 갈등을 억압하거나 숨겨왔다. 또한 갈등의 해결 기제로 원칙과 규범보다는 지도자의 개인적 영향력이 더 효력을 발휘했다. 이러한 경향은 조직구성원들 대부분이 가부장적이고 권위주의적인 문화 속에서 성장해 왔다는 사실이 하나의 원인으로 설명될 수 있을 것이다.

8) 예를 들면 얼마 전까지만 해도 상수도 시설 보급에 관심을 보였던 시민들이 어느 새 수돗물의 질에 관심이 집중되었고, 그 결과 건설교통부에 있었던 물 관리에 대한 기능과 권한의 상당 부분이 환경부로 이관되었다.

공 부문의 목표 대부분은 명확하지 않은 가운데 복수인 경우가 많아 자주 상충될 수밖에 없다. 특히 경제 규모가 커지고 사회가 복잡·다양화되어 감에 따라 국가정책의 범위가 점점 확대되어, 특정 부처의 관할 영역 내에 온전히 존재하는 정책은 찾기가 어렵게 되었다. 환경 관련 정책이나 국토 개발(이용·관리) 분야에 관한 정책들이 대표적인 예일 것이다. 따라서 하나의 정책이 결정되어 집행되기 위해서는 직·간접적으로 연관이 되어 있는 복수의 부처들이 공동으로 개입해야 하므로 부처 간 갈등이 빈번하게 표출되기 마련이다(March & Simon, 1958).

또한, 시대적 상황의 변화로 국가 기능에 대한 수요가 달라지고 있으며, 그로 인해 기존의 정부구조와 기능을 재설계하는 과정에서도 부처 간 갈등이 발생한다. 본래 갖고 있던 기능과 권한을 빼앗기지 않기 위해, 다른 부처나 기관의 기능과 권한을 빼앗아 오기 위해, 새롭게 등장하는 영역을 선점하기 위해 치열한 다툼과 경쟁을 벌이는 것이다.

이 사례에서 본 바와 같이 최근 들어 부처 간 갈등을 일으키는 가장 직접적이고 구체적인 원인 중의 하나는 정보통신기술(ICT)의 발달 및 확산에서 찾을 수 있다.[9] 급격히 발달하고 있는 정보통신기술의 영향력 범위나 그 기술들의 적용 분야가 얼마나 확대될 것인지는 예측이 불가능한 실정이다. 이런 상황에서 기존의 정부 편제와 기능 배분을 가지고 IT에 의해 새롭게 형성되고 있는 영역에 대한 관할권을 운운하다가 부처 간의 갈등이 초래된 적이 적지 않다. 그 예로, 2차 산업으로 분류되고 있는 가전산업이나 자동차산업에 디지털 기술이 결합되면서 기존의 산자부와 정통부의 영역 다툼이 벌어졌으며, 전자주민카드제도의 시행 주체를 놓고 정통부와 (구)총무처 간의 치열한 힘겨루기를 벌인 적도 있었다. 또한 이 사례와 같이 전자정부사업 추진 과정에서 행자부와 정통부 간의 갈등이 심각하게 벌어지고 있다. 이렇듯 IT가 발전함에 따라 부처 간 갈등의 빈도와 강도는 계속 높아질 것이며, 이러한 부처 간 갈등의 중심에는 항상 정통부가 놓여 있게 될 것도 자명한 사실이다.

---

9) 이러한 사정은 급속히 발전하고 있는 생명공학기술 분야에도 적용될 것이다. 생명공학기술이 발전하면서 산업적 특성과 경제적 부가가치를 갖게 되자, 과학기술부·산업자원부·농림부·보건복지부 등 많은 부처들 간에 주도권 내지는 관할권 싸움이 벌어지고 있다.

2 정책갈등 유형과 각 부처의 대응

정책에 대한 부처 간 갈등은 기준에 따라 여러 유형으로 나뉘겠지만, 이 사례 분석에서는 부작용이 심각한 편인 기존 관할권에 대한 갈등(분쟁)과 새로운 관할권 확장에 따른 갈등에 초점을 맞추었다. 어떤 분야든 간에 관할권을 확보하게 되면, 자기 부처의 위상 제고 및 영역 확장을 비롯해 조직 규모의 증대, 인력 운용의 융통성 확보 및 예산·수입 또는 세수의 증가와 같은 긍정적인 효과들을 얻게 된다. 설사 실패하더라도, 현재의 정부조직의 구조와 기능 배분에 문제가 있음을 노정시킴으로써 향후 벌어질 정부조직 재설계 논의에서 유리한 입장에 설 수 있게 되므로 정부부처들은 관할권을 차지하기 위해 치열한 경쟁을 벌인다.

먼저, 기존 관할권에 대한 갈등을 살펴보면 행정 부처들은 다른 부처가 추진하려는 정책에 대해, 비록 현행 법령상이나 관행적으로 다른 부처의 관할로 인정되고 있는 영역에 속해 있는 정책일지라도, 자주 그리고 강하게 이견을 제기하거나 때론 갖가지 정치적 자원들을 비정상적인 방법으로 확보해 영향력을 행사하기도 한다. 이러한 이견의 내용을 살펴보면, 해당 정책의 구체적 내용에 대한 문제점 지적이나 보완 요구보다는 그 정책의 주관 권한의 전부 또는 일부가 자기 부처에 있다는 주장이 대부분이다. 또한 행정 부처들은, 앞서 언급했듯이 관할권의 경계가 모호하게 규정되어 있는 점을 이용해, 관련 법령의 확대 해석은 물론 심지어는 의도적인 무시 또는 위반을 하면서까지 유사·중복된 정책이나 사업들을 벌이기도 한다.[10] 따라서 이처럼 제로섬 게임(zero-sum game)의 성격을 지닌 관할권 분쟁이 합리성에 기반을 두고, 국가 전체의 이익 등을 감안한 정상적인 합의에 도달되기를 기대하기란 매우 어렵다. 또한 최근에 오면서 행정 부처들은 기존의 관할권 분쟁 이외에도 첨단기술의 발달과 그 기술의 적용 범위 확대로 인해 생겨나는 새로운 무주공산(無主空山)의 영역을 선점하기 위해 혈안이 되고 있다. 가장 대표적인 예는 정보 보호 관리 체계 인증사업이다. 즉, 기존의 관할 영

---

10) 정부부처는 '정책'을 자기 부처의 권력 확보를 위한 핵심 수단 또는 이익극대화 메커니즘으로 보고(장노순, 1991: 28), 특정 정책을 시행해 자기 부처의 권력을 확대하거나 다른 부처를 견제·억압하려고 한다(김영평·신신우, 1991: 311).

역 그 어디에도 속하지 않는 새로운 영역을 개척·선점해 자기 부처의 관할로 편입시키는 전략, 즉 관할권 확장에 지대한 관심을 두고 있다. 이 같은 관할권 확장도 역시, 비록 그 정도는 다소 약할지라도, 부처 간 갈등을 야기한다.

부처 간 갈등이 적정 수준 이상으로 과열되면 많은 부작용을 낳게 된다. 우선, 갈등 관련 부처들은 거시적이고 장기적 차원의 계획도 마련하지 않은 채, 또한 범정부적 차원에서의 상호 조정·연계·협력의 가능성도 타진하지 않은 채, 유사·중복 정책이나 사업들을 양산해 낸다. 이러한 양적인 실적 위주의 사업을 경쟁적으로 추진하다 보니, 정책의 수행에 필요한 적정량의 정부자원 및 예산은 물론 유관 부처의 경험 및 정보를 확보하지 못하게 된다. 그 결과, 개별 부처의 정책 목표 달성은 불가능하게 되고, 설사 가능하다 하더라도 범국가적 차원에서는 자원과 예산이 낭비되는 결과를 초래하게 된다. 또한 부처 간의 경쟁으로 인한 정부의 지나친 개입은 민간 부문의 시장 질서와 자율 경쟁을 왜곡하고, 정부 의존적 행태를 조장하며, 때로는 도덕적 해이마저 불러일으키기도 한다(정보화평가위원회, 2002, 2003a).

그렇다고 부처 간의 갈등이 항상 부정적 결과만을 가져오는 것만은 아니다(Yanny, 1989: 340-356). 민주주의의 기본 원리가 견제와 균형임을 기억하고, 견제를 관리 가능한 수준의 갈등 또는 순기능적 측면의 갈등으로 인정한다면, 부처 간 갈등은 부처 간 경쟁을 자극해 정책의 질 제고, 관련 분야의 문제 해결 노력 촉진은 물론 특정 부처의 독단과 편견을 방지함으로써 정책실패를 사전에 예방해 주고 부처의 학습도 가능하게 해 줄 것이다.

3 사례를 통해 다 같이 생각해 보기

각 부처를 대표하는 위원들은 자기 부처의 기본 입장을 납득시키려고 갖가지 전략을 동원하는 탓에 정치적 성격을 강하게 띠게 된다. 이 때 자주 동원되는 전략으로는 언론을 비롯한 외부로의 갈등 상황 노출, 갈등 해결에 결정적인 역할을 하는 민간 전문위원들에 대한 설득 및 포섭, 그리고 공청회나 토론회 개최 등을 들 수 있다. 이런 전략은 효과를 거둘 수 있는가? 그렇다면 어떤 조건 하에서?

부처 간 갈등의 해결을 위해 논리적 합리성에 근거해 설계된 공식적 조정 메커니즘보다 개인적 관계나 네트워크를 토대로 형성된 비공식적 메커니즘을 동원하는 경우가 적지 않다. 이런 메커니즘은 어떤 효과가 있을까?

부처 간 갈등이 심화되어 부처 간 합의에 도달하지 못하면, 부처보다 상위 수준의 기관(국무총리실, 청와대 등)에 의한 집권적 조정(central coordination)에 기대게 된다. 상위 부처에 의한 조정의 좋은 점은 무엇인가? 이런 경우 발생할 수 있는 문제점은 무엇인가?

제 4 장
국가R&D사업 정책 결정 과정의 갈등 조정과 협력 사례

김상봉(고려대학교 공공행정학부)
이상길(정보통신진흥원)

제 1 절 서론

우리나라 R&D정책 형성 과정에서는 정책 참여자 간의 갈등 사례가 다양하게 발생되고 있다. 그 주요 이유는 정책이 점점 더 복잡해지는 양상을 가질 뿐만 아니라 정책의 영역 또한 다양한 첨단기술 분야에까지 관여하게 되는 현실에서 통제 수단의 불확실성과 효율적 자원 활용의 필요성, 그리고 이러한 과정에서 발생하는 다수의 정책 참여자 간의 이해 관계 충돌이 바로 그 결과이자 주요 원인이라고 생각된다. 그러나 이로 인해 발생하는 정부부처 간의 갈등을 그냥 방치하게 된다면 주요한 국가 인적자원 및 예산 등의 자원 낭비는 심각해질 것으로 판단되며, 정책 목표 또한 당연히 달성하기 어려운 중대한 결과를 초래하게 될 것으로 생각된다.

지난 참여정부에서는 국가과학기술을 부단히 혁신해 제2의 과학기술 입국을 이루겠다는 정책 이념을 가지고 있다. 이러한 이념 아래 과학기술 분야에 투자된 연구개발(R&D) 투자 규모는 2003년 약 19조 687억 원으로, 2002년의 17조 3,251억 원에 비해 대폭 증가하는 등 그 규모가 지속적으로 증가되었다.

또한 정부는 과학기술부를 중심으로 이러한 관련 부처별 연구개발정책을 종합하고 조정[1]하는 기능을 시도했으나 현실적으로 역부족인 부분이 많았다. 최근 우리나라의 경제 성장을 주도해 온 IT기술을 중심으로 한 자동차와 가전산업 등과의 융합 및 NT(Nano-Technology) · BT(Bio-Technology)기술과의 융합화 추세는 시장에서 요구하는 절대적인 흐름으로 나타나게 되어 해당 부처 간의 정책조정은 국가적으로도 매우 중대한 사안이 될 수밖에 없었다.

이 사례연구는 이러한 우리나라 IT기술과 자동차 및 가전산업과 같은 전통산업과의 기술 융합, 그리고 더 나아가 NT · BT기술과의 융합 시대가 도래하고 있는 현 상황에서 국가연구개발사업의 추진과 함께 정보통신부가 추진한 IT839정책의 주요 사업의 하나인 9대 기술 개발 분야의 품목 결정 과정에서 부처 간 정책갈등 현상을 중점 분석하고, 이의 조정 및 협력 과정을 집중 조명하는 것을 그 주요 목적으로 하고 있다.

이러한 IT839정책은 참여정부 들어 국민소득 2만 달러 달성을 위해 차세대 성장 동력사업의 추진 과정에서 정보통신부가 이 사업을 좀 더 효율적으로 추진하기 위해 부처 차원에서 독자적으로 수립해 추진한 사업을 말한다.

그러나 이러한 기술 개발 품목은 산업자원부, 과학기술부 등 모든 해당 부처와의 부처별 기술 개발 분야에 대한 조정 과정을 거치게 되었다. 이에 이 연구는 오늘날 다양한 기술 융합과 IT기술을 위주로 한 국가기술 개발정책의 환경 변화 속에서 IT839정책의 하나인 9대 신성장동력사업의 정책 결정 과정을 하나의 사례로 분석했다. 국가R&D사업의 주관 부처 간 갈등 양상과 그 원인 분석, 그리고 갈등 조정 과정과 이러한 갈등 조정 과정에서 나타나는 주요 정책 이해관계자들의 역할과 상호작용, 그리고 주관 부처들의 전략을 중점적으로 분석했다. 마지막으로 이를 토대로 국가연구개발사업의 정책 결정 과정에서 중점 탐색, 해당 조정 기제를 분석하고자 했다.

이 사례를 통해 우리는 다음과 같은 질문을 생각해 보고자 한다. 첫째는 정부의 국가 연구개발 및 정책 결정 과정에서 중앙부처 간에 빈번한 갈등이 발생하는데 그 주요 영향 요인은 무엇인가? 둘째는, 국가R&D 사업에서 주관 부처들의

---

1) 우리나라 연구개발(R&D) 추진에서 중복성 문제 해소를 위한 부처별 관리 영역의 문제 해결은 현 과학기술 부총리를 중심으로 해결하도록 되어 있다. 그러나 이러한 기능의 중심은 주로 예산 조정 기능에 그 중점을 두고 있는 실정이다. 즉, 예산 조정을 위해 국가과학기술위원회 산하에 투자 우선순위 및 R&D 예산 배분 총괄 조정, 평가 및 사전 조정 결과 종합 심의를 위해 '종합 조정실무위원회'를 구성 운영하고 있다.

자체 환경적 요인 즉, 정책 갈등 과정에서 중앙부처 간에 사용하는 주요 전략과 그 내용은 무엇인가? 셋째는, 연구 개발의 결과는 불확실하다. 더욱이 정책 영역이 모호한 R&D정책 영역의 결정 과정에서 과학기술부, 산업자원부, 정보통신부 등 연구개발 주요 추진 부처 간의 갈등 조정 기제로는 어떠한 것들이 있는가? 이러한 사례분석을 토대로 IT9대 신성장 동력사업의 조정 결과는 과연 효과적이었는가? 만약 효과적이지 못했다면 그 이유는 무엇인가? 향후 전개될 수 있는 정책갈등에 대비한 주요 의의와 시사점은 무엇인가?

그림 4-1 사례연구 분석의 개요

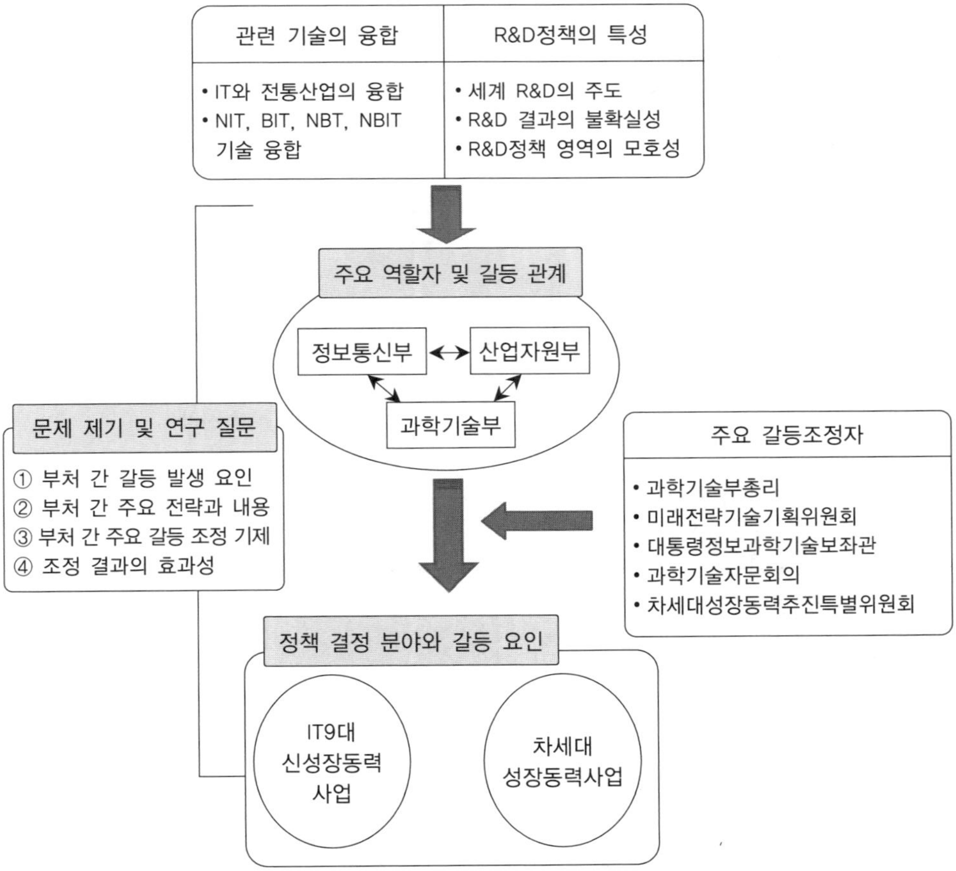

제 2 절 국가R&D사업의 주요 갈등 전개

중앙정부에서 범국가적인 R&D사업으로 추진한 차세대 성장 동력사업은 과학기술부, 산업자원부, 정보통신부 등 주요 관련 부처가 참여하는 범정부적 사업이었다. 각 중앙부처에서는 이중 일부 사업을 해당 부처의 주관사업으로 추진했으며, 이 가운데 정보통신부는 차세대 성장 동력사업의 일부 품목을 대상으로 IT9대 신성장 동력사업을 별도로 추진하게 된다. 이에 IT9대 신성장 동력사업의 품목 결정은 곧 차세대 성장 동력사업과의 조정 과정에 의해 영향을 받게 되었다.

그림 4-2 IT9대 신성장 동력사업과 차세대 성장 동력사업과의 관계 모형

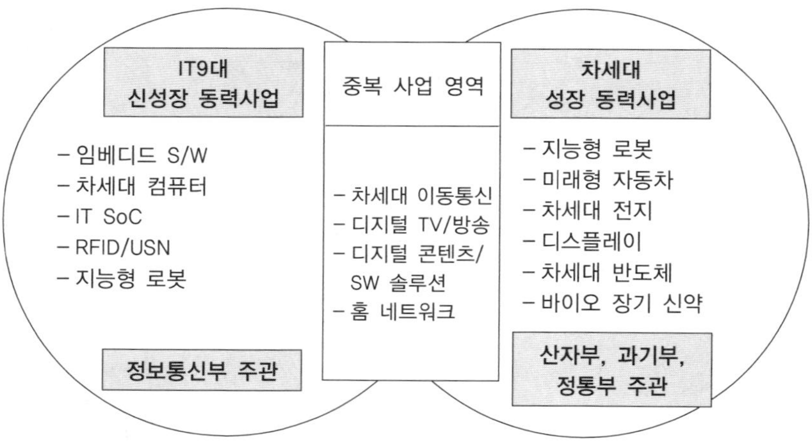

1 IT 9대 신성장 동력사업

IT 9대 신성장 동력사업은 IT839정책에서 마지막 9대 신성장 동력 품목에 해당되는 과제이다. IT839정책은 기존의 정부부처에서 실시한 단순한 R&D정책과는 그 정책 내용에서 현격한 차이가 있다. 정부가 단순히 연구개발을 추진하는

것이 아니라 IT산업의 가치사슬(value chain)의 개념에 착안해 8대 서비스·3대 인프라·9대 신성장 동력을 유기적으로 연계해 개발된 기술이 상용화될 수 있도록 인프라 구축까지를 정책 내용에 포함하고 있기 때문이다. 즉, 정부가 먼저 사업자 허가, 서비스 방식의 결정·표준화·시범사업 추진 등을 통해 새로운 초기 서비스시장을 열어주면(서비스), 서비스 제공을 뒷받침할 수 있는 기본적인 인프라 구축이 요구되어 인프라 투자 확대를 유발하고(인프라), 이러한 인프라의 고도화에 따라 생산 기반이 견고해지고 시장이 점차 확대되어 첨단기기와 부품, 콘텐츠, S/W 등 차세대 엔진산업이 성장·발전(신성장 동력)하는 선순환 구조를 구축해 국가 전체의 산업 발전을 견인해 나간다는 정책 구상이었던 것이다.

8대 서비스는 Wibro 서비스, DMB 서비스, 홈네트워크 서비스, 텔레매틱스 서비스, RFID 서비스, W-CDMA 서비스, 지상파DTV, 인터넷전화 서비스를 가리키며, 9대 신성장 동력은 차세대 이동통신기기, 디지털TV기기, 홈네트워크 기기, ITSoC반도체, 차세대 PC, 임베디드SW, 디지털 콘텐츠 및 SW솔루션, 텔레매틱스 기기, 지능형 로봇 등이며, 3대 인프라 서비스는 광대역 통신망(BcN), U-센서네트워크(USN), 차세대 인터넷 주소 체계(IPv6)를 포함하고 있다.

- Wibro(Wireless Broadband Internet) 서비스: 이동하면서도 초고속 인터넷을 이용할 수 있는 무선 휴대 인터넷
- DMB(Digital Multimedia Broadcasting) 서비스: 고정 또는 휴대용·차량용 수신기에 제공하는 방송 서비스로 '손 안의 TV'라 불림
- 홈네트워크(Home Network) 서비스: 다양한 유무선 기술을 적용해 PC, 가전기기, 제어기기, 각종 시설 등을 통합한 네트워크
- RFID(Radio Frequency Identification) 서비스: IC칩과 무선을 통해 식품·동물 등 다양한 개체의 정보를 관리할 수 있는 차세대 인식 기술
- ITSoC(IT System on Chip) 반도체: 반도체칩 하나에 시스템을 구현하는 기술
- 광대역 통신망(Broadband convergence Network: BcN): 음성·데이터, 유·무선, 통신·방송 융합형 멀티미디어 서비스를 언제 어디서나 편리하게 이용할 수 있는 서비스 통합망
- U-센서네트워크(Ubiquitous Sensor Network: USN): 모든 사물에 RFID를 부착해 인터넷에 연결해 정보 인식, 관리하는 네트워크

그림 4-3 IT839정책의 주요 내용 개념도

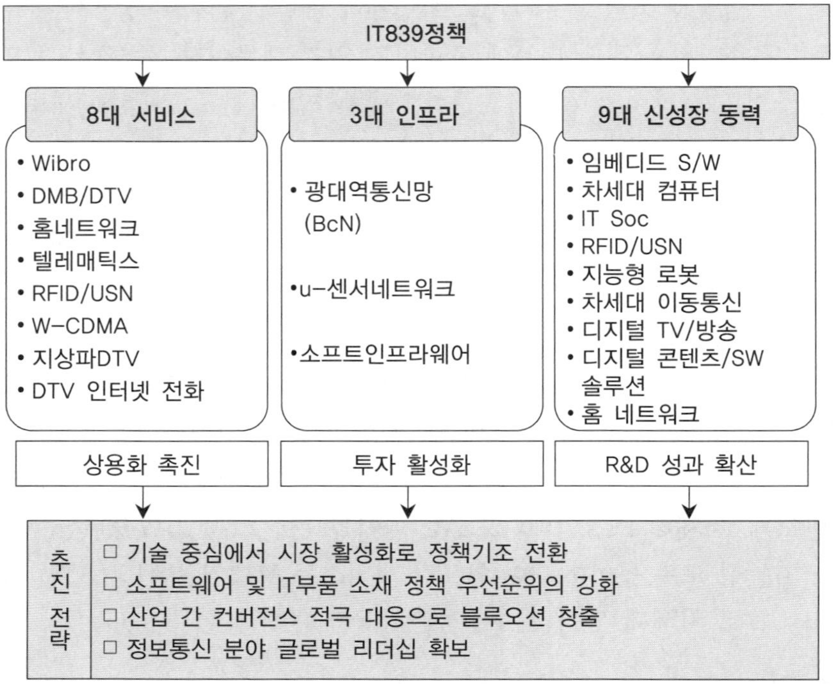

자료: IT839전략기술개발 MASTER PLAN에 의해 작성(2006).

2 차세대 성장 동력사업

앞서 기술한 IT 9대 신성장 동력사업은 참여정부 하의 정보통신부에서 주도적으로 추진한 주요 정책 중의 하나이며, 또한 범국가적인 차원에서 추진한 차세대 성장 동력사업의 일환으로 추진된 사업이기도 하다. 차세대 성장 동력사업의 추진 대상 과제는 국가산업이라는 점에 강점이 있었고, 부가가치가 큰 성장 동력을 발굴해 5~10년 후 우리나라 경제의 기간산업으로 육성함으로써 미국·일본 등 선진국과의 기술 격차를 줄이고, 중국 등 후발국의 견제를 조기에 극복할 수 있다는 관점에서 국가적 차원에서 추진한 R&D투자사업이며 과제였다.

이러한 차세대 성장 동력사업은 중앙부처 간 중복 투자를 방지하고 산업별 특성을 감안해 해당 주관 부처를 지정해 추진하게 되었다. 그 가운데 산업자원부는 전통 주력 산업과 연관 효과가 높은 산업인 지능형 로봇, 미래형 자동차, 차세대 전지, 디스플레이, 차세대 반도체 분야를 담당하게 되었고, 해당 산업별 연관성에 따라 정보통신부와 협력해 추진하게 되었다. 정보통신부는 네트워크, 표준화, 서비스 허가정책 등이 핵심 산업인 디지털TV/방송, 차세대 이동통신, 지능형 홈네트워크, 디지털 콘텐츠/SW솔루션 분야를 담당하게 되었으며, 사업의 성격에 따라 이 사업을 산업자원부, 문화관광부, 건설교통부, 해양수산부 등과 협력해 추진하게 되었다. 과학기술부는 기초 및 원천 기술 개발과 인력 양성이 중요하고 위험도가 높은 산업인 바이오 신약/장기 분야를 담당했으며, 산업자원부, 농림부, 보건복지부 등과 협력해 추진하게 되었다. 이 밖에도 교육인적자원부는 차세대

표 4-1 차세대 성장 동력산업별 주관 부처 선정

부처	소관 산업명	세부 품목 및 기술	협조 부처	선정 이유
산업 자원부	지능형 로봇	가정용 서비스 로봇, IT 기반 서비스 로봇, 극한작업용 로봇, 의료 지원용 로봇	정보통신부	전통 주력산업과 연관 효과가 높은 산업
	미래형 자동차	지능형 자동차, 친환경 자동차	–	
	차세대 전지	2차전지, 연료전지, 관련 소재	–	
	디스플레이	LCD, LED, PDP, 유기EL, 3D, 전자종이 관련 소재	–	
	차세대 반도체	차세대 메모리, SoC, 나노전자소자, 관련 소재	정보통신부	
정보 통신부	디지털 TV/방송	방송 시스템, DTV, DMB, 셋톱박스, 복합기기	산업자원부	네트워크, 표준화 서비스 허가정책 등이 핵심인 산업
	차세대 이동통신	4G단말기 및 시스템, 텔레매틱스	산업자원부	
	지능형 홈네트워크	홈서버/홈게이트웨이, 홈 네트워킹, 지능형 정보가전, 유비쿼터스 컴퓨팅	산업자원부	
	디지털 콘텐츠/ SW솔루션	디지털 콘텐츠 제작·이용·유통 시스템, 문화 콘텐츠, 임베디드 SW, 지능형 종합물류 시스템	산업자원부 문화관광부 건설교통부 해양수산부	
과학 기술부	바이오 장기/ 신약	신약, 바이오 장기, 바이오칩	산업자원부 보건복지부 농림부	기초 원천 기술 개발과 인력 양성 중요, 위험도 높은 산업

자료: 과기부 · 산자부 · 정통부. 차세대 성장동력산업 육성정책 성과와 향후 과제(2006).

성장 동력사업에 대한 구체적인 인력 수급계획을 마련해 추진하게 되었으며, 재정경제부는 입지·시장 창출·금융·세제·대외 협력 등에 대한 효과적인 사업화 지원 방안을 마련해 추진하도록 했다. 그러나 이러한 주요 사업 분야의 중앙부처 조정 노력에 상관없이 쟁점이 되는 기술 분야별 주관 부서 결정은 소관 부처 간의 협의와 표결 방식에 의해 해결되기도 했다.

제 3 절 국가R&D사업의 갈등과 협력의 전개 과정

1 중앙부처 간 갈등 요인과 발단

IT신성장 동력사업과 차세대 성장 동력사업의 품목 결정 과정에서 각 중앙부처가 주관하고자 하는 기술 개발의 분야별 쟁점 사항은 다양하고 복잡했다. 각 중앙부처가 해당 부처에서 수행하고자 하는 기술 개발 품목은 동일하지만 그 기술 개발의 주관 부처를 어디로 할 것인가 등의 문제로 부처 간의 경쟁은 매우 심화되고 있었다. 이러한 갈등 양상의 원인은 향후 미래산업으로 육성 가능한 전도유망한 기술 개발 분야[2]에서 부처 간의 관할권 확보 문제로 판단할 수 있다.

결과적으로 이 사례분석에서 정보통신부와 다른 부처 간의 갈등은 정책 지향적이라기보다는 관할권 지향적이라는 점을 짐작할 수 있다. 중앙부처 간 정책갈등이 야기되는 주요 원인은 부처 간 관할권이 중복되는 경우와 부처 간 정책에 관한 관점이나 이해 관계에 차이가 발생하는 경우가 대부분이다. 여기에 정책의 특성이나 기술 융합과 같은 정책환경의 변화 등으로 인해 부처 간의 관할권 문제와 부처들 간의 사업 동기는 정책갈등을 더욱 심화시키게 되었던 것이다. 특히 최근 연구개발 분야는 그 다양성으로 인해 동일 분야에 대한 정책결정권 및 행

2) 세계미래학회는 「*The Futurist*」(2000.7)에 이미 2010년까지의 10대 미래 기술을 발표했는 바, 이 분야에 지능형 로봇, 텔레 리빙이 포함되어 있다. 이외에 디지털 TV, 디스플레이 분야는 현 시점에서 세계 각국의 기업에서 기술 개발을 경쟁적으로 시행하고 있는 분야이다.

정관리권이 기술 개발을 주관하는 여러 중앙부처에 분할되어 있는 바, 이들 부처 간에 높은 상호의존성에 의해 공동의 의사 결정 영역을 갖게 된다. 이러한 관할권이 중복되는 경우, 부처 간의 정책문제에 대한 접근 방식이나 이해 관계가 상이해 부처 간의 정책갈등은 더욱 심화된다.

그러나 반드시 다원적 연구개발 행정 체계와 부처 간의 관할권 중복으로 인해 정책갈등이 야기되는 것은 아니라는 사고도 존재한다. 중앙부처 간의 관할권이 중복되어 있는 경우 정책갈등 조장적인 성격은 강하지만 이것이 부처 간의 정책갈등으로 직접적으로 연계되는 것은 아니라는 것이다. 즉, 부처 간 정책갈등은 관할권 중복이라는 조직구조 하에서 부처들 간의 정책에 대한 관점의 차이나 이해관계의 차이에 의해 비롯된다는 것이다. 일반적으로 대부분의 조직이 부처할거주의나 조직 영역에 대한 확장 욕구가 있다고 하지만 그들 간의 상호 관련성이 없는 경우에는 관할권 존중주의에 의해 해당 부처들은 다른 부처에 대해 간섭하지 않으려 하고, 정책갈등이 야기될 가능성도 낮아지게 되기 때문이다.

이러한 기본 가정을 전제로 IT 신성장 동력사업의 품목 결정 과정에서 주요 갈등 요인을 논의해 보면 첫째, 연구개발 분야에서 기술 융합으로 인한 관할권 중복을 들 수 있을 것이다. 최근 IT기술 개발의 발전을 토대로 디지털화, 쌍방향화를 근간으로 하는 기술혁신을 통해 통신・컴퓨터・방송・가전 등 기존에 서로 분리되었던 영역들이 결합해 다양한 멀티미디어와 뉴미디어를 제공하고 있는 실정이다. 이는 기술의 융합, 매체의 융합과 함께 경계 영역 범위가 점차 확산되어 IT분야 기술 개발의 정책 영역이 급속히 확대되고 있는 것을 의미한다. 최근까지 독립된 영역을 형성하면서 독자적으로 발전해 오던 통신과 방송 분야는 정보기술의 발달로 이들 분야의 통합 논의가 구체적으로 진행되고 있으며, 실무적인 작업까지 완료되어가는 상황에 있다. 이러한 IT 분야의 성장은 로봇・자동차・가전 등 다른 영역으로의 확장과 더불어 해당 부처들의 영역 확장 욕구로 인한 부처 간 정책 경쟁과 정책갈등을 더욱 야기하고 있는 현실이다.

둘째, 연구개발 결과의 모호성을 들 수 있다. 연구개발정책의 경우 그 첨단성・전문성・신규성 등으로 인해 정책의 불확실성을 야기하는 경우가 많다. 특히 최근 기술의 융합화 추세에 따른 신규 기술 개발의 추진은 미지의 사업을 개척하는 것과 유사한 것이어서 그 성공 가능성 및 경로를 구체적으로 예측할 수 없는 상황에 놓이게 된다. 즉, 연구개발의 미래성·첨단성·기술적 특성으로 인해 정책은 불확실성을 지니게 된다. 그리고 이런 분야의 정책은 기존 정책의 부재와 예측 불가능성으로 인해 정책의 불확실성을 더욱 높이게 되어 정책에 대한 부처 간 입장 차이를 야기하게 되기 때문이다.

셋째, 연구개발 정책 결정 과정에서 다양한 이해관계자(stakeholder)들의 존재를 들 수있다. 연구개발 분야는 기술의 복잡성으로 인해 관련 분야의 전문가들과 사업의 파급 효과에 연관되는 기업들의 활발한 참여가 이루어지게 된다. IT839 정책과 차세대 성장 동력산업과 연관된 정책 네트워크를 살펴보면, 먼저 IT839 정책을 제시한 정보통신부 장관(진대제)과 프로젝트 매니저(PM)라는 기술 분야별 전문가집단, 그리고 이에 동참을 희망한 산업자원부, 과학기술부, 청와대가 있었다. 그리고 IT839 정책의 실현가능성을 제시해 준 삼성전자라는 이해관계자도 참여하고 있었다. 또한 차세대 성장 동력사업은 각 자치단체장 사이에서 유행처럼 번지게 되었고, 각종 정책 추진 시 차세대 성장 동력사업의 추진을 역설하고 있었다. 이러한 현상은 정보통신부 이외의 산업자원부, 과학기술부에서도 나타나 유사한 형태의 정책 참여자들이 부처 간 논리와 기술적 근거를 제시했다. 이러한 전개 과정으로 인해 IT839정책과 차세대 성장 동력사업의 정책 결정은 거대한 이슈 네트워크(Issue Network)를 구성하게 되었다.

당시 우리나라의 연구개발을 추진하고 있던 과학기술부, 산업자원부, 정보통신부 등의 주요 부처는 부처별로 별도의 기술 개발 추진 근거 법령과 재원을 가지고 있었다. 과학기술부의 경우 과학기술기본법, 산업자원부의 산업발전법, 정보통신부의 정보화촉진기본법이 그것이다. 이러한 법적인 근거 이외에 방대한 규모의 기금을 조성해 운용하고 있으며, 이를 연구개발의 재원으로 활용하고 있었다.

넷째, 대규모 국가 예산의 투입을 들 수 있다. 실제 당시 참여정부는 IT9대 신성장 동력사업의 추진을 위해 차세대 성장 동력 분야와 연계해 2004년부터 2008년까지 5년 동안 총 2조 1,116억 원을 투자할 계획이었다. 이미 2004~2005년도에 정부가 6,983억 원, 민간이 3,156억 원으로 총 1조 139억 원을 투자한 상태였다. 이와같이 연구개발사업은 소요되는 재원이 막대해 재원 확보와 사업 추진에 부처 간의 갈등이 심화될 가능성은 매우 높았다. 특히 미래 기술 분야에 대한 연구개발사업의 추진은 모험적인 성격을 갖게 되지만 정부의 막대한 보조가 이루어지는 게 현실로서, 막대한 국가 예산의 투자를 요구하게 된다.

마지막으로 연구개발 투자와 관련한 범국가적인 조정 기능이 미약하다는 점을 들 수 있다. 과거 권위주의 정치 체제 하에서는 정책 조정 능력이 강력했지만, 정치적 민주화・행정의 분권화・개방화의 영향에 따라 행정부의 정책 결정 과정에 대한 대통령의 실질적 권한은 상대적으로 약화되게 된 점이 있다. 그리고 경제정책 조정자로서의 역할을 수행해 오던 당시 재정경제부의 역할도 약화되는 한편, 정책 주관 부처들의 자율성이 높아진 점도 정책갈등 유발의 주요 원인으로 지적할 수 있다.

2 중앙부처 간 갈등 조정 과정

1) 부처 간 업무 조정 과정

이처럼 IT839정책의 9대 신성장 동력사업의 품목 결정은 국가적 차원에서 추진하고 있던 차세대 성장 동력사업과의 조정 과정을 거쳐야만 했다. IT 9대 신성장 동력사업은 차세대 성장 동력사업을 추진하는 과정에서 발생된 과제로서, 이러한 차세대 성장 동력 사업을 추진하기 위해 중앙부처가 도출한 연구개발사업 관련 핵심 기술과 세부 사업 품목이 서로 중복되는 것은 당연한 귀결이었다. 이 때문에 많은 기술을 담당하고자 하는 부처들 간의 입장이 첨예하게 대립되면서 상호 역할 분담의 필요성이 제기된 것이다. 물론 기술 간 융합 현상이 최근 기술 발전의 주요한 추세이며 또한 기초・응용・개발 연구의 경계가 이미 모호해진 상황에서 서로의 역할 분담을 명확히 한다는 것은 어려운 일이기도 했다. 이에 각 중앙부처들은 좀 더 발전가능성이 높은 기술 개발 분야에 대해 우선적으로 기술개발사업을 추진하고자 했던 것이다.

주요 이해관계자였던 과학기술부, 산업자원부, 정보통신부 등 중앙부처와 청와대 정보과학기술보좌관은 부처별 역할 분담을 명확히 하기 위해 먼저 각 부처가 발굴한 기술과 품목을 동일한 기준으로 분류해 조정 대상 항목을 통일하는 것이 필요하다고 생각했다. 이에 공통의 세부 항목을 정하고 그 세부 항목별로

표 4-2 주요 분야 부처별 입장 및 조정 결과 예

산업	의견	조정 결과
지능형 로봇	• 산업자원부: "로봇은 기계 산업으로서 정밀제어계측 산업의 영역에 속함. • 정보통신부: 60~70%가 S/W 분야 • 과학기술부: 원천기술 개발	• 산업자원부: 산업용, 스마트홈용 로봇 개발 • 정보통신부: 인터페이스 등 실용화 부문에서 협력 • 과학기술부: 극한작업 로봇 등 원천 기술 개발
디스플레이	• 산업자원부: 산자부 독자 소관 품목임. • 정보통신부: Mobile·Flexible 디스플레이와 e-Paper를 중점 개발 • 과학기술부: 모든 유기EL, FED, Flexile 디스플레이, SoD 등 원천기술 개발	• 산업자원부: LCD, PDP 등 제품 담당 • 과학기술부: 전유기 기술, 3D 원천 기술 개발
디지털 TV	• 산업자원부: 단말기 개발 • 정보통신부: 방송·통신 표준, 서비스 플랫폼 등과 연계 추진 • 과학기술부: 원천 핵심 기술 개발	• 산업자원부: 셋톱박스, 수상기, AV용 복합기기 등 담당 • 정보통신부: 방송 시스템, 정보통신 복합기기 등 담당
텔레매틱스	• 산업자원부: 차량용 단말기 개발 • 정보통신부: 정보통신망 기기산업의 육성 • 과학기술부: HMI, GPS/GIS 기술, 음성인식 기술 등 원천 기술 개발	• 산업자원부: 데이터, 센서, 차량용 제어기술을 담당 • 정보통신부: 네트워크 및 통신 접속기술 담당

자료: 차세대 성장 동력산업 육성정책 성과와 향후 과제(2006).

부처 의견을 수렴해 전문가팀에서 업무를 조정하기로 결정했다. 이후 대통령 정보과학기술보좌관 주관하에 3차에 걸친 실무조정작업회의(2003.6.7, 6.9, 6.11)를 개최해 표준 항목 분류 작업을 진행했고, 부처별 추진전략(안)에 대한 검토 및 성장 동력 표준 항목 분류(안)의 작성 작업도 이루어지게 되었다.

중앙부처 간의 갈등은 과학기술부, 산업자원부, 정보통신부 등 주요 3개 부처를 중심으로 지능형 로봇, 디스플레이, 디지털TV, 텔레매틱스와 같은 4개 분야에서 주로 발생했다(〈표 4-2〉 참조). 특히 이들 주요 4개 분야에 대한 주관 부처 선정을 위해 표결 절차를 거치는 과정이 도입되었다.

기술개발 품목 결정에서 과학기술부는 로봇 분야와 디지털TV 분야에서 다른 부처와 경쟁을 벌였으며 로봇 분야에서 극한 로봇, 의료 지원용 로봇, 인공지능 등 원천기술은 과학기술부의 역할이라고 주장했다. 디지털TV 분야에서는 3개 부처가 협력을 통해 추진할 것을 주장했는데, 과학기술부는 차세대 HMI 기술,

GPS/GIS 기술, 음성 인식 기술 등 원천 핵심 기반 기술을 개발하고, 산업자원부는 차량용 단말기, 정보통신부는 서비스 인프라 구축 및 콘텐츠 개발 등을 담당할 것을 주장했다.

그러나 이들 주요 3개 부처의 경쟁에 밀려 표면적으로 부각되지는 않았지만 해양수산부, 환경부, 농림부 등 9개 연구개발 관련 부처가 주장한 내용까지 포함하면 부처 간 갈등은 훨씬 더 광범위하게 진행되었던 것이다. 이러한 기술 개발 분야의 조정 과정을 정리하면 <표 4-3>과 같다.

이러한 업무 분야별 조정 과정만 보더라도 부처 간 협의와 조정이 얼마나 치열했는지를 짐작할 수 있을 것이다. 광범위한 주관 부처의 조정 및 확정과 함께 부처별 세부 기술 분야의 확보를 위한 경쟁도 지속적으로 발생했다. 즉, 기술 개발 품목별로 주관부서는 정해졌으나 세부 기술 분야별로 부처별 독자적인 기술

표 4-3 부처별 기술 개발 분야 업무 조정 과정

분야	2003.8.22 조정안	2003.11.29 잠정안(주관)	2003.12.9 조정안(주관)	2003.12.10 확정안(주관)
디지털 TV/방송	정통 · 산자부	정통부	정통부	정통부
디스플레이	산자 · 과기부	산자부	산자부	산자부
지능형 로봇	정통 · 과기 · 산자부	과기부	정통부	산자부
미래형 자동차	산자 · 과기부	산자부	산자부	산자부
차세대 반도체	정통 · 과기 · 산자부	산자부	산자부	산자부
차세대 이동통신	정통 · 산자부	정통부	정통부	정통부
지능형 홈네트워크	정통 · 과기 · 산자부	정통부	정통부 · 산자부	정통부
디지털 콘텐츠 · SW 솔루션	정통 · 과기 · 산자 · 문광부 · 해수부	정통부	정통부	정통부
차세대 전지	과기 · 산자부	산자부	산자부	산자부
바이오 신약 · 장기	과기 · 산자 · 복지부	과기부	과기부	과기부

자료: 정보통신연구진흥원 내부보고 자료(2003).

개발을 추진할 수 있는 여지를 남겨놓게 된 것이다.

2) 사업의 추진 체제 조정

IT 신성장 동력사업의 추진을 위해 정보통신부는 처음부터 9대 기술 분야별 프로젝트 매니저(PM)를 임명하고 그를 기술 개발의 총괄책임자로 선정했으며, 정보통신부 정책자문관이라는 2급 상당의 직위를 부여함으로써 사업 추진에 탄력성을 부여했다. 산업자원부나 과학기술부 또한 이러한 정보통신부에서 실시하고 있는 PM제도의 장점을 본받아 유사한 제도를 운영하게 되었다. 실제 정보통신부는 차세대 성장 동력사업보다는 자체 IT839의 추진에 더욱 주안점을 두고 있었다. 과기부와 산자부의 경우는 차세대 성장 동력사업의 추진을 위해 별도의 조직을 운영하고 있었으나 정보통신부는 IT839 추진을 중심으로 사업단을 운영하고 있는 실정이었다. 사업 운영에서 IT839에 대부분의 차세대 성장 동력사업이 중복되는 상황에서 사업단의 총괄 책임을 IT839의 분야별 책임자에 의해 별도 관리하고 있는 상황이었다. 그러나 2006년 과학기술부총리는 정보통신부가 사업단 운영을 내실있게 운영하고 있지 않다는 지적과 함께 차세대 성장 동력사업은 범국가적으로 추진되어 하는 전략사업임을 지적해 정보통신부도 차세대 성장 동력사업을 위해 사업단 체제로 PM조직을 개편할 것을 요구받게 된다. 이에 정보통신부의 독자적인 IT839 추진 체제는 2006년에 와서 과학기술부, 산업자원부 등의 요구로 차세대 성장 동력사업의 기술 개발 품목을 위한 사업단 체제로 변경 운영하게 되었다.

3 갈등 조정 과정에서 이해관계자와 주요 기제

차세대 성장 동력사업에 대한 갈등 조정 과정에서 주요 이해관계자인 과학기술부, 산업자원부, 정보통신부는 '미래전략기술기획위원회', '대통령정보과학기술보좌관과 과학기술자문회의,' 그리고 '차세대 성장동력추진 특별위원회'와 같은 중간 매개체를 중심으로 갈등 조정 과정을 거치면서 주요 기제로서의 역할을 수행하게 된다.

1) '미래전략기술기획위원회'를 기제로 한 갈등 조정 과정

과학기술부는 post-반도체 초일류 기술 국가 프로젝트를 당면 현안 과제로 추진하는 내용을 대통령에게 보고(2003.3.20)했고, 그 후 산업자원부(2003.3.25)와 정보통신부(2003.3.28)도 유사한 내용을 보고하게 된다. 이에 중앙부처 간 중복 가능성 논란이 일자 과학기술부는 차세대 성장 동력사업을 범정부적 차원의 추진을 주장하며 국가과학기술위원회 산하에 '미래전략기술기획위원회'를 설치해 운영하는 방안을 마련하게 된다. 과학기술부는 대학교수를 위원장으로 9개 연구개발부처와 재정경제부·기획예산처·국무조정실 등 총 12개 부처의 1급 관료와 민간 전문가로 구성한 위원회를 발족한다. 그러나 주요 이해관계자인 산업자원부와 정보통신부 등 관련 부처에서는 이 위원회에 참석하지 않아 위원회의 실질적 운영이 어렵게 되고, 이에 청와대 정보과학기술보좌관과 미래전략기술기획위원장, 그리고 3개 부처 1급 공무원들이 참석하는 회의가 개최되었다(2003.4.17). 이후 과학기술부는 미래전략기술기획위원회의 구성 및 운영에 관한 계획을 국가과학기술위원회 산하 정책전문위원회에 상정했고(2003.4.23), 이후 12개 부처 1급 공무원과 민간 전문가 112명 등 총 124명에 의해 구성되는 '미래전략기술기획위원회'가 확정된다(2003.5.6).

그 후 열린 제1차 미래전략기술기획위원회(2003.5.9)에서는 먼저 동 위원회의 성격을 과학기술기본법에 근거를 둔 국가과학기술위원회 산하 전문위원회로 규정하는 등 위원회의 법적 근거를 확보했다. 이에 과학기술부, 산업자원부, 정보통신부 3개 부처의 초일류 기술은 대통령정보과학기술보좌관이 별도로 조정하게 되었고, 미래전략기술기획위원회는 문화관광부·보건복지부·농림부 등 3개 부처를 제외한 나머지 연구개발 관련 부처의 초일류 기술 발굴 및 기획 업무를 담당하게 되었다. 같은 해 5월 16일 제2차 미래전략기술기획위원회가 열리게 되었고, 6월 25일에는 제3차 회의가 열려 과학기술부, 산업자원부, 정보통신부를 제외한 9개 R&D부처로부터 부처별 개발 대상 신기술에 대한 보고를 받고, 이들 기술 개발을 위한 마스터플랜의 구축 작업에 착수하게 되었다.

한편, 산업자원부는 국무조정실을 축으로 '차세대 성장 동력 발굴 및 육성'안을 추진하고자 했는데 이는 국무조정실을 중심으로 하되, 산업자원부가 전체적인 실무 시스템을 총괄하고 관련 부처가 개발 담당하는 형태였다. 산업자원부는 차세대 유망산업의 발굴 및 육성을 위해서는 국무총리와 민간 전문가를 공동위원장으로 하고 산·학·연·관 전문가들이 참여하는 '차세대성장산업발전위원회'를 구성할 것을 주장했다. 산업자원부로서는 기술은 제품에 의해 현실화되는 것이므로 기술 개발에 우선적 바탕을 두는 과학기술부보다 기술과 산업을 아우르는 산업자원부가 주도해야 한다는 주장을 폈다.

그림 4-4 미래전략기술기획위원회 역할 참여와 청와대 중심의 조정

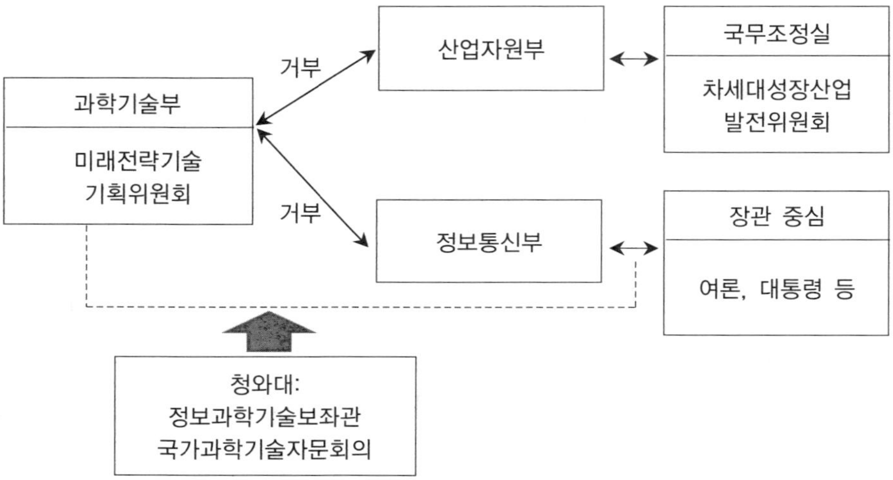

반면, 정보통신부는 자신들이 주장한 9대 전략 품목에 대해 전반적인 기획과 주관을 전문성 있는 정보통신부가 맡아야 한다는 주장을 개진했다. 9대 품목 하나하나를 단순히 개별적으로 고려할게 아니라 그것들이 창출해 내고 있는 첨단 서비스와 산업 전반의 연관 효과를 모두 고려해야 한다는 주장을 내세웠다. 결과적으로 과학기술부가 국가과학기술위원회 산하에 '미래전략기술기획위원회'를 구성해 부처별 추진계획을 조정하는 방안을 추진했으나, 산업자원부, 정보통신부의 비협조로 조정 과정이 원활히 진행되지 않게 되자 청와대는 '정보과학기술보좌관'과 '국가과학기술자문회의'를 각각 동원해 부처 간 갈등 조정을 추진하게

되었다. 따라서 국무조정실도 국가과학기술위원회도 아닌 헌법상의 대통령 자문기구인 국가과학기술자문회의에서 차세대 성장 동력사업을 조정하게 된 것이다. 특히 갈등이 첨예하게 대립된 과학기술부, 산업자원부, 정보통신부의 3개 부처와 관련된 사항은 '정보과학기술보좌관'에 의해 중점 조정되게 되었던 것이다([그림 4-4] 참조).

2) '대통령정보과학기술보좌관'을 기제로 한 전문가회의

2003년 6월부터 각 부처가 발굴한 기술을 대통령 소속 정보과학기술보좌관이 주관하게 된다. 국가과학기술자문회의 국정과제1조정관, 그리고 과학기술부, 산업자원부, 정보통신부의 3개 부처에서 각각 3명씩 외부 전문가의 추천을 받아 9명의 민간 전문가로 구성된 조정회의를 통해 사업 관련 갈등 조정이 이루어지게 되었다. 이에 제1차 9인 전문가회의에서는 각 부처가 선정한 80개 기술・품목 중 2개 부처 이상이 선정한 24개 중복 항목에 대한 기술・품목 세분화 작업이 이루어졌다(2003.6.20). 제2차 9인 전문가회의에서는 항목 세분화에 따른 부처별 역할 분담 조정이 이루어졌다(2003.6.24). 이후 청와대 주도의 조정이 급속하게 진행되었는데 같은 해 7월 1일 대통령 주재 차세대 성장 동력 발굴 종합조정관계장관 간담회에서 9개 부처가 제안한 134개 기술・품목을 산업별로 분류해 부처별로 10개 내외의 범부처 차원의 미래전략산업을 선정하기로 하고, 이를 위해 별도 24인으로 구성된 전문가팀(차세대성장동력 선정위원회)을 구성하게 된다([그림 4-5] 참조).

2003년 7월 18일 대통령정보과학기술보좌관 주재로 열린 제1차 24인 전문가팀 회의에서 10개의 미래전략산업후보군을 선정하고 디스플레이, 텔레매틱스, 디지털TV, 지능형 로봇과 같은 미합의의 4개 항목에 대해 과학기술부・산업자원부・정보통신부 3개 부처의 역할 결정을 위해 표결이 이루어지게 되었다. 며칠 후(7월 23일) 열린 제2차 회의에서는 과학기술부, 산업자원부, 정보통신부 등 3개 핵심 부처와 문화관광부・해양수산부・보건복지부・농림부 등 6개 부처가 내놓은 134개 성장 동력 예비 후보에 대한 각계 전문가의 의견을 들어 10대 성장 동력 후보를 확정짓게 되었다.

이러한 조정 과정에서 핵심 기술 중심으로 이루어졌던 부처별 성장 동력 후보

그림 4-5 정보과학기술보좌관 주재 부처별 역할 분담 조정

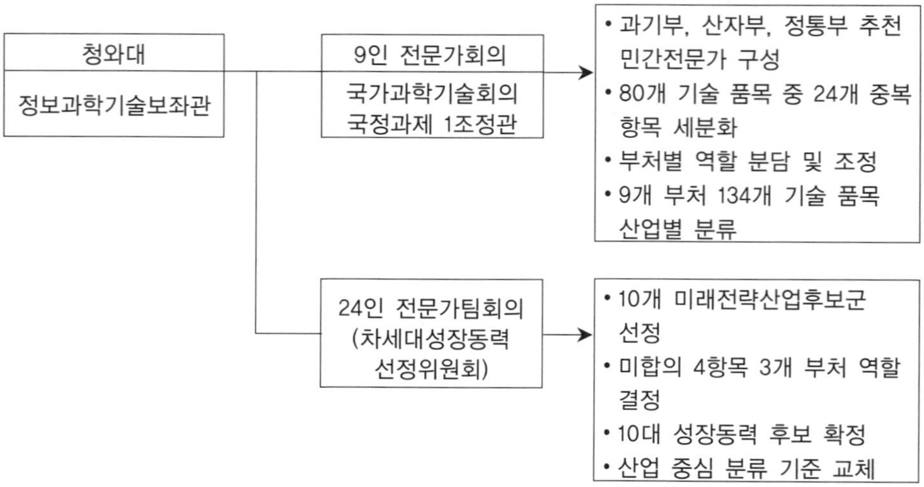

를 유사한 기술 분야로 통폐합하고, 산업 중심으로 분류 기준을 수정하게 된다. 그리고 부처별 역할 분담을 '기초·원천기술'과 '응용 및 산업화'로 전환했다. 이에 따라 동 위원회는 9개 부처가 제시한 예비 성장 동력 후보 산업에 대한 집중 검증 작업을 거쳐 10대 차세대 성장 동력산업을 선정하게 되고, 산업별로 포함되는 세부 품목과 기술을 또한 확정했다. 논란이 많았던 4개 분야 중 디스플레이·지능형 로봇·디지털TV는 산업자원부 안이, 텔레매틱스는 정보통신부 안이 각각 채택되었다. 그 후 청와대에서 개최된 '차세대 성장동력 추진보고회'(2003.8.22.)에서 부처별 역할 분담이 최종 확정되었다.

3) 국가과학기술위원회 산하 특별위원회 설치에 의한 조정 기제

앞서 얘기한 청와대 '10대 차세대 성장동력사업 추진보고회'가 있은 후 10대 산업별 기술개발 과제 발굴과 기획이 각 부처별로 이루어지게 된다. 그러나 각 부처별 후속 조치를 추진하는 과정에서 부처 간 중복 투자 가능성 문제가 또다시 제기되었다. 이에 따라 대통령 주재로 열린 차세대 성장동력산업 토론회(2003.1.29)에서는 종합 조정기구를 설치하고 산업별 주관 부처를 선정하는 방안을 다시 논의하게 되었다. 또한 정부혁신·지방분권위원회 주관으로 열린 차세

대 성장 동력 관계 부처장관회의(2003.12.11)에서는 산업별 주관 부처 결정과 총괄조정기구를 설치하는 방안에 대해 합의했고, 12월 23일 국무회의에서 재정경제부 장관이 보고한 '차세대 성장동력 추진 체계 개선 방안'에 의해 10대 차세대 성장동력 산업별 주관 부처 및 종합 조정 체제를 확정짓게 되었다.

이러한 노력의 결과, 과학기술부는 바이오 신약/바이오 장기를, 산업자원부는 디스플레이・차세대 반도체・차세대 전지・미래형 자동차・지능형 로봇을, 정보통신부는 디지털 TV/방송・차세대 이동통신・지능형 홈네트워크・디지털 콘텐츠/SW솔루션 산업을 각각 주관하게 되었다. 그리고 과학기술기본법 시행령 개정을 통해 국가과학기술위원회 산하에 '차세대성장동력추진특별위원회'를 상위 조정기구로 설치하고 특별위원회를 지원할 '총괄실무위원회' 및 '산업별 실무위원회'를 상시 운영하도록 하여 부처 간 협력 체제를 구축하도록 했다([그림 4-6] 참조).

2004년 1월 9일 개최된 경제장관간담회에서는 10대 산업별 실무위원회 구성

그림 4-6 차세대성장동력추진특별위원회를 통한 부처 간 협력 체제 운영

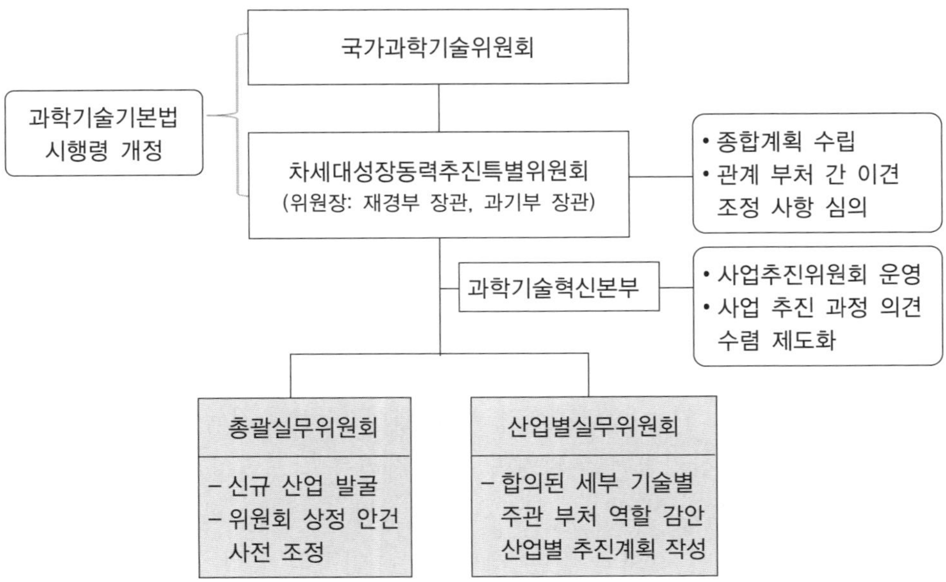

및 과학기술기본법시행령 개정계획, 산업별 기술 개발 로드맵 수립계획 등이 논의되었다. 과학기술부는 '차세대성장동력추진특별위원회'와 '실무위원회'의 설치에 관한 내용을 담은 과학기술기본법 시행령개정안을 입법 예고하게 되었다(2004.3). 이 개정안은 국가과학기술위원회 산하에 총괄조정기구로서 '차세대성장동력추진특별위원회'를 설치하고 10대 성장 동력 산업별 실무위원회를 설치하는 내용을 담게 되었다.

2004년 6월 「과학기술기본법 시행령」의 개정으로 그 설치 근거가 마련된 '차세대성장동력추진특별위원회'는 위원장을 재정경제부 장관과 과학기술부 장관이 공동으로 맡게 되었으며, 교육인적자원부, 문화관광부, 농림부, 산업자원부, 정보통신부, 보건복지부, 환경부, 건설교통부, 해양수산부, 기획예산처 등 10개 부처 장관 및 산업별 실무위원회 위원장이 위원으로 각각 참여하게 된다. 이 위원회는 차세대 성장 동력사업의 종합계획을 수립하고 관계 부처 간 이견 조정에 관한 사항을 심의하는 역할을 담당하도록 했다. 그 밖에 차세대 성장 동력과 관련된 신규 산업을 발굴하고, '차세대성장동력추진특별위원회'에 상정할 안건을 사전 조정하는 역할을 수행하기 위해 발족된 '총괄실무위원회'는 관련 부처 1급 공무원 및 산·학·연 관련 전문가로 구성되었으며, 위원장은 과학기술부 차관이 담당하게 되었다. 그리고 '산업별 실무위원회'는 산업별 주관 부처의 추천으로 위원장을 임명했고, 위원은 주관 부처와 협조 부처의 추천을 받아 산·학·연(産·學·硏) 전문가로 구성하도록 했으며, 해당 '산업별 실무위원회'는 이미 합의된 세부 기술별 주관 부처의 역할을 감안해 산업별 추진계획을 작성하는 역할을 수행했다.

또한 과학기술부의 '과학기술혁신본부'는 동 사업 추진과 관련된 위원회를 운영하고 심의할 안건을 상정하는 역할을 담당했다. 매년 급변하는 산업환경을 분석해 R&D사업의 추진계획을 수립하고, 사업의 추진 과정에서 제기되는 의견을 수렴해 제도화시키는 기능을 담당했다. '차세대성장동력추진특별위원회' 설치 이후 총괄실무위원회, 산업별 실무위원회 등이 자리를 잡으면서 갈등 조정 체제가 드디어 안착하게 된다. 이러한 결과, 차세대 성장 동력사업의 실천계획 수립은 물론, 사업단장의 권한 강화와 같은 제도 개선, 인력의 양성, 차년도 예산 조정 절차 등에 대한 논의와 협조 체계가 이루어지게 된 것이다.

제 4 절 정책갈등 조정 과정에서 중앙부처별 사업 전략

1 정보통신부의 사업화 전략

정보통신부는 초기 과학기술부 주도에 의한 차세대 성장 동력사업 기술 개발 품목 조정 시에 상대 부처로부터의 반발과 이견을 예상하고, 과학기술부 주도로 조정되는 국가과학기술위원회 산하 '미래전략기술기획위원회'의 참석 요청을 무시했다. 그 후 청와대 주도에 의한 해당 품목 조정이 이루어지자 이 때부터 정보통신부는 적극적인 조정에 참여하게 되었다. 정보통신부는 다른 부처의 기술 개발 추진 논리와는 달리 기술 개발 이후의 단계까지 정부의 정책 효과를 지속적으로 달성해야 한다는 논리를 주장했다. 즉, 정보통신부가 주장한 9대 전략 품목에 대해 전반적인 기획과 주관을 전문성이 있는 정보통신부가 맡아야 한다는 주장이었으며 "9대 품목 하나하나를 개별적으로 검토할 것이 아니라 그 품목이 창출해 내고 있는 첨단 서비스와 산업 전반의 연관 효과를 종합적으로 고려해야 한다"는 주장이 특징이었다.

품목 결정 시 쟁점이 되었던 분야에서는 정보통신부는 지능형 로봇의 성격을 정보통신 단말기로 보고, 핵심 기술의 60~70%는 휴먼인터페이스, Operation System, System Integration 등 소프트웨어 분야이며, 산업 발전 차원에서도 홈 디지털과 유기적인 연계 개발이 필요한 점을 감안해 정보통신부 중심의 강력한 추진이 절대 필요하다고 강조했다. 디스플레이 분야에서는 각 부처의 소관 분야와 관련한 디스플레이 개발을 주장했는데, 예를 들면 산업자원부가 대(大)화면 디스플레이와 디스플레이 부품・재료・장비를 개발하고, 과학기술부는 기초・기반 기술을, 정보통신부는 휴대가 용이하고 전력 소모가 낮은 Mobile・Flexible 디스플레이와 e-Paper를 중점 개발해야 한다는 것이었다.

디지털TV 분야에서 정보통신부는 디지털TV가 양방향성과 데이터 서비스를 지원하는 지능형 정보기기의 성격을 갖고 있는 만큼 핵심 기술 개발을 위해서는 방송·통신기술 표준, 서비스 플랫폼, 콘텐츠, 주파수 배정 등과 종합적으로 연계해 추진할 필요가 있다고 주장했다. 텔레매틱스 분야에서는 서비스 운용 시스템(OS), 유·무선 통신망과의 접속에 필요한 기술 표준 등이 핵심인 대표적 통신서비스산업으로 텔레매틱스를 규정하고, 정보통신부 직제 제11조2에 따라 정보통신망을 구성하거나 이에 접속·사용되는 기기산업의 육성은 정보통신부 소관이며, 산업활성화 차원에서도 운영 시스템(OS)의 도입, 교통정보 수집·가공, 무선통신망 발전에 핵심적 역할을 하는 이동통신사업자와 정부 간 긴밀한 협력이 중요하다고 주장했다.

이러한 주장에 대해 적극적인 여론의 지지를 얻고자 정보통신부는 적극적으로 노력했다. 정보통신부의 IT839 정책의 우수성을 다른 부처보다 먼저 공개함으로써 언론의 지지를 얻고자 적극적이었다. 이러한 전략 이외에 취임 초부터 대통령의 적극적인 신임을 얻어온 정보통신부 장관의 역할도 크게 작용한 것으로 생각된다. 당시 정보통신부 장관(진대제)은 기업가 출신으로서 아이디어 제시에 적합한 경력과 배경을 지니고 있었으며, 그가 소속했던 삼성전자의 힘도 사업 추진에 무시 못할 배경으로 작용하고 있었다고 생각된다. 이동통신, DMB 등 굵직한 신성장사업의 추진에 삼성의 정보 제공 등 산업적 뒷받침은 큰 도움이 되었던 것이다. 또한 진대제 장관은 이러한 IT839 사업의 추진을 위해 평소 청와대 보고를 PPT 프레젠테이션 방식으로 훌륭히 수행했으며, 정보통신부 장관은 참여정부 내에서 가장 장수한 장관으로 기록되고 있다. 결과적으로 정보통신부는 기술 개발 품목 결정 과정에서 계층제적인 조직 체계를 적절히 활용했다고 생각된다. 또한 산하기관에 별도의 IT839사업 추진을 위한 전담조직을 신설하고, 9대 기술 분야별 프로젝트 매니저를 채용해 해당 기술 개발의 총괄책임자로 지정하고 정보통신부 정책자문관이라는 직위(2급 상당)를 부여함으로써 사업 추진에 전문성과 탄력성을 동시에 부여했다.

정보통신부는 산업자원부에 비해 뒤늦게 독립된 부처로서 설립되어 정치적 역량이 미비했으며, 부총리격인 과학기술부에 비해는 낮은 부처 위상을 가지고 있었다. 그럼에도 불구하고 연구개발에 대한 적극적인 사업화 전략 추진과 장관의 적극적인 역할에 따라 대통령과의 친밀도 형성, 전문성 있는 논리 구축을 통해 기술 개발 분야 품목 결정이라는 정책 조정 과정에서 4개 분야의 기술개발사업을 주관 부처로 유치, 추진하게 되었다.

2 산업자원부의 전통적 · 조직적 전략

산업자원부와 정보통신부는 정보통신부 설립 초기 단계부터 정보통신산업 영역에서 정책갈등이 지속되어 왔다. 예를 들어, 이동통신, 컴퓨터, 디지털방송 분야에 대한 관할권이 만약 정보통신부가 없었더라면 어느 부서가 관할하게 될지 산업자원부 입장에서는 명확했기 때문에 이러한 갈등 발생은 필수불가결했다. 이러한 가운데 기존 사업에서 산업자원부는 정보통신부와의 갈등 발생 시 실무자급 정책 조정 과정에서부터 다양한 대안 제시를 통한 협상 전략을 구사했다. 실제 산업자원부는 오랜 기간 우리나라 산업 전반에 대한 육성정책을 시행해 온 결과 수많은 영역의 유관 법률과 이를 바탕으로 한 전문성을 가지고 있었다. 산자부는 이를 토대로 기획예산처, 청와대 등의 지지를 얻어 정책 조정 과정에서 자신의 의사를 관철시키는 계층적 권위를 활용해 왔다. 물론 이번 차세대 성장동력사업의 분야 결정에서 정보통신부 장관과 대통령 간의 친밀도로 인해 이러한 전략이 충분히 구사되지 못하는 점이 애로 사항으로 발생한 것이 사실이기도 했다.

한편 산업자원부는 국무조정실을 축으로 '차세대 성장 동력 발굴 및 육성안'을 추진하고자 했으며, 이를 국무조정실을 중심으로 하되, 산업자원부가 전체적인 실무 시스템을 총괄하고 관련 부처가 개발을 담당하는 형태로 생각했다. 산업자원부는 차세대 유망산업의 발굴 및 육성을 위해서는 국무총리와 민간 전문가를 공동위원장으로 하고, 산 · 학 · 연 · 관 전문가들이 참여하는 '차세대 성장산업 발전위원회'를 구성할 것을 주장했다. 물론 이러한 주장은 다른 부처의 비협조 및 무시정책으로 결국 성과를 거두지는 못했다.

실제로 문제가 되었던 기술 개발 분야별 품목 결정에서 산업자원부의 논리를 구체적으로 살펴보면, 지능형 로봇 분야에서 "로봇은 기계산업으로서 정밀제어계측산업의 영역에 속하며, 이는 전통적으로 산업자원부에서 추진해 온 분야"이기 때문에 산업자원부가 추진해야 한다는 주장이 강했다. 디스플레이 분야에서는 산업자원부 소관 품목으로 정보통신부와는 기본적으로 논의 대상이 아니며 표준 항목 분류는 일반적인 분류 기준에 따라 "LCD, 유기EL, 3D, 전자종이"로 분류해 산업자원부·과학기술부 간의 역할 분담이 필요하다고 보았다. 디지털 TV 분야에서는 산업자원부가 단말기를 개발하고, 정보통신부가 관련 서비스, 방송 및 인프라를 구축해야 한다고 주장했다. 텔레매틱스 분야에서도 산업자원부는 정보통신부와 협력해 추진하되, 산업자원부는 차량용 단말기를 개발하고, 정보통신부는 텔레매틱스 서비스 인프라 구축 및 콘텐츠 개발을 담당할 것을 주장했다.

이러한 산업자원부와 정보통신부 간의 경쟁 관계는 과거에도 그러했듯이 향후 지속적인 정책갈등 요소로 작용할 것으로 예상되었으며, 갈등 상황 또한 지속적으로 발생될 수 있음은 충분히 예견할 수 있었다. 특히 최근의 기술 융합화 추세로 인해 산업 육성을 위한 산업자원부와 정보통신부와의 관계는 국가적인 연구개발 정책 결정 과정에서 지속적인 갈등 양상을 보일 것으로 판단되었다.

3 과학기술부의 범정부적 사업 추진 전략

과학기술부는 기술 개발 분야의 결정 등 연구개발 정책 추진에서 중심 부처라 할 수 있었다. 그러나 과학기술부의 이러한 기본적인 자리매김에도 불구하고 이번 국가R&D사업의 경쟁 과정에서 과학기술부는 그 중심적인 역할을 충분히 다 하지는 못한 것 같다. 비록 과학기술부가 부총리격으로서 다른 부처에 비해 우선하는 조정 권한을 가지고 있었으나 과학기술부의 정치적인 역량은 오히려 다른 부처에 비해 미미했던 것 같다. 실제로 신성장 동력사업을 위한 품목 결정 시에 부처 간의 중복 가능성 논란이 일자 과학기술부는 차세대 성장 동력사업을 범정부적 차원에서 추진하기 위해 국가과학기술위원회 산하에 '미래전략기술기획위원회'를 설치했으나, 정보통신부와 산업자원부의 불참으로 이러한 노력은 단번에 수포로 돌아가게 되었다. 이는 부처 간에 그리고 해당 업무 조정에서 충분한 지도력을 발휘하지 못한 것이 주요 원인이라 생각된다.

갈등 형태에서는 과학기술부 역시 정보통신부, 산업자원부와 유사한 갈등 양상을 보이기도 했으나 정보통신부와 산업자원부 간의 경쟁보다 상대적으로 약한 양상과 존재감을 보이기도 했다. 그럼에도 과학기술부는 차세대 성장 동력사업이 범국가적으로 추진되어야 한다는 협상 전략을 구사했으며, 청와대 등에 이러한 논리를 역설해 그 지지를 얻어내는 데 기존의 계층적 권위를 활용하기도 했다. 과학기술부가 부처별 추진계획을 조정하는 방안을 추진했고, 다른 부처 장관보다는 직제가 위인 과학기술부총리를 중심으로 차세대 성장 동력사업을 범정부 사업으로 추진해야 한다는 과기부의 논리 역시 일단의 여론 지지를 받을 수 있었던 것이다.

표 4-4 부처별 갈등 조정 과정에서의 전략분석

부처	정보통신부	산업자원부	과학기술부
주요 전략	• 단순 기술 개발이 아닌 인프라와 서비스 측면 고려→ IT839 전략 • 대통령의 신임을 바탕으로 한 적극적 업무 추진 • 사업 추진 조직의 우선적 정비(선점 전략) • 관련 대기업의 활용	• 오랜 산업육성 정책 시행을 통한 각종 기술 개발 근거 법령 확보 • 실무자급 조정 과정에서 전통적 관할권을 근거로 한 협상 전략 활용 • 국무조정실의 조정 기능 활용	• 기술 개발을 범정부적으로 추진해야 하는 논리 활용 • 과학기술부총리 지위 활용 • 과학기술 분야의 중심 부처라는 논리 활용

제 5 절 생각해 볼 문제

1 조직 간 정책갈등에 관한 주요 분석틀 탐색

정책갈등은 기존 사고에서 접근할 경우 협력의 결여·투쟁·파업 등의 형태로 특징지어지는 부정적이고 병리적인 또는 역기능적인 현상으로 볼 수 있다. 따라서 이러한 입장에서 본다면 관리자는 갈등은 피해야 할 대상으로 고려하게 되며, 발생하는 갈등은 반드시 제거해야 된다고 생각하게 된다. 그러나 근래에 와서 모든 갈등을 반드시 역기능적인 것으로만 보지는 않는 것 같다. 경우에 따라서 갈등은 용납될 수 있을 뿐 아니라 유용할 수 있다는 사고도 있다. 예를 들어, 코저(Lewis Coser)는 "어떤 집단도 전적으로 조화될 수는 없다. 집단은 조화와 부조화, 통합과 해체를 요한다. 갈등은 파괴적일 수만은 없는 것이다. 협력과 마찬가지로 갈등은 그대로의 사회적 기능을 지니고 있으며, 어느 정도의 갈등은 집단 형성과 집단 활동 유지의 본질적인 요소가 된다"고 강조했다.

근래의 서구민주주의 사회에서는 조직 간 정책갈등을 공익(公益)을 탐색하는 과정으로 인식하고(김영평, 1992), 정책 결정 과정에서 참여자 간의 의견 불일치로 발생한 갈등은 역기능뿐만 아니라 순기능도 동시에 갖고 있는 것으로 검토되고 있다. 정책갈등의 순기능에는 정책 형성 과정에서 다양한 의견 개진과 갈등 표출에 의한 정책 대안의 다양성 추구, 정책 참여자 간의 합의 형성과 이해 제고를 통한 절차상의 민주성 확보, 그 외 활발한 정책 논의를 통한 정책분석 및 변화 기회의 증진 등을 들 수 있을 것이다. 그러나 이는 정책갈등은 조정된다는 가정 하에 논의 가능한 것이며 정책갈등이 조정되지 못하는 경우 정책 지연 및 정책 형성의 실패를 초래하게 되는 경우도 많다.

정책 조정 과정은 정책 결정 과정에서 나타나는 다원성과 상호작용, 그리고 갈등이 포용되는 매우 중요한 과정이다. 조직 간 정책갈등의 조정 전략으로 클라크(Michael Clark)와 애덤스(James Adams)는 상호 조절전략, 동맹전략, 조합전략을 들고 있다. 조합전략에 접근할수록 높은 공식화·권력 집중·합의된 목표가 강조되고 있으며, 상호 조절전략에 접근할수록 낮은 공식화·권력 분산·각각의 목표가 강조된다(Charles & David, 1982: 4)고 보고 있다. 예닝스(Edward T. Jennings, Jr.)는 조정에 영향을 미치는 변수로서 리더십, 최고관리자의 관여, 의사전달, 상호 인정, 역할 명확화 등을 지적하면서 조정 전략으로 의사소통과 의사 결정 접근, 운영적 접근, 서비스 전달 수준을 또한 들고 있다. 이러한 조정 전략에 맞는 조정 수단을 제시할 수 있다. 의사소통과 의사 결정 접근의 조정 수단으로는 운영 파트너십, 정기적인 회합, 정보의 공유, 기관 간의 연락장치 및 태스크포스의 구성, 자문위원회와 워크숍의 활용 등이 그 예이다. 운영적 조정 수단으로는 프로그램의 공동재원 마련과 공동관리를, 서비스 전달 수준의 조정 수단으로는 양식의 통일이 각각 제시되고 있다. 지금까지 이 논의는 이러한 조직 간 정책갈등 조정이론과 기술혁신을 위한 상호작용이론에 의거해 우리나라 연구개발 분야의 부처 간 경쟁적 갈등 양상에 중점을 두고 접근했다고 볼 수 있다.

중앙부처 간 정책갈등과 조정 기제에 관한 기존 연구로는 정부간 분쟁으로 인해 발생하는 사회적 비용을 최소화하기 위해 이해관계자들로 구성된 혼합적 조정 역할을 하는 공동조사단을 만들어 정책 결정 초기부터 대안을 탐색하고 문제를 해결해 나가는 것이 유리하다고 보는 관점이 있다(주재복 · 홍성만, 2001). 그리고 정책 형성 과정에서 부처 간 정책갈등을 다원적인 정책구조에 따른 관할권 중복의 결과로 정의하고 이러한 관할권 지향적인 부처 간 갈등을 완화하기 위해서는 정부조직의 개편 필요성을 강조하는 주장도 있다(모미순, 2002).

그 외 정부부처 간에 발생하는 갈등을 건전한 경쟁으로 유도하거나 적절히 해결하고자 하는 노력이 반드시 필요하며, 결론적으로 업무 추진 체계를 정비하고 부처 간 역할 분담을 좀 더 명확히 함과 동시에 갈등 해결을 위한 수직적 · 수평적 조정 기제의 강화를 유도하고자 하는 논의가 있으며(유홍림, 2005), 경쟁과 갈등은 주로 환경적 · 구조적 · 인과적 불확실성과 한정된 자원의 불균형 배분, 그리고 목표 · 가치 · 인지 등의 지향성 차이에 의해 발생한다고 주장하며, 참여자들의 역학 관계는 해당 참여자들이 가진 권력이나 경제적인 부 · 정보 · 지식 등 각종 자원의 문제와 그들이 사용하는 전략에 의해 크게 영향을 받는다는 접근도 있다(성지은, 2006).

2 정책갈등 조정에서 한계와 과제

차세대 성장 동력사업의 주관 부처 결정을 위한 청와대 주도의 종합적인 조정 과정에도 불구하고 국가R&D사업의 세부 기술 분야별 '주관 부서'와 '협조 부서'라는 미묘한 사항 등에 의해 부처 간 중복 투자가 발생하고 국회 등 감사기관에서도 이러한 문제점을 지적했다. 특히 정보통신부와 산업자원부 간의 중복 투자 사례가 현저하게 발생했다.

예를 들어, 차세대 성장 동력사업 추진 과제의 하나인 디지털TV 개발 분야에서 AV복합기기는 산자부가 정보통신 복합단말기인 PDA를, 이동전화기는 정보통신부가 각각 담당해 기술 개발을 추진하도록 조정되었다. 그러나 이러한 두 기술 개발 과정에서 방송 수신칩, 멀티미디어 처리칩 등 핵심 부품은 부처별로 별도 개발할 필요 없이 공통적으로 활용할 수 있는 부분이어 부처 간 역할 분담을 다시 논의할 필요성이 제기되었음에도 불구하고 양 부처는 각자 개발사업을 진행하게 되었다. 정보통신부는 소속 연구기관인 한국전자통신연구원과 285억 원에 기술 개발 협약을 체결했고, 산업자원부는 소속 연구기관인 전자부품연구원에 157억 원 규모로 별도의 기술개발협약을 체결해 독자적으로 개발사업을 추진하게 되었다. 이에 대해 감사원은 정통부와 산자부 장관에게 국가과학기술위원회를 통해 부처 간 사업 영역을 조속히 재조정하도록 했지만, 부처 간의 관할권 경쟁과 연구개발 추진 주체로서의 역할을 선점하려는 노력이 강하게 작용한 결과 무리가 있었다. 이와 같은 과열 경쟁은 향후 사업화가 용이한 기술 개발 분야에 대한 부처별 자체 추진 욕구에 의해 다른 부처와의 완전한 협의가 이루어지지 않은 채 일방적인 사업 추진으로 전개되었던 것이다.

IT 9대 신성장 동력사업의 경우도 최초 정보통신부에서의 주장과는 달리 차세대 반도체 주관 부서가 산업자원부로 결정되었고, 그 이후 지능형 로봇, 지능형 홈네트워크의 경우도 산업자원부로 주관 부서가 변경된다. 이러한 주관 부서의 지속적인 변경 과정에서 정보통신부는 관련 분야에 대한 우선적 개발 권한을 확보하기 위해 해당 인력이나 조직을 가장 우선적으로 정비하게 되지만, 그 후 사업의 관할권 변경에 따라 해당 조직을 변경하지 않을 수 없는 상황에 놓이게 된다. 이러한 정책갈등 과정에서의 지속적인 업무 조정 과정은 각 부처에서 일관된 정책 수행을 어렵게 하는 결과를 초래하게 되었다고 생각된다.

정보통신부와 산업자원부의 사업 추진 체계를 보면 양 부처 간의 업무 협조는 기본적으로 요원한 상태였다. 우선, 정보통신부는 차세대 성장 동력사업보다는 자체 IT839의 추진에 더 주안점을 두고 있었다. 그리고 과기부와 산자부의 경우는 차세대 성장 동력사업을 위해 별도 조직을 운영하나 정보통신부는 IT839 추진을 위해 부설 형태의 사업단을 운영하고 있었다. 이러한 실제 운영에서 IT839의 내용에 차세대 성장 동력사업이 거의 대부분 포함되어 있는 상황에서 사업단의 총괄책임자를 IT839의 분야별 책임자가 별도 관리하고 있는 실정이었다. 또한 각 부처별 실제 연구관리를 담당하고 있는 기관들은 각종 통계자료의 공유

시에도 상급기관의 허가가 있어야만 자료를 제공받을 수 있었다. 이러한 상황에 따라 국가R&D사업의 추진 과정에서 세부 기술 분야별로 중복되는 분야를 발굴하기는 현실적으로 어려움이 많았을 것으로 판단된다. 이러한 결과, 국가 연구개발 추진 과정에서 부처 간 기술 개발 품목의 정치적 결정 과정과 그로 인한 주관부처와 협조 부처 간의 기술 개발 및 부처 간 연구개발 과정이 서로 공유되지 못하는 상황이 초래될 수밖에 없었던 것이다.

반면, 부처 간의 경쟁적인 연구개발은 연구개발 투자의 순기능을 가져올 수 있다는 사고도 있을 수 있었다. 즉, 기술혁신의 원천에 대한 다양한 이론 가운데 상호작용의 가설(interactive hypothesis)에 의하면, 기술혁신은 현실 세계에서 과학기술계 전문가들이 끊임없이 교류하고 활발한 연구개발을 수행하면서 상호 지식을 습득하고 다양한 교류 과정을 통해 기술혁신이 발생한다는 가설이다. 개별 과정은 기능적으로 분리 가능한 독립적인 특징을 지니면서 여러 조직 간에 복잡한 상호작용에 의해 지식의 교류가 발생하고 이는 결국 기술혁신의 원천이 된다는 사고이다. 실례로서 정보통신부의 일관된 IT839정책의 추진 과정과 산업자원부의 차세대 성장 동력사업 추진 과정에서 이러한 일면을 관찰할 수 있었다. 산업자원부와 정보통신부가 공동 주최한 '지능형 로봇산업 발전전략 워크숍'이 그 일례이다. 이 행사에서 양 부처는 휴머노이드 로봇인 "휴보(산자부)"와 "마루(정통부)"의 최초 만남을 시연함으로써 부처 간의 협력을 과시하고 지능형 로봇 기술에 대해 국민들의 이해를 증진시키는 데 그 효과가 컸다. 그러나 정치적(政治的) 합리성 확보에 초점을 두는 청와대의 개입은 기술적(技術的) 합리성에 초점을 두는 부처 간의 조정 과정에 일정한 혼선을 초래하게 되었다. 이러한 과정에서 부처별 소관 품목 결정 시 일부 품목이 표결 방식에 의해 정해지는 현실은 사업의 전문성보다는 정치적인 방식에 의해 결정되었음을 보여 주는 단적인 사례이다.

또한, 정책사업의 조정 과정에서 정치적인 방식에 의한 해결과 결정은 청와대 역시 국가연구개발사업의 추진과 같은 분야에서는 전문성을 담보로 한 결정을 내릴 수밖에 없었으므로, 관련 분야 공무원과 전문가들의 의견을 기초로 일종의 중재자로서의 역할이 바람직한 역할임을 또한 보여 주고 있다. 그러나 문제 제기 측면에서는 이러한 전문적 정책사업의 경우, 청와대의 역할에 일정 한계를 보여 준 부분이라고 얘기할 수도 있을 것이다.

제 6 절 사례분석을 통한 연구과제 결과

첫 번째 문제 제기는 국가 연구개발 정책 결정 과정에서 부처 간에 빈번한 갈등을 발생시키는 주요 영향 요인은 무엇인가이다. 이에 대한 답변으로, 첫째, 국가연구 개발정책에서 갈등의 근원적인 이유는 우선, 첨단기술 분야 R&D사업의 주요 특성인 불확실성과 모호성이 주요 원인이라는 점을 확인할 수 있었다. 최근 기술 개발의 속도가 급속화되어 감에 따라 이러한 변화를 주도해 나가야 되는 국가R&D사업 분야 특히, 그중에서도 IT 분야에서의 투자 대상과 사업 결과의 불확실성은 매우 높아 결과적으로 정책 결과의 불확실성까지 초래하게 된다는 점이다.

둘째, 이러한 R&D사업에 의해 새로이 창출되는 산업 분야에 대한 관할권이 모호하고 부처 간의 경계가 중첩되는 실정이다. 이에 따라 연구개발사업은 오히려 대규모화되고 범부처 참여적 성격을 지니게 된다는 점이다.

셋째, 그 외 주요 요인으로는 최근 기술 개발의 동향인 기술과 제품의 융합화에서 찾을 수 있었다. 최근 여러 분야에서 가전과 자동차산업 등 IT기술의 융합은 이미 우리 사회에 현실로 나타나고 있다. 이러한 결과, 첨단 및 관련 기술 개발 분야에서 조직 간 상호의존성이 증대되어 부처 간 연구개발 추진에 따른 갈등 현상은 필요불가결한 요소로 작용하게 된다는 점이다.

두 번째 문제 제기는 정책갈등 과정에서 부처 간에 사용되는 주요 전략과 내용은 무엇인가이다.

첫째, 정보통신부는 신성장 동력 기술 개발 품목 조정 시 상대 부처로부터의 반발과 이견을 예상하고 국가과학기술위원회 산하 '미래전략기술기획위원회'의 요청을 무시하는 전략을 채택했다. 취임 초 장관에 대한 대통령의 신임을 바탕으로 한 청와대 주도의 조정 전략을 적극 활용했으며, 기업가 출신 장관의 리더십과 신속한 업무 추진을 통한 선점 전략을 활용했다. 그 외 기관에 별도의 IT9대 신 성장 동력사업 추진을 위한 전담조직을 신설해 사업 추진에 전문성을 부여했다.

둘째, 산업자원부는 정보통신부와의 갈등 발생 시 실무자급 정책 조정 과정에서부터 많은 대안 제시를 통한 협상 전략을 구사했다. 실제로 산업자원부는 오랜 기간 산업 전반에 대한 육성정책을 시행해 온 결과 관련 법률과 전문성을 토대로 기획예산처, 청와대 등의 지지를 얻어 정책 조정 과정에서 자신의 의사를 관철시키는 권위를 적극 활용했다.

셋째, 과학기술부는 차세대 성장 동력사업이 범국가적으로 추진되어야 한다는 협상전략을 구사하며 청와대 등에 이러한 논리를 역설해 그 지지를 얻어내기도 했다. 또한 부총리라는 계층제적 권위를 적극 활용했다.

종합해 보면 각 부처별로 약간의 차이는 있으나 초기 협상 전략이나 무시 전략을 활용하고, 이후 부처 간 관할권에 대한 전략적 대응을 위해 선점 전략을 활용, 최종적으로는 상호 계층제적인 권위를 활용하는 전략을 구사한 것으로 분석할 수 있다.

세 번째 문제 제기는 국가 차원에서의 갈등 조정 결과는 효과적이었는지, 만약 효과적이지 못했다면 어떠한 이유인지에 관한 질문이었다.

첫째, IT9대 신성장 동력사업 추진 과정에서 국가적 조정 역할을 결과적으로 살펴보면, 종합 조정기구의 역할은 법적인 근거를 갖추어 제도적 정비를 통해 해결해 나가는 것이 중요하다고 생각된다. 그러나 실제 IT9대 신성장 동력사업의 결정 과정에서 볼 수 있듯이 가장 중요한 결정 기제는 법적 내지는 정치적 타협에 의해 구성된 위원회와 해당 구성원의 합의 도출에 있었다는 점이다. 그리고 심지어 표결 방식에 의해 기술 개발에 관한 주관 부처가 결정되는 것을 보면 연구개발 정책 결정 과정에서 기술적 타당성이나 합리성, 전문성보다는 정치적 과정을 통해 결정되는 과정으로 파악되었다.

둘째, 이러한 결과를 종합해 본다면, 실제 연구개발 정책 분야에 대한 특수성과 경계의 모호성으로 인해 부처 간의 관할권에 대한 명확한 조정은 상당히 어려운 일이라 생각된다. 실제로 법적인 근거를 마련해 부처 간의 조정을 시행할 경우 어느 정도 적절한 효과를 가져올 수 있었지만 그러나 향후 새롭게 발생하는 기술 분야에 대한 관할권을 법적으로 미리 지정한다는 것은 불가능한 일이라 할 수 있을 것이다. 이에 향후 미래기술 융합 시대의 도래에 따라 정책 영역의 모호성이 심화되어 관료제조직에서의 관할권 분쟁은 더욱 심화될 것으로 판단된다.

제 5 장 산업정보화정책을 둘러싼 부처 간 갈등과 경쟁

윤상오
(단국대학교 공공관리학과)

제 1 절 서론

1990년대 이후 등장한 세계화·자유화·개방화, 그리고 IMF 외환위기 이후 우리 정부는 국가경쟁력 강화를 위해 산업정보화정책을 적극 추진해 왔다. 특히 1998년 김대중 정부의 출범과 함께 외환위기 극복을 위해 국가정보화정책을 더욱 적극 추진하기 시작했으며 그 핵심에는 전자정부정책과 함께 산업정보화정책이 자리 잡고 있다. 2000년대 이후 노무현 정부의 출범과 함께 산업정보화정책이 좀 더 적극적으로 추진되면서 부처 간 갈등과 경쟁이 심화되는 양상을 보였다. 산업정보화는 '산업'이라는 측면에서 산업자원부가, '정보화'라는 측면에서 정보통신부가, 그리고 지원 대상이 '중소기업'이라는 측면에서 중소기업청이 각자 관할권을 주장했기 때문이다. 부처 간 갈등은 직접적인 이해 관계의 충돌보다는 나름대로의 관할권과 명분을 앞세워 정보화사업을 중심으로 한 정책 경쟁을 벌였다는 특징이 있다. 산업정보화를 둘러싼 부처 간 정책 경쟁은 e-비즈니스 기반을 구축하고 중소기업 및 산업의 정보화를 지원해 낙후된 전통산업 및 중소기업의 경쟁력을 강화하며, 국내 정보통신산업의 성장을 촉진하는 등의 긍정적 효과를 발휘했다. 그러나 부처 간 관할권과 주도권 다툼 과정에서 유사·중복 정책 및 사업이 조정·연계 없이 양산되고, 양적인 실적 위주의 사업 집행으로 그 실질적 효과가 의문시되는 경우가 발생했다. 또한 정부의 지나친 개입으로 민간시장의 자율성이 침해되고 IT업체 간 자율경쟁을 왜곡시키기도 했으며, 수혜 대상 중소기업의 자발적 정보화 추진 노력을 저하시키고 정부 의존적 행태를 고착시키거나 도덕적 해이를 불러일으키기도 했다. 또한 거시적이며 범정부적인 차원에서 장기적인 기본 계획과 단계별 로드맵이 결여된 채 개별 부처 차원에서 미시적인 산업정보화가 추진됨으로써 개별 사업 및 프로그램의 성공이 거시적인 정책의 실패로 나타날 가능성을 키웠으며, 결과적으로 정부 예산과 자원의 낭비를 불러왔다(정보화평가위원회, 2002, 2003b).

이 사례연구에서는 정부부처 간 정책 경쟁의 관점에서 산업정보화 분야의 경쟁 원인과 양상 및 결과를 분석했다. 특히 부처 간 갈등으로 인한 부정적 효과에 초점을 맞추었는데, 그 이유는 긍정적 효과가 없다거나 무시하기 위함이 아니라 부정적 효과를 최소화하는 방안을 찾기 위함이었다. 이를 위해 노무현 정부 시기의 산자부·정통부·중기청 등 3개 부처에서 실시했던 산업정보화정책을 대상으로 관련 자료 및 문헌 등을 분석하고 필요에 따라 각 부처의 담당자 면담과 전문가 토론 등을 실시했다. 그 결과로서 산업정보화 분야의 과도한 경쟁을 해소하고 정책 효과 극대화를 위한 부처 간 조정·연계·협력 방안을 제시했다.

논의의 순서는 다음과 같다. 첫째, 부처 간 갈등과 경쟁이 발생하게 되는 근본적인 이유와 전개 양상 및 결과를 이론적 논의를 통해 살펴보았다. 둘째, 이 사례에서 부처 간 갈등이 나타나게 된 근본 원인과 갈등의 전개 양상을 살펴보왔다. 셋째, 부처 간 경쟁과 갈등의 결과를 제시했다. 마지막으로 부처 간 갈등 및 경쟁의 부정적 결과를 해소하기 위한 방안을 제시했다.

제 2 절 산업정보화정책 관련 부처 간 갈등 및 경쟁 분석

1 부처 간 갈등 및 경쟁에 관한 기존 이론

정부부처 간 갈등과 경쟁은 전통적인 관료제이론의 핵심 주제 중의 하나였으며, 최근에는 공공선택론 등의 관점에서도 활발한 분석이 이루어지고 있다. 일반적으로 부처 간 갈등과 경쟁의 원인으로는 관할권의 중복, 정책 지향의 차이,[1] 자원의 희소성 등이 두드러진다. 이 중에서 이 연구는 "비슷한 기능을 수행하기 때문에 발생하게 되는 조직 간 갈등"(김용훈, 1996: Hall, 1991)을 정부부처 간 경쟁으로 정의하고, 관할권의 중복에 초점을 맞추어 정부부처 간 경쟁을 분석하고자 한다.

먼저 부처 간 갈등 및 경쟁의 원인을 살펴볼 필요가 있다. 제도적 측면에서는 그 원인을 행정 체제와 제도에서 찾는다. 가장 대표적인 것은 정부부처 간 기능 배분 과정에서 발생하는 관할권의 중복이다(Campbell, 1984; Hall, 1991; 김영평·신신우, 1991; 김용훈, 1996). 정부관료제는 분업과 전문화의 원리에 의해 부처 간에 업무 영역을 분담하는 방식으로 구성된다. 그러나 실제로 정부부처 간 관할권의 경계를 상호 배타적으로 명확하게 설정한다는 것은 거의 불가능하다. 또한 가외성(redundancy)이라는 측면에서 부처 간 기능과 관할권의 중복을 인위적으로 조장하기도 하고, 정책 자체가 여러 부처에 동시에 관련되는 경우가 많아 관할권의 경계를 명확하게 설정하는 것 자체가 불가능하기도 하다. 따라서 정부부처 간 관할권의 중복은 어느 정도 불가피한 측면이 있다.

관할권의 중복은 동일한 '영토'를 두고 이해 관련 부처가 서로 주권을 주장하는 과정에서 경쟁 및 갈등을 유발하는 주요 원인이 된다. 그러나 관할권의 중복이 곧바로 부처 간 갈등이나 경쟁을 유발하는 것은 아니다. 관할권의 중복은 부처 간 자율적인 협력에 의해 긍정적인 효과를 낼 수도 있기 때문이다(Yanay, 1989: 340-356). 따라서 부처 간 갈등과 경쟁을 설명하기 위해서는 관할권의 중복이라는 현상 이외에 경쟁을 일으키는 심리적 측면에 대한 추가적인 고찰이 필요하다.

심리적 측면의 부처 간 갈등과 경쟁의 원인은 훨씬 더 다양하다. 전통적인 관료제 이론에서는 부처 간 갈등과 경쟁의 원인으로 부처이기주의를 들고 있다. 이는 정부부처를 공익에 봉사하는 단일의 통합된 의사결정체가 아니라, 스스로의 이해 관계를 지니는 하위 부분들의 집합으로 이해하는 데에서 출발한다(Peters,

---

1) 대기업 정책에 대한 재정경제부와 공정거래위원회의 갈등, 추곡수매가 인상에 대한 기획예산처와 농림부의 갈등 등이 대표적인 예이다.

1989).

공공선택론적 관점에서 볼 때, 정부관료는 자신의 이해와 선호를 추구하고 효용을 극대화하려는 합리적 행위자(rational actor)이다. 관료들은 단순한 금전적 이익이 아니라 사회적 · 정치적 · 경제적 측면의 다양한 선호와 동기를 갖고 다양한 방식으로 자기이익을 추구하려 한다(Niskanen, 1971; Dunleavy, 1991: 148- 149; 장노순, 1991: 42; 김행범, 1998: 49-50; 소병희, 1996: 227). 이와 마찬가지로, 자기 이익 추구적 관료들의 구성체로서의 정부부처도 이익 추구 경향을 나타내며, 이것은 더 많은 예산 · 인원 · 정책 영역 혹은 다른 자원의 확보를 위한 노력으로 표출된다(Dunleavy, 1991: 148-149). 따라서 합리적 행위자인 정부부처들은 중복되는 관할권을 두고 자기 이익 극대화를 추구하며 이 과정에서 갈등과 경쟁은 불가피하게 된다.

이익극대화 추구 본능을 가진 정부부처 간 경쟁은 어떠한 양상으로 나타나는가? 가장 먼저 들 수 있는 것은 '관할권'이라는 파이를 두고 일어나는 쟁탈 경쟁이다. 관할권의 확보는 정부부처가 매력적으로 생각하는 예산 · 인력 · 조직 규모 · 권한 등의 확보에 필수적이기 때문에 정부부처들은 관할권을 두고 치열한 경쟁을 벌인다. 관할권 쟁탈 경쟁은 다시 두 가지로 분류할 수 있는데, 첫째는 미개척 영역에 대한 선점 경쟁이다. 새롭게 부상하는 영역에 대해 정부부처가 서로 관할권을 주장하면서 선점싸움을 벌이는 것이다. 두 번째는 기존 영역에 대한 쟁탈 경쟁이다. 다른 부처가 관할하는 기능을 자기 부처로 이관하기 위한 싸움이 이에 해당한다.

그럼, 각 부처는 관할권 다툼의 수단으로 무엇을 활용하는가? 각 부처가 관할권을 선점하거나 다른 부처의 관할권을 쟁취하기 위해 취하는 가장 일반적인 행동은 해당 영역에 대한 각종 정책 · 사업을 벌이는 것이다. 즉, 정부부처는 '정책'을 자기 부처의 권력 확보를 위한 핵심 수단 또는 이익극대화 메커니즘으로 보고(장노순, 1991: 28), 특정한 정책을 이용해 자기 부처의 권력을 확대하거나 다른 부처를 견제 · 억압하려 한다(김영평 · 신신우, 1991: 311).

관할권 다툼이 표출되는 또 한 가지 양상은 경쟁 부처 간의 의사소통 및 협력의 단절이다. 합리적 행위자로서의 정부부처들은 정책 독점 성향을 보이며, 이것은 다른 부처와 협의 · 조정에 필요한 거래비용(transaction cost)을 높여 정부부처 간 협력·조정을 어렵게 하고 정책 간 연계·조정·통합보다는 비슷한 정책의 양산을 유발한다(박경효 외, 1998). 또한 경쟁 관계에 있는 부처 간 정보 공개 및 공유 회피 성향을 보여 정책 추진 단계에서의 중복성·시급성·기대 효과 등에 대한 사전타당성 평가를 어렵게 하고, 정책 종료 후의 성과평가 및 환류를 어렵게 한다.

여느 경쟁과 마찬가지로 부처 간 갈등과 경쟁도 긍정적 효과와 부정적 효과를 동시에 갖는다. 긍정적 효과는 정부부처 간 정책 경쟁 과정에서 정책의 질이 제고되고 관련 분야의 문제 해결을 촉진하는 효과를 낸다. 그러나 관할권을 두고 나타나는 정책 경쟁은 다양한 문제점도 유발한다. 가장 큰 문제는 정부부처 간 지나친 정책다툼 과정에서 상호 조정·연계·협력이 원활하게 이루어지지 않을 경우 정책실패로 귀결될 가능성이 커진다는 것이다(김용훈, 1996; 이성우, 1993: 6; 김영평 외, 1991: 312). 설령 미시적인 관점에서 각 부처에서 실시하는 개별 정책이 성공한다고 하더라도 거시적인 차원에서는 범정부적인 정책이 실패할 가능성이 높아진다.[2]

부처 간 경쟁으로 인한 정책실패는 몇 가지로 나눌 수 있는데, 첫째는 정책 목표의 미달성 또는 성과의 부진이다. 부처 간 지나친 다툼은 장기적인 관점에서의 실질적인 효과보다는 단기적인 관점에서 양적인 실적 위주의 사업을 양산한다.

둘째는 정책 과잉(policy surplus)으로 인한 자원과 예산의 낭비이다. 경쟁적 부처 간에 동일한 정책 대상에 대해 유사한 정책을 실시하는 것은 범정부적 차원에서 볼 때 개별 정책의 성공 여부에 관계없이 자원과 예산의 낭비를 유발함으로써 결과적으로 정책비용을 증가시킨다.

세 번째로 들 수 있는 것은 정부의 시장에 대한 지나친 개입으로 정책 대상 집단의 정부 의존성을 심화시키고 민간 부문의 자율 경쟁과 시장 질서를 왜곡시키는 것이다.

2) 국가지리정보체계구축사업(NGIS)에서 행정자치부·건설교통부 등이 각자 사업을 추진하면서 범정부적인 차원에서 정보 연계·표준화·정보 공동 활용 등에 문제를 유발한 것이 대표적인 예이다(박만배·이영웅, 1999).

2 부처 간 갈등과 경쟁의 원인 분석

산업정보화 분야에서 부처 간 갈등과 경쟁이 발생하는 근본적인 원인은 정책 영역(관할권)의 중복에 있다. 영역별 구조를 가진 우리나라 정부조직에서 '정보화'라는 기능 중심으로 탄생한 정보통신부는 필연적으로 다른 부처와 관할권이 중복될 수밖에 없었다. 정통부가 태동할 무렵 우리나라 대부분의 정부부처는 자체적으로 정보화를 추진할 수 있는 충분한 전문지식과 역량을 갖추지 못했다. 따라서 정보화촉진기본법은 범국가적인 차원에서 정보화를 추진하며, 다른 부처의 정보화를 지원할 전문기관으로 정통부를 지정했다. 따라서 정보화의 대상은 개별 부처의 영역에 속하지만 실질적으로 정보화의 추진 기능은 정통부의 지휘 아래 있게 되어 모든 정부부처와 정통부의 관할권 중복은 불가피했다. 노무현 정부 당시 주요 부처의 핵심 영역과 정통부의 핵심 영역의 중복 현상을 보면 [그림 5-1]과 같다.

그림 5-1 정통부와 주요 부처의 핵심 영역 중복 현상

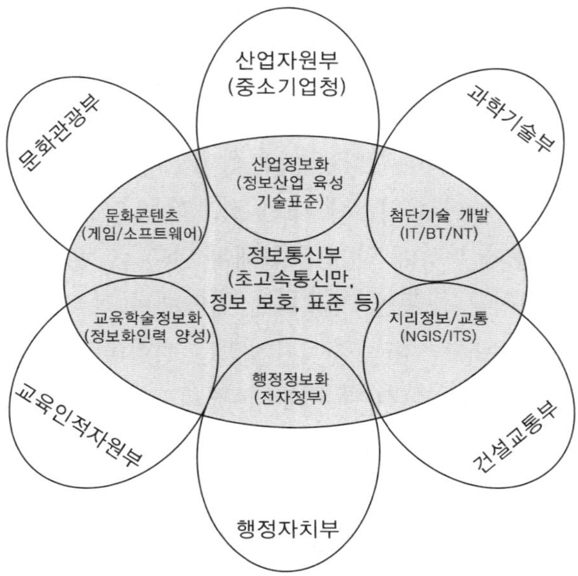

관할권의 중복은 산업정보화 분야에서도 비슷한 양상으로 나타난다. 정통부는 국가정보화를 통한 국가경쟁력 향상의 일환으로 산업 및 중소기업의 정보화를 촉진하고 정보통신산업을 육성하며 전자상거래의 기반을 구축하는 데 중요한 역할을 담당했다. 산자부와 중기청도 전통산업과 중소기업의 경쟁력 강화를 위해 정통부의 지원을 받아 각종 정보화사업을 추진하면서 공생 관계를 유지했다. 이 과정에서 전통산업의 정보화, 첨단 정보통신산업의 육성, 중소기업 정보화, 정보통신 벤처산업 육성, 정보통신교육 및 인력 양성, 정보통신기술 개발(표준) 등을 두고 산자부·정통부·중기청 간에 관할권의 중복 현상이 불가피하게 나타났다.

정통부의 설립은 관할권의 중복을 초래했지만 이것이 처음부터 문제가 된 것은 아니었다. 정보화 초기에 정통부와 다른 부처 간에는 경쟁이나 갈등보다는 협력 및 공생 관계가 유지되었다. 가장 큰 이유는 전문성과 예산 때문이다. 정보화에 대한 전문성과 예산이 부족한 각 부처는 정통부가 가진 전문성 및 노하우와 '정보화촉진기금'이라는 예산에 의존할 수밖에 없었기 때문이다. 그러나 정보화가 진전될수록 산업정보화를 비롯한 각종 정보화 분야에서 정통부와 각 부처 간 중복된 관할권을 두고 경쟁과 갈등 양상이 표면화되기 시작했다. 그 이유는 정보화 초기와는 달리 정보화가 진전될수록 산자부와 중기청도 정보화에 필요한 전문지식과 역량을 습득하고 축적해 나갔기 때문이다. 정보화가 모든 정부 업무 영역으로 확산되고, 각 부처가 정통부의 지원을 받아 정보화사업을 다년간 추진하는 과정에서 많은 경험과 노하우를 축적했고, 또한 정보화를 전문적으로 지원할 산하기관을 저마다 설립하면서 나타나는 현상이었다. 또한 초기의 정보화 인프라 구축과는 달리 부처의 핵심 업무에 대한 정보화는 다른 기관에 의존하기보다는 부처 스스로가 기능과 특성에 맞게 추진해야 한다는 것을 인식하기 시작했다. 따라서 산자부와 중기청은 그동안 정통부에 위임했던 정보화 추진 기능을 회수하고 정통부에 대한 의존성을 차츰 줄여나가려는 성향을 표출했다. 특히 이 같은 추세는 정보화가 고도화되는 2000년 이후 본격화되었다.

부처 간 갈등과 경쟁이 두드러진 것은 각 부처의 이익극대화 성향 때문이기도 하다. 합리적 행위자로서의 산자부·정통부·중기청은 모두 이익극대화 성향에 따라 예산·인력·조직·권한·권력 등을 최대한 확보하기 위해 할 일(정책 영역과 관할권)을 늘리려는 욕구를 갖는다. 따라서 정부부처의 이익극대화 경향은 중복된 관할권을 두고 벌이는 제로섬 게임(zero-sum game)의 성격을 갖는다. 특히 관할권 확보 경쟁은 정부조직 개편 논의가 있을 때마다 부처의 생존 경쟁으로 확대되는 경향이 있다. 정부조직 개편의 기본 논리는 각 부처 간 역할을 정립하고 중복을 피하며 자율성을 바탕으로 상호 협력을 이루는 효율적인 정부조직 구조를 형성하자는 것이므로, 정통부와 다른 부처 간의 역할과 관할권 중복은 기관 간 기능 재조정 또는 통폐합 논의로 연결될 수밖에 없다. 2000년 이후 이루어진 정부조직 개편에 관한 논의를 보면, 정통부를 폐지하고 정보통신산업 진흥 기능과 정보화촉진기금 운영 기능을 산자부로 이관하자는 논의(김동욱, 2002), 정통부를 정보미디어부로 확장해 방송위원회의 기능, 문화관광부의 정보통신·방송게임, 산자부의 전자·정보통신기기산업 진흥 및 기술 개발 기능을 통합하자는 논의(김동욱 외, 2003), 산업과 과학기술 정책 기능을 체계화하기 위해 산자부와 과학기술부 그리고/또는 정통부를 합쳐 산업기술부를 만들자는 논의(김광웅·정정목, 2002) 등이 이루어졌다. 이러한 정부조직 개편 논의에서 관할권의 상실은 조직의 소멸로 이어진다는 사실을 각 부처는 잘 알고 있으며, 따라서 조직의 생존 차원에서 관할권의 확보를 위해 최선의 노력을 경주하며, 이 과정에서 중복된 관할권을 두고 다른 부처와 갈등 및 경쟁이 치열할 수밖에 없다.

3 부처 간 갈등과 경쟁 양상 분석

부처 간 경쟁에서 각 부처는 대외적으로 자기 부처의 역할과 존재 필요성을 강조하고, 다른 부처와의 경쟁에서 우위를 차지하기 위해 정책 대상에 대한 기존의 업무를 강화하며, 새로운 업무를 개발하는 등의 강력한 정책 의지를 표출한다. 또한 이러한 정책 의지는 다른 부처와의 경쟁 과정에서 우위를 차지하기 위한 조직·인력·예산·명분 등 정책 수행 역량을 강화하고, 기존의 정책 영역을 유지·확대하고 새로운 영역을 선점하기 위한 영토 경쟁으로 나타난다.

부처 간 경쟁 양상의 첫 번째는 정책 수행 역량 강화 경쟁이다. 산업 및 중소기업 정보화와 관련해 각 부처가 근거 법률, 자원(예산), 실행조직(산하기관), 대외적 명분 등을 확보하기 위해 경쟁을 벌이는 것이다.

먼저, 정통부는 정보화촉진기본법이라는 근거 법률을 가지고 정보화촉진기금이라는 막대한 자원을 바탕으로 한국전산원이라는 전문실행기관을 통해 21세기의 IT 강국 실현이라는 모토를 내걸고 산업정보화 분야를 주도해 나갔다. 또한 이에 안주하지 않고 정책 역량을 더욱 강화하기 위해 공공 부문 정보화 전문기관인 한국전산원에 버금가는 민간 부문 정보화 전문기관으로 '민간정보화진흥원(가칭)'의 신설을 모색하기도 했다(전자신문, 2003.4.17). 이것은 중소기업을 중심으로 정보화 사각지대에 놓인 민간기업의 정보화 영역을 독점하려는 욕구를 대외적으로 표출한 것이라고 할 수 있다.

이에 산자부는 정통부가 내거는 'IT 강국'은 정보화 초창기에나 통용되는 모토이고, IT 자체는 수단이지 목적이 될 수 없다는 논리에 따라 IT를 뛰어넘어 'e-비즈니스 강국'을 주창했다. 또한 산업정보화의 근거 법률인 전자거래기본법과 산업발전법 등이 산업정보화의 주도권 확보를 위한 근거 법률로서는 미흡하다는 판단에 따른 좀 더 확실하게 산업정보화 추진의 근거를 확보하기 위해 정보화촉진기본법의 특별법으로서 산자부가 중심이 되는 '산업정보화특별법(가칭)'의 제정을 추진했다. 또한 지금까지 '중소기업 IT화사업' 등 주요 사업비로 정통부의 정보화촉진기금을 받았으나 이로 인한 정통부의 입김을 배제하고 예산의 자율성과 안정성 확보를 위해 정보화촉진기금 내에 '산업정보화기금' 부문 신설 방안을 도모했다. 또한 기존의 산자부 실무 집행기관인 전자거래진흥원, 전자거래협회, 중소기업진흥공단 등을 뛰어넘어 중소기업과 산업의 정보화를 총괄적으로 집행할 실무 전문기관 확보를 위해 '산업정보화종합지원센터' 설립을 추진했다(산업연구원, 2002).

이에 대해 중기청은 '대기업과 중소기업의 정보 격차(digital divide) 완화 및 중소기업의 경쟁력 강화'를 모토로 독자적으로 중소기업의 정보화를 추진하기 위해 다양한 역량 강화 노력을 기울였다. 먼저 근거 법률 확보를 위해 2001년 중소기업기술혁신촉진법을 제정했고, 중소기업정보화 예산 확보를 위해 정통부와 협력 관계를 유지하면서 정보화촉진기금 지원을 유도해 냈다. 또한 중소기업정보화 추진 역량 강화를 위해 기존의 중소기업진흥공단의 한계를 뛰어넘어 중소기업의 정보화를 전담할 실무전문기관으로 2001년도에 중소기업정보화경영원을 설립했다(전자신문, 2001.10.11). 이상에서 살펴본 정통부, 산자부, 중기청의 정책

표 5-1 산업(중소기업) 정보화 분야에 대한 각 부처의 정책 역량 강화 경쟁

	정통부	산자부	중기청
근거 법률	정보화촉진기본법	전자거래기본법/산업발전법(기존) 산업정보화특별법(가칭)(제정 추진)	중소기업기술혁신촉진법 (제18조)
실무조직	한국전산원 민간정보화진흥원 (설립 추진)	중소기업진흥공단 산업정보화종합지원센터 (설립 추진)	중소기업정보화경영원 (신설)
자원(예산)	정보화촉진기금	일반회계 산업기반기금 정보화촉진기금 산업정보화기금(신설 추진)	일반회계 정보화촉진기금
주요 모토	IT 강국	e-비즈니스 강국	중소기업 경쟁력 제고

역량 강화 경쟁을 정리하면 <표 5-1>과 같다.

산자부와 정통부 및 중기청은 관할권 경쟁과 주도권 다툼의 두 번째 양상은 정책 및 사업 경쟁으로 나타난다. 중소기업 분야의 정보화를 위해 각 부처는 <표 5-2>와 같이 서로 비슷한 프로젝트와 프로그램을 양산했다. 물론 명목적으로 산자부는 전자상거래(e-비즈니스), 정통부는 정보통신산업 및 기술, 중기청은 중소기업(벤처기업)에 초점을 맞추고 있어 부처 간 차별화가 있는 것처럼 보인다. 그러나 실질적으로는 상당수의 사업이 중소기업(벤처기업)에 대한 정보화 지원 사업에 집중되어 있다.

먼저, 정통부는 산업정보화의 초점을 정보통신산업의 육성, 인력 양성 및 기술 개발에 맞추고 있다(정보통신부, 2002). 먼저, 정통부는 핵심 기술 개발 등 IT 산업의 발전 기반 강화를 위해 미래 성장과 고용 창출의 기반이 되는 국가전략기술을 중점 개발하고, 정보화 시대에 걸맞은 인력 양성 체계를 구축하며, 주력 IT 제품의 고부가가치화를 지원하고, 향후 고성장이 예상되는 S/W 산업 및 디지털 콘텐츠산업을 활성화하며 e-비즈니스 산업 육성하려 했다. 다음으로, 전통산업의 정보화를 촉진하고 기업의 디지털 경영 기반을 고도화하기 위해 차세대 e-비즈니스 기술 개발 및 표준화 계획을 수립·추진했으며, 기업정보화 지원 대상을

표 5-2 정통부 · 산자부 · 중기청의 산업정보화 사업 개요

기관명	사업명	세부 사업	주요 내용
정통부	중소기업 정보화 (ASP 산업 육성)	ASP 보급 확산사업 (2001~)	ASP 사업자 육성 및 전통산업의 IT화를 위해, ASP 사업자가 업종별로 유저기업에 대해 적절한 솔루션, 콘텐츠를 제공하고, 정통부는 ASP 업체에게 한 유저기업당 2천만 원씩 지원하며, 참여사업자(ASP 업체)에게 최대 2억 원까지 지원
		소기업 네트워크화사업 (2001~)	50인 미만의 소기업을 대상으로, 통신망 사업자 및 ASP 업체 등이 컨소시엄을 구성해 소상공인들에게 초고속통신망을 보급, ASP 방식으로 기본 IT 서비스 및 특화 IT 서비스를 제공하며, 정통부는 IT 컨소시엄에 소상공인 교육비(1개 업체당 10만 원), 업종별 비즈니스 모델 개발비(1개 모델당 최대 5억 원), ASP 솔루션 개발비(1개 기술당 최대 5억 원)를 지원
	정보화 교육	IT 분야 대학(원)생 해외 연수 지원사업	국제경쟁력을 갖춘 IT 인력 양성을 위해 국내 대학(원)생이 미국 · 캐나다 · 인도 · 호주 등 해외 우수 교육기관에서 IT교육을 받을 수 있도록 55억 원을 지원
		자영업자 인터넷 교육사업	사무직 등 다른 직군에 비해 낮은 정보화 수준의 자영업자에 대한 체계적인 정보화교육을 통해 자영업자의 정보화 마인드를 제고하고 영업활동 부문 정보기술 활용 도입을 통해 생산성 향상 도모
		IT 전문교육사업 (2001~)	청년실업을 완화하고 산업체에서 필요로 하는 IT 실무인력 양성을 위해 39억 원을 투입, 전국의 58개 교육기관을 지정해 대학생 학점 인정 과정, IT 전문특화 과정 등을 통해 2,000여 명을 교육, 교육생 1인당 300만 원까지, 총 교육비의 50%까지 지원
		IT 벤처전문가 양성 지원사업 (2001)	정보통신 분야의 창업 및 성장에 필요한 핵심 요소의 교육을 통해 벤처경영 전문가 및 창업기업가를 양성하기 위해 벤처기업의 CEO, CFO, CTO, 마케팅 홍보담당, 해외 관련 임직원, IT 관련 종사자 및 예비창업자 등의 교육에 정부가 교육비용의 50% 지원
	IT 벤처 지원	IT 투자조합 결성사업 (2003)	정보통신 분야에 전문적으로 투자하는 IT 전문투자조합 설립을 지원함으로써 IT 중소 · 벤처기업에 대한 투자자금 공급 확대. 이를 위해 정부재원 550억 원(민간재원 825억 원) 투자해 대규모 조합에는 100억 원, 소규모 조합에는 50억 원 투자
		유망 중소정보통신기업 지원사업 (2001~2002)	정보통신 분야의 개발 가치가 높은 품목을 발굴하고 이를 개발 생산하는 기업을 선정 지원함으로써 중소기업의 전문화 및 정보통신산업의 건전한 발전을 도모. 유망 중소정보통신기업으로 선정된 기업에 대해서는 3년간 자금 지원, 판로 지원, 기술 지원 등이 제공됨.
	지역별 · 업종별 정보화 지원	지역 소프트타운 지정 및 활성화 사업(2002)	지역 S/W 산업의 기반 조성을 위해 주요 S/W 산업 집적지를 소프트타운으로 지정 · 지원. 지자체의 사업계획서를 접수받아 3개 지역을 선정하고 타운당 25억 원을 지원
	IT 기술 개발	무선인터넷 기술 개발(2002)	무선인터넷 사업 활성화를 위해 Application 및 LBS 기술 개발에 40억 원 지원
		정보통신산업기술 개발사업 (2001)	산업체를 중심으로 산업경쟁력 제고 및 신시장 창출을 위해 정보통신 기기 · 부품 · S/W 등 사업화 가능성, 기술적 · 경제적 파급 효과, 실용성이 높고 산업 발전 및 국가경쟁력 강화에 대한 기여도가 큰 기술에

			대해 기업・연구기관・대학 등을 대상으로 과제당 최대 5억, 연구개발비의 50% 지원
		정보통신 우수 신기술 지정・지원사업 (2001)	창업 3년 이내의 중소・벤처기업을 대상으로 신기술의 제품화 및 그 사업화를 지원. 우수 신기술로 지정된 경우 최고 1억 5천만 원의 시제품 개발비 지원, 제품 개발에 성공한 경우 융자사업 우대, IT 마크 사용권 부여 등의 사업화 지원
	전자상거래 촉진사업	전자상거래 표준화	글로벌 스탠더드에 맞는 e-비즈니스 표준화 활동 지원
		전자상거래 인력 양성	IT와 비즈니스 지식을 겸비한 e-비즈니스 인력과 IT와 제조기술을 겸비한 e-manufacturing 인력을 양성
		통계조사・분석	지속적이고 신뢰할 수 있는 분야별 시장 동향분석 및 제공
		e-Biz 인덱스	전자 카탈로그 작성
		기업정보DB 구축	전자상거래에 필요한 기업 및 상품정보의 DB화 및 제공
		e-비즈니스 국제 협력	국내외 네트워크를 활용해 e-비즈니스 기업의 해외 진출 지원
산자부	전자상거래 기반 구축	B2B 네트워크 구축	업종별 특성에 부합하는 e-비즈니스 네트워크 구축
		디지털 산업단지 구축	지역별 거점산업단지를 디지털화함으로써 산업단지의 경쟁력을 제고해 지역 간 정보 격차를 해소
		전자상거래 지원센터	전국 47개 전자상거래지원센터(ECRC)를 통해 지방 중소기업의 e-비즈니스 마인드 제고
	중소기업 IT화	중소기업 IT화 지원	중소기업 정보화 수준에 따라 정보화 기초S/W 또는 ERP를 보급해 사내정보화 지원
		ERP 템플릿 개발	중소기업 IT화 고도화계획에 맞추어 중소기업에 보급할 ERP 템플릿을 개발. 2차 연도부터 확장형 ERP로 제조・인사・물류・재무 등 기존 ERP 기능에 SCM, CRM 등 부가적인 기능을 추가한 것을 개발 보급
	전자상거래 기술 개발	일반기술, 전략기술 개발	e-비즈니스 응용기술 및 요소기술 등에 대한 전자상거래 기술개발사업 지원
	전자상거래 시스템 도입 지원	시설자금, 운영자금	자금조달 어려움을 겪고 있는 중소제조업체에 장기 저리의 자금을 융자 지원해 경쟁력 제고 및 생산성 향상 도모
	수출 지원	인터넷 수출 마케팅 지원	급속한 전자상거래 확산 환경 아래에서 중소기업의 경쟁력 강화 및 확보를 위해 인터넷을 통한 수출 촉진 활동 지원으로 수출 부진 타개 및 안정적인 거래 기반 확보 지원
		e-Trade 기업화 사업	국내 유력 인터넷 무역알선업체(e-Marketplace)를 'e-무역상사'로 지정, 중소 수출 유망기업의 무역 업무를 대행하게 함으로써 제품 수출 확대에 직접적으로 기여
	중소기업 IT화 경영 여건 조성	생산설비 정보화	생산 현장의 정보화를 추진하는 업체에 생산시점관리(POP) 등 생산설비・공정의 디지털화에 필요한 정보 시스템 개발비 지원(134개 업체). 기업당 5천만 원 한도에서 총 사업비의 50% 이내 지원. 2003예산 67억 원

중기청		정보화 경영 체제 구축 지도	정보화 경영 체제 인증제 도입 등 중소기업의 정보화 경영 체제 구축 지원(300개 업체)
		정보화 혁신 컨소시엄 사업	전문인력 및 시설을 보유한 대학 등으로 중소기업 정보화 혁신 컨소시엄을 구성해 정보화전략계획 수립 등 지원(30개)
	지역별·업종별 정보화 확산 지원	중소기업 밀집지역 정보화 기반 구축	지방중소기업이 밀집된 지역을 중심으로 지역 정보화 기반 및 네트워크 구축 지원(10개 지역)
		중소기업 조합정보화 기반 구축	동일 업종 중소기업 간 공동구매·판매를 온라인화할 수 있는 커뮤니티형 정보화 기반 구축(5개 조합)
		소기업형 e-비즈니스 모델 개발	소기업의 정보화 활용 촉진을 위한 소기업형 e-비즈니스 모델 개발 추진(6개 업종)
		업종별 업무 프로세스 모델 개발	업무 형태가 유사한 동일 업종 내의 업무를 표준화하는 업종별 업무 프로세스 표준 모델 개발(9종)
	정보화 활용 능력 및 마인드 제고	중소기업 정보화 교육	중소기업의 최고경영자·임원·CIO, 중소기업 재직자, 수퍼마켓 등 소형 유통점포 경영자, 중소기업 S/W 담당자 등을 대상으로 한 정보화 교육 실시
		중소기업 정보화지원단	정보화 전문가로 중소기업정보화지원단을 활용해 홈닥터식 현장 애로기술 해결 지원
		중소기업 IT화 확산 보급	중소기업정보화 수준 실태조사 및 정보화 추진 우수 중소기업을 발굴·확산으로 추진 방향 및 동기부여
		중소기업 현황 DB 구축	중소기업 현황DB 운영의 내실화와 체계적인 자료관리로 현장감있는 중소기업 지원 시책 수립에 반영 및 관련 정보 제공
	수출 지원	인터넷 중소기업관 운영	중소기업의 수출 지원 사이트로 인터넷을 통한 수출 마케팅을 지원

자료: 정보화추진위원회(2002). 2003년 산업정보화촉진시행계획 내용을 발췌·수정.

중소기업에서 소기업으로 확대하고, 전통산업과 IT 산업이 상호 협력해 발전할 수 있는 체제를 정립해, 종업원 50인 이상에 대해서는 정보화 비용 부담을 절감할 수 있는 ASP(정보화 대행 서비스) 보급을 확산하고, 상대적으로 정보화가 더딘 290만 소기업을 대상으로 세무·법률·회계정보 등 영업 활동에 필요한 솔루션을 저가로 제공하는 소기업 네트워크화 사업을 추진했다.

이에 산자부는 e-비즈니스를 전통산업의 IT화와 산업의 경쟁력 제고를 위한 기본 축으로 발전시키고, 중소기업 IT화 기반 마련을 통해 대기업-중소기업 간 정보 격차 완화 및 산업의 e-비즈니스화를 촉진하며, 표준화와 기술 개발 및 전문인력 양성 등 전자상거래 인프라의 체계적 완성 등의 사업을 추진했다.

중기청은 중소기업의 경영에 정보기술(IT)을 접목해 경영 혁신과 생산성을 제고해 경쟁력을 높이고, 지역별·업종별 중소기업 정보화 격차 해소와 정보화 촉진을 위한 제도적·환경적 여건을 개선하는 것으로 설정했다. 이를 위해 지역별·업종별·규모별 중소기업 정보화 격차와 활용 제고를 위한 기반 구축사업, 정보화 기반 기업경영 체제로의 전환을 촉진하기 위한 정보화 경영 확산, 중소기업 마인드 제고 및 활용교육을 통해 중소기업 정보화 확산과 저변 확대, 중소기업 지원행정의 디지털화를 통한 중소기업의 정보 제공 확대와 수요 지향적 행정서비스 지원 등을 추진했다.

관할권 경쟁은 산업정보화(중소기업 정보화) 분야의 주도권을 어느 부처가 가질 것인가를 너머 현재 다른 부처가 추진하고 있는 정보화사업의 관할권을 빼앗아 오기 위한 영토전쟁 양상으로까지 표출되었다. 이것은 앞서 정책 역량 강화 경쟁에서 살펴본 바와 같이 각 부처가 신설했거나 설립을 적극 추진 중인 전문기관의 주요 기능 및 역할을 통해 살펴볼 수 있다. <표 5-3>에서 보는 바와 같이 정

표 5-3 각 부처의 정보화 전문기관의 기능과 부처 간 관할권 쟁탈 경쟁

	정통부	산자부	중기청
기관명	한국전산원(기존) 민간정보화진흥원(설립 추진)	중소기업진흥공단(기존) 산업정보화종합지원센터(설립 추진)	중소기업정보화경영원 (2001년 설립)
주요 기능	• 중소기업 온라인 임대서비스(ASP) 활성화 • 중소기업종합정보화지원센터 구축·운영 • 기업 간 협업 및 전자상거래 활성화 –업종별 전자카탈로그·전자장서·e–비즈니스 포털 사이트 지원 –전자문서·카탈로그·보안/인증·지급결재 등의 표준화 지원 –중소기업용 모바일 비즈니스 솔루션, 수퍼컴퓨터 기반의 웹 서비스 개발·보급	• 각 부처에 흩어져 있는 산업 IT화 사업의 총괄/조정 –소기업 네트워크화사업(정통부) –중소기업 IT화 사업(산자부) –중소기업 생산정보화사업(중기청)	• 중소기업 정보화사업 –중소기업 정보화 관련 IT의 보급과 확산사업 –정보화경영 표준모델의 개발·보급·확산·부합화 지원 –중소기업 정보화 기반 조성·수준평가·전문 인력양성 지원 –중기청 및 관계 중앙행정기관의 장이 위탁하는 사업 • 소기업 네트워크화사업(정통부) • 중소기업 IT화사업(산자부)

통부는 기존의 한국전산원과 더불어 '민간정보화진흥원'을 설립해 소기업 네트워크화 사업을 중심으로 중기청이 담당하고 있는 중소기업 종합정보화지원센터 구축·운영, 산자부가 담당하는 기업 간 협업 및 전자상거래 활성화 기능까지 담당하려 했다. 산자부도 중소기업진흥공단과 더불어 '산업정보화종합지원센터'를 설립해 정통부와 중기청에 흩어져 있는 산업 IT화 사업의 총괄·조정권을 확보하려 했으며, 이를 위해 정통부의 소기업 네트워크화 사업과 중기청의 중소기업 생산정보화사업의 관할권을 이관해 오려 했다. 이에 대해 중기청은 중소기업정보화경영원을 활용해 중소기업의 정보화지원사업을 적극 추진하는 등 영역 방어에 주력했으며, 장기적으로는 정통부의 소기업 네트워크화사업과 산자부의 중소기업 IT화사업까지 넘겨받아 관리하는 것을 추구했다.

부처 간 경쟁은 신규 영역에 대한 선점 다툼으로도 나타났다. 신규 영역 선점 경쟁은 IT 환경이 급속히 발전·변화에 감에 따라 곳곳에서 나타났다. 가장 대표적인 예는 정보보호 관리 체계 인증사업이다. 정통부가 산하기관인 한국정보보호진흥원을 통해 인증 체계 심사 기준을 만들어 인증사업을 선점하려 하자, 산자부 역시 한국인정원을 통해 정보보안관리시스템 인증사업을 하겠다고 나섰던 것이다. 차세대 성장 엔진이 될 신성장 동력사업 발굴을 두고 산자부와 정통부 그리고 과기부 간에도 선점 다툼을 치열하게 벌였다. 각 부처는 참여정부 최대의 국정과제를 선점하는 것이 향후 부처 위상은 물론 대국민 정책 수행에도 유리하다고 판단하고 저마다 장점을 살린 프로젝트를 선보였다. 산자부는 2003년 대통령 업무보고에서 '차세대 성장동력 발굴 및 육성 프로젝트'를 포함시켰고(산자부, 2003.3.25), 정통부도 'IT 신성장산업 발굴'을 보고했다. 정통부는 차세대 성장 엔진 기술은 모두 첨단 정보통신기술을 바탕으로 하는 것으로서 전문성이 있는 정통부가 담당해야 한다는 논리를 내세웠고, 산자부는 기술은 제품에 체화되는 것이므로 기술에 바탕을 둔 과기부나 정통부보다는 기술과 산업을 아우르는 산자부가 주도하는 것이 옳다는 주장을 폈다(전자신문, 2003.4.24).

부처 간 경쟁의 두 번째 양상은 경쟁 관계에 있는 부처 간의 의사소통 및 협력의 단절이다. 우리나라는 김대중 정부와 노무현 정부 당시 정보화 추진 체계상 각 부처 간 유사한 정책에 대한 심의·조정 메커니즘으로 정보화추진위원회를 두고 있었다. 매년 각 부처는 주요 정보화사업에 대한 정보화촉진 시행계획을 작성하고, 정통부를 통해 정보화추진위원회에 제출하도록 되어 있었다. 각 부처가 제출한 정보화촉진시행계획은 정보화추진분과위원회와 정보화추진실무위원회를 거쳐서 정보화추진위원회에서 심의 · 조정이 이루어진다. 산업정보화 분야도 정보화추진실무위원회 산하의 산업정보화분과위원회에서 1차적으로 심의 · 조정이 이루어지도록 되어 있으므로 부처 간 정책 경쟁으로 인한 중복 등을 최소화하는 것이 이론적으로 가능했다. 그러나 실제로 정보화추진실무위원회 및 분과위원회에서 부처 간 정책 조정은 원활하게 이루어지지 못했다. 그 이유는 정보화추진위원회가 형식적으로 운영되는 측면도 있지만, 각 부처가 정책 조정을 회피하기 위해 다양한 전략을 구사했기 때문이다.

먼저, 각 부처는 산업정보화 분야의 주요 사업이 정보화추진위원회의 조정 과정에서 축소되거나 폐지되는 것을 방지하기 위해 정보화촉진 시행계획에 주요 사업을 포함시키지 않는 전략을 구사했다. 이러한 전략은 주로 정통부와 산자부에 의해 사용되었다. 정통부는 정보화추진위원회의 간사기관이라는 지위를 활용해 다른 부처의 정보화사업은 모두 정보화촉진 시행계획에 포함시키도록 하면서 자기 부처가 실시하는 대부분의 주요 사업은 촉진시행계획에 포함시키지 않았다. 따라서 외부에서는 정통부가 산업 및 중소기업 정보화 분야를 비롯한 주요 정보화 분야에서 어떠한 사업들을 어떠한 내용으로 수행하고 있는가를 파악하기가 매우 곤란하며, 정보화추진위원회에서 어떠한 조정 과정도 거치지 않았다.

산자부도 비슷한 전략을 취했다. 산자부는 정통부와는 달리 모든 사업을 정보화촉진 시행계획에 포함시키지 않는 것이 현실적으로 어렵다는 판단에 따라 선별적 누락 전략을 구사했다. 따라서 규모가 작거나 중복 우려가 적은 사업들은 정보화촉진 시행계획에 포함시키지만 부처 간 경쟁을 위한 주요 정보화사업은 의도적으로 누락시킴으로써 정보화추진위원회의 조정을 피하고, 또한 경쟁 관계에 있는 정통부의 영향력을 차단하려 했다.[3] 실제로 산자부에서 실시하는 산업 및 중소기업 정보화 사업 중 '중소기업 IT화사업' 이외의 많은 사업은 정보화촉진 시행계획에 포함되지 않았다.

다음으로, 각 부처는 자기 부처가 실시하고 있는 주요 사업의 내용에 관한 정보를 경쟁 부처에 제공하지 않는 전략을 구사했다. 각 부처는 산업 및 중소기업

---

3) 이것은 산자부의 담당 부처 과장 및 사무관과의 면담 과정에서 밝혀진 내용이다.

정보화 분야의 주요 사업을 계획하고 입안하는 단계부터 경쟁 관계에 있는 부처에 정보가 새나가지 않도록 철저한 비밀을 유지했다. 이것은 경쟁 부처의 견제나 압력으로부터 자기 부처의 정책을 보호하기 위한 조치이다. 따라서 산업정보화 분야의 대부분의 사업은 유관 기관과의 업무 협조 및 조정이 이루어지지 않은 채 독자적으로 계획이 수립되고, 그 이후에 적절한 시기를 선택해 언론 등에 보도자료를 내는 형식으로 공표가 되었다. 이러한 정보 제공의 회피는 주로 산자부와 정통부 간, 산자부와 중기청 간에 일어났다. 이러한 이유로 각 부처의 정보화 사업에 대해 사전 컨설팅과 전문기술 지원을 전담하고 있는 한국전산원도 산자부가 실시하고 있는 주요 정보화사업에 대해서는 대외적으로 공표된 내용 이외에는 거의 파악하고 못했다.[4] 산자부와 중기청 사이의 정보 교류 단절도 심각했다. 2001년 중기청이 단독으로 추진하던 '1만 개 중소기업 IT화사업'은 '3만 개 IT화사업'으로 발전되면서 산자부가 추진하게 되었고, 산자부는 그 주관기관으로 중소기업진흥공단을 지정했다. 이후 중기청은 관할권 회복을 위해 중소기업정보화경영원을 통해 '중소기업 IT화사업'과 유사한 사업을 추진하면서 같은 중기청 산하기관인 중소기업진흥공단에는 비밀로 하라는 지침을 내리기까지 했다(전자신문, 2002.4.9). 사업 내용이 산자부에 흘러들어가 견제나 압력으로 사업 추진이 어려울 것을 예상해 미리 내린 조치였다.

제 3 절 부처 간 갈등과 경쟁의 결과

산업 및 중소기업의 정보화를 둘러싼 부처 간 경쟁은 단기적으로는 산업 및 중소기업의 정보화를 촉진하고 e-비즈니스를 활성화하는 효과를 나타냈지만, 장기적인 관점에서 보면 사업(project, program)의 성공과 정책(policy)의 실패, 미시적인 성공과 거시적인 실패, 실적(output)의 성공과 효과(outcome)의 실패로 나타

4) 이 같은 사실은 한국전산원 정보화지원단 산자부 담당 연구원과의 면담을 통해 파악한 것이다. 이 연구원의 진술에 따르면 산자부는 자기 부처의 사업에 대한 정통부와 한국전산원의 정보 요청을 대부분 거절하고 있는 것으로 나타났다.

날 가능성이 크다. 이를 종합적인 차원에서 '정책실패'로 본다면 그것은 예산과 자원의 낭비를 불러오는 정책비용의 문제, 목표한 성과를 달성하지 못하는 정책효과의 문제, 정책이 의도하지 않은 부작용의 문제로 나누어 볼 수 있다. 좀 더 구체적으로 부처 간 경쟁으로 인한 결과와 문제점을 살펴보면 다음과 같다.

1 정책비용의 문제: 중복으로 인한 예산 낭비

부처 간 정책 경쟁 및 관할권 쟁탈 경쟁으로 인한 부처 간 유사한 사업의 양산은 결국 범국가적인 차원에서 산업정보화의 효율성을 떨어뜨리고 자원과 예산의 낭비를 초래했다. 물론 중소기업 분야는 대기업에 비해 정보화 수준이 상대적으로 열악하고, 따라서 각 부처가 경쟁적으로 정보화를 지원하는 과정에서 단기간에 중소기업의 정보화를 촉진하는 긍정적 효과가 있다. 그러나 부처 간 정책(사업) 중복의 정도가 심각한 수준에 이르러 투자 대비 효과가 미흡하고 예산 낭비가 크다는 것이다. 정보화평가위원회의 평가 결과(2002, 2003b)와 각 부처의 업무보고자료 및 홈페이지 게시 자료에 대한 검토를 바탕으로, 3개 부처가 2000년부터 2003년까지 실시한 산업정보화 관련 사업 중 유사 사업이나 중복된 사업의 현황을 정리하면 <표 5-4>와 같다.

이 표를 보면 첫째, 중소기업정보화 지원사업의 경우 3개 부처 간에 중복 문제가 심각하다. 산자부에서 실시하고 있는 '중소기업 IT화사업'은 중기청의 '중소기업 생산정보화사업'과 생산 공정 IT화 측면에서 중복되며, 또한 같은 산자부 사업인 '전자상거래 시스템 도입 지원사업'과도 ERP 구축 등에 자금을 지원한다는 측면에서 중복된다. 또한 정통부에서 실시 중인 '소기업 네트워크화사업'과 '업종별 ASP 보급 확산사업'은 소프트웨어 임대(ASP) 방식의 중소기업 정보화 지원, 솔루션 개발 및 사업 모델(BM) 개발 등을 지원한다는 점에서 중복될 뿐만 아니라 산자부의 '중소기업 IT화사업'과도 기본계획에서는 차이가 있지만 지원 대상인 중견기업(중소기업 IT화사업, ASP 보급 확산사업)과 소기업(소기업 네트워크화사업)의 구분이 명확하지 않고, 참여하는 정보화사업체가 중복되는 등 사업 대상 및 추진 내용에서는 큰 차이를 보이지 않는다(정보화평가위원회, 2002b).

표 5-4 3개 부처 간 중복 · 유사 사업 현황

분야명	사업명(담당 부처)
중소기업 정보화 지원	중소기업 IT화 지원사업(산자부) 전자상거래 시스템 도입 지원 사업(산자부) 업종별 ASP 보급 확산사업(정통부) 소기업 네트워크화사업(정통부) 중소기업 생산정보화사업(중기청)
중소기업 DB 구축	중소기업 현황 DB 구축사업(중기청) 기업정보 DB 구축사업(산자부)
기술 개발	전자상거래 기술 개발사업(산자부) 정보통신 우수 기술 지정 · 지원사업(정통부) 정보통신산업기술 개발사업(정통부)
지역별 정보화	디지털 산업단지 구축사업(산자부) 중소기업밀집지역 정보화기반구축사업(중기청) 지역소프트타운 지정 및 활성화사업(정통부)
업종별 정보화	업종별 B2B 네트워크 구축사업(산자부) 조합정보화 기반구축사업(중기청)
정보화교육 · 인력 양성	IT 분야 대학(원)생 해외연수 지원사업(정통부) 자영업자 인터넷 교육사업(정통부) IT 전문교육사업(정통부) IT 벤처전문가 양성지원사업(정통부) 중소기업 정보화교육(중기청) 전자상거래 인력 양성(산자부)
중소기업 수출 마케팅 지원	인터넷 중소기업관(www.koreasme.org)(중기청) 인터넷 수출 마케팅 지원(Silkroad21)(산자부) e-Trade 기업화 사업(e-무역상사를 통한 중소기업 수출지원사업)

둘째, DB 구축사업의 경우 산자부 주관의 '기업 공통 DB 구축사업', '디지털 산업단지 사업' 중 기업DB 구축사업, '산업정보망 구축사업' 중 기업DB 구축사업과 중기청 주관의 '중소기업 현황 DB 구축사업' 등이 모두 중소기업의 DB를 구축하고 관리하는 것을 포함하고 있어 사업 내용상의 중복이 발생했다.

셋째, 중소기업에 대한 교육사업 중에서는 정통부의 'IT 전문교육사업'과 산자부의 '전자상거래 인프라 구축사업' 중 '전자상거래 인력양성사업'이 대학과 기업을 대상으로 IT 인력을 교육하는 데 자금을 지원한다는 점에서 사업 내용 및 사업 추진 방식이 중복된다. 또한 중기청에서 실시하고 있는 '중소기업 정보화 교

육사업' 중 수퍼마켓 등 소형 유통 점포 경영자 교육은 정통부의 '자영업자 인터넷 교육사업'과 중복되며, 정통부의 'IT 전문교육사업'과 'IT 벤처전문가 양성지원사업'도 '중소기업 정보화교육사업'과 그 대상 면에서 큰 차이를 보이지 않았다.

넷째, 정통부의 'IT 투자조합 결성사업'은 IT 중소기업에 정보화 자금을 지원해 준다는 점에서 산자부에서 실시 중인 '전자상거래 시스템 도입 지원사업'과 중복되며, 정통부의 유망 중소정보통신기업에 대한 자금 지원은 정보화촉진기금 사업 참여 시 우대 지원, 금융기관·투자회사 등의 융자 또는 투자 알선, 기술신용보증기금을 통한 기술우대 보증 실시 등으로서 정통부의 IT 투자조합 결성사업과 중복되었다.

다섯째, 중기청이 '인터넷 중소기업관'(www.koreasme.org)을 통해 중소기업들의 이 인터넷을 통한 해외 수출 마케팅을 지원하는 사업은 산자부에서 실시하고 있는 '인터넷 수출 마케팅(silkroad21) 지원사업'과 중복된다. Silkroad21에서도 중소기업에 대한 인터넷 수출 마케팅 지원 강화와 수출 성과 제고를 사업의 주요 내용 중의 하나로 하고 있기 때문이다.

2 정책 효과의 문제: 단기적 실적, 장기적 실패

각 부처가 실시하는 사업들 간에 중복 문제가 있다 하더라도, 각 사업이 충분한 성과를 달성하고 있다면 큰 문제가 될 수 없다. 그러나 정보화평가위원회(2002, 2003b)의 평가 결과 대부분의 사업이 장기적인 관점에서 볼 때 효과나 성과가 불확실하거나 의문시된다는 지적이었다. 이를 몇 가지로 나누어 살펴보면 다음과 같다.

첫째, 각 부처에서 실시하고 있는 대부분의 사업은 부처 간 정책 경쟁 과정에서 주도권과 선점권을 빼앗기지 않기 위해 '밀어내기' 식으로 추진됨으로써 소기의 성과를 달성하지 못할 가능성이 높았다는 것이다. 대부분의 사업이 장기적인 관점에서 사업 간·부처 간 연관 관계를 충분히 고려해 성과 지향적인 사업 추진이 이루어지지 않고, 대외적으로 과시하기 위한 확장 지향적이고 단기적인 실적 위주의 사업 목표를 설정했기 때문이다.[5] 또한 대부분의 사업이 단기적인 실적치(output)는 달성하고 있으나 이것이 장기적으로 중소기업의 e-비즈니스화 촉진, 생산성 향상, 경쟁력 강화, 수익 향상 등의 효과로 연결되는가에 대해서는 의문을 제기했다(정보화평가위원회, 2002, 2003b). 그 이유는 중소기업에 도입된 시스템이 사용자의 외면으로 방치되거나, 구축된 DB가 업그레이드와 관리 문제로 활용되지 않거나, 개발된 기술이 상용화되지 않고 사장되며, 교육을 받은 인력이 취업을 하지 못하거나, 개발된 B2B 포털 사이트가 본래 목적인 전자상거래보다는 커뮤니티나 동호회 활동공간으로 변질되는 등의 문제가 발생했기 때문이다.

둘째, 이러한 문제를 더욱 심화시키는 것은 각 부처에서 수행 중인 사업들에 대해 각 부처와 사업 주관기관이 사업의 실적 및 산출에 대한 점검·관리만 하고 있을 뿐, 장기적인 효과에 대한 측정과 환류 등 평가 및 성과관리를 거의 하지 않았기 때문이다. 더욱 심각한 것은 각 부처의 사업 담당자들과의 면담 결과 장기적인 관점에서 사업의 성과 및 효과에 대해서는 무관심하고 성과관리 및 자체평가에 대해서도 소극적인 태도를 보였다는 점이다. 이는 정통부·산자부·중기청 모두 사업권의 확보에만 관심을 가질 뿐, 일단 사업권의 확보 후에는 산하기관을 통해 사업을 수행하고 정기적으로 실적 보고만 받았기 때문이다. 또한 각 산하기관은 상급기관으로부터 위임받은 사업에 대해 계획 대비 실적치의 달성으로 소임을 다한다고 생각하고 있었다.

셋째, 각 부처가 실시하고 있는 사업이 미시적인 차원에서는 목표를 달성하고 있다 하더라도 거시적인 차원에서는 충분한 시너지 효과를 내지 못했다는 점이다. 이것은 부처 간 경쟁 과정에서 의사소통 및 연계·협력의 단절로 인한 결과이다. 정보화는 그 특성상 미시적인 차원에서 개개 사업의 성공보다는 거시적인 차원에서 각 사업들의 연계를 통한 시너지 효과가 더욱 중요하다. 이를 위해서는 수직적인 차원에서 상위정책과 하위정책·사업·프로젝트 간 연계가 필요하고, 수평적인 차원에서 부처 간·부처 내 사업 간 연계가 필수적이다. 수직적인 차원에서 중소기업 및 산업정보화는 수단과 목표의 계층제에 따라 가장 기반부에 IT 도입 및 인프라 구축사업이 있고, 이를 활용하기 위한 기술개발사업, 인력 양성

5) 예를 들어, 3만 개 중소기업을 IT화하고, 50만 자영업자와 소기업을 정보화하며, 10만 자영업자들에게 정보화교육을 시키고, ○○○명의 전문인력을 양성하며, ○○만 개의 DB를 구축하는 등의 사업 목표가 설정되어 있다.

및 교육훈련사업이 있으며, 상층부에는 전자상거래 활성화사업이 있다. 그러나 이들 사업 간에 어떠한 연관 관계나 종합계획을 찾아볼 수 없고 각 단계별로 개별 사업들이 독자적 · 병렬적으로 추진되었다. 단적인 예로 중소기업에 대한 IT 인프라 도입 및 구축사업의 성과를 극대화하기 위해서는 중소기업 임직원에 대한 교육훈련이 필수적이며, 따라서 양 사업은 반드시 연계되어 계획 · 추진될 필요가 있으나 개별 사업들이 각자 추진되어 구축된 인프라가 활용되지 않고 방치되거나 도입된 IT와는 무관한 정보화교육이 수행되어 예산만 낭비하는 현상이 나타났다. 이것은 결국 정보화를 통한 중소기업의 경쟁력 강화라는 장기적인 목표 달성을 어렵게 하는 것이다.

또한 수평적인 측면에서도 중기청의 중소기업 현황 DB 구축사업, 산자부(대한상공회의소)의 B2B 공통기반 구축사업(기업정보DB), 디지털 산업단지 구축사업의 입주 기업DB, 통합무역정보망 사업의 무역업체 DB 등도 서로 연계 및 협력을 통해 DB의 공동 활용과 업그레이드를 추진해야 하나 이것들이 각자 별개로 이루어져 시너지 효과를 내지 못하고 이용자들에게 혼란만 가중시키기도 했다. 또한 산자부의 전자상거래 기술 표준화사업은 정통부의 IT표준화 사업들과 연계가 이루어지지 않았으며, 중기청 · 산자부 · 정통부의 IT 인력 양성 및 교육사업 간에도 연계가 이루어지지 않았다.

이러한 문제는 비단 경쟁 부처 간의 문제만이 아니다. 같은 부처 내 사업 간에도 서로 주관 부서가 다르다 보니 사업 간 조정 및 연계가 없이 이루어지는 경우가 흔했다. 정통부의 소기업 네트워크화사업과 업종별 ASP 보급확산사업, 산자부의 Silkroad21사업과 통합무역망 사업 등 간에 연계가 이루어지지 않은 것이 대표적인 예이다.

3 정책의 부작용: 자율성 저해, 시장의 왜곡

산업 및 중소기업 정보화는 단기간에 정부 주도로 사업을 추진하는 과정에서 민간기업의 자율성을 저해하고, IT 업체 간 자율 경쟁을 왜곡하며, 기업들의 정부 의존성을 높이는 등 상당한 부작용을 초래했다. 특히 중소기업의 정보화 촉진을 위한 각종 지원사업에서 이러한 폐해가 심각했다.

첫째, 원칙론적인 측면에서 소기업 및 중견기업의 정보화는 기업 스스로가 필요에 따라 자발적으로 추진하는 것이 맞다. 그러나 정부가 중소기업의 정보화를 촉진하기 위한 정보 인프라 및 ERP 등의 구축 지원, 기초 S/W 구입 지원, 정보화 교육 지원, 생산 공정 IT화 지원 등을 경쟁적으로 추진함으로써 민간기업의 수요와 필요성에 의한 자발적 정보화 수행 의지를 약화시키는 결과를 초래했다. 즉, 기업들이 당장에 정보화의 필요성에 대한 충분한 고려와 검토 없이 정부의 지원금을 받기 위해 정보화를 추진하는 경우가 발생했다. 또한 기업의 입장에서는 정부지원금이 '공짜'이기 때문에 될 수 있으면 많은 지원금을 받기 위해 불필요한 부분까지 정보화 규모를 확대하거나, 계획과는 다른 정보화를 추진하거나, 정부지원금을 전용하는 등의 도덕적 해이까지 나타났다. 또한 이렇게 구축·도입된 정보 시스템은 조직구성원들의 외면으로 활용도가 떨어지거나 방치되는 경우도 발생했다.[6] 중소기업에 대한 정보화 교육사업도 기업이 부담해야 할 교육비용을 정부가 대신 부담함으로써 반드시 필요한 인력이 반드시 필요한 교육을 받기보다는 일종의 복지 혜택 차원에서 교육을 받고, 피교육자의 참여도와 열정도 높지 않은 경우가 많았다.

둘째, 정부의 지나친 정보화 지원은 기업들의 정부 의존성을 심화시키는 부작용을 초래했다. 각 부처에서 실시하는 각종 지원정책이 많기 때문에, 기업 입장에서는 자기 부담으로 정보화를 추진하기보다는 정부지원금에만 의존하게 된 것이다. 특히 심각한 것은 스스로 정보화를 추진할 능력과 여건을 갖고 있는 기업까지도 정부 지원을 받을 때까지 정보화를 미루는 경향이 나타났다는 것이다. 또한 일단 정부 지원으로 구축된 시스템에 대해서도 자체적으로 유지 보수와 관리를 하지 않고 계속적으로 정부 지원을 요구하며, 이것이 이루어지지 않을 경우 구축된 시스템을 방치하기까지 했다.[7]

---

6) 감사원 감사 결과 2002년까지 소기업 네트워크화 사업에 참여했던 20만 개의 소기업 중 6만여 곳이 실제로 이용하지 않거나 3개월도 이용하지 않는 등 해지율이 30%를 웃도는 것 등이 대표적인 예이다(전자신문, 2003.4.17).

7) 이 같은 사실은 정보화평가위원회의 정보화사업평가(2002, 2003) 중 정부 지원을 받은 업체들에 대한 현장 방문 실사에서 밝혀낸 사실이다. 정부 지원을 받은 업체들은 자체예산이 부족하다는 이유로 시스템 유지 보수 및 업그레이드 등에 지속적인 지원을 요청하고 있고, 이것이 이루어지지 않을 경우 정보화를 포기하는 경우가 많다.

셋째, 산업 및 중소기업 정보화에 대한 정부 지원은 민간 부문 IT 업계의 자율 경쟁을 저해하고 시장 질서를 왜곡하는 현상을 초래했다. 민간 부문의 SI 업체, 통신망 사업체, ASP 업체, 통합 솔루션 업체, IT 교육업체 등은 정부에서 발주하는 산업정보화 지원사업에 의해 흥망성쇠가 결정되기도 했다. 단적으로 말해 정부 지원사업에 참여하는 기업은 살아남고 참여하지 못하는 기업은 도태되는 결과를 가져왔다는 것이다. 결국 기업의 기술력과 경쟁력에 의한 자율 경쟁보다는 로비력과 인맥, 제안서 작성 능력 등에 의해 시장이 재편되는 결과를 가져왔다. ASP 업체나 IT 솔루션 업체들 중에서 정부사업에 참여하는 업체들은 여러 사업에 중복적으로 참여하는 반면에 여기에서 배제되는 업체들은 경쟁력을 잃고 도태되는 현상은 관련 업계에서는 정설로 통했다. IT 벤처기업의 경우에도 업체의 기술력에 의해서가 아니라 기술 개발에 대한 정부 지원을 받느냐에 따라 기술 개발의 성패와 기업의 성패가 결정되었으며, IT 교육업체의 경우에도 정부 사업권을 딴 업체만 살아남았다는 것이다.

4 부처 간 갈등 및 경쟁의 해결 방안

관할권의 중복과 각 부처의 이익극대화 추구 경향 때문에 나타나는 부처 간 경쟁으로 인한 문제를 해결하기 위해서는 두 가지 접근법이 가능하다. 첫 번째는 관할권의 중복 문제를 원천적으로 해결하는 것이며, 두 번째는 부처의 이익극대화 추구 경향을 적절하게 조정하는 것이다.

관할권의 중복으로 인한 부처 간 경쟁과 갈등을 해결하기 위한 첫 번째 방법은 경쟁 관계에 있는 부처를 하나의 조직으로 통합하는 것이다. 이것은 정부조직 개편 논의와 관련해 특히 산자부와 정통부를 통합하자는 논의(김동욱 외, 2003)와 밀접한 관련을 갖는다. 또 한 가지 방법은 경쟁의 대상이 되고 있는 영역에 대해 관련 부처 간 영역 설정 및 역할 분담을 명확하게 하여 경쟁과 갈등 관계를 최소화하는 방안이다.

그러나 관할권의 경계를 명확하게 재설정하거나, 중복된 기능을 수행하는 부처를 통합함으로써 부처 간 갈등과 경쟁의 소지를 원천적으로 없애는 것은 현실적으로는 쉽지 않은 전략이다. 관할권의 재설정이나 부처 간 통합은 기본적으로 합리성보다는 정치적 논리에 좌우되는 경향이 있으며, 이 과정에서 오히려 '먹느냐 먹히느냐'의 싸움으로 부처 간 갈등과 경쟁을 더욱 악화시킬 가능성이 크기 때문이다. 따라서 부처를 통합하거나 기능을 재편하는 방안보다 현실적인 대안으로는 현재의 정부구조와 기능 구도를 유지하면서 각 부처의 실무 산하기관을 통합하는 방안을 고려해 볼 수 있다. 중기청 산하의 중소기업진흥공단과 중소기업정보화경영원, 정통부 산하의 한국전산원 등 산업 및 중소기업정보화의 실무를 담당하고 있는 기관을 통합해 독립성이 인정되는 제3의 기관으로 설립하고, 각 부처의 주요 사업을 이 기관에 위탁해 수행하는 것이다. 이렇게 될 경우 실무집행 부서가 단일화됨으로써 사업 간 중복의 문제나 연계·협력의 문제를 대폭 축소할 수 있다는 것이다.

문제 해결을 위한 두 번째 방안은 부처 간 경쟁을 조정할 수 있는 조정 기능을 강화하는 것이다. 부처 간 조정은 크게 수직적 조정과 수평적 조정으로 나눌 수 있다(이성우, 1993; 김용훈, 1996).

산업정보화 분야에서 수직적 조정 또는 제3자에 의한 조정을 담당할 수 있는 주체로는 크게 정보화추진위원회와 기획예산처, 국무조정실, 정부혁신지방분권위원회(청와대)가 있었다. 먼저, 정보화추진위원회는 산하에 실무위원회와 분과위원회를 두고 정보화정책 심의·조정 역할을 담당했지만 각 부처의 장·차관이 추진위와 실무위의 위원으로 있어 운영이 형식적이고 실질적인 조정 기능을 제대로 발휘하지 못했다. 따라서 정보화추진위원회의 조정 기능을 강화하기 위해서는 정보화 추진 체계를 실질적인 활동 중심으로 개편하는 것이 필요했다(한국전산원, 2002a; 정충식, 2002; 윤상오, 2003a).

다음으로, 정부에서 예산 기능을 담당했던 기획예산처는 각 부처에서 제출하는 차년도 사업계획에 대한 예산 요구에 대해 예산 심의 과정을 통해 부처 간 사업을 심의·조정해 왔다. 그러나 기획예산처는 예산의 전문기관이지 정보화에 대한 전문기관이 아니기 때문에 각 부처가 제출하는 정보화사업에 대한 예산요구안을 심도있게 심의하고 조정하는 데는 한계가 있었다. 예산처는 중복이 명백한 사업에 대한 예산의 삭감 등에 대한 권한만 갖고 있을 뿐 사업 간 연계·협력 등을 강제할 수 있는 전문성과 역량이 떨어지며, 따라서 예산을 확보하기 위한 각 부처의 논리 동원과 로비 등에 의해 영향을 받기 때문이다. 더욱이 2004년부터 도입된 총액배분 자율편성(top-down) 예산제도로 인해 예산처의 개별 사업에 대한 조정 기능은 더욱 약화되었다.

다음으로 청와대 및 국무조정실 등 상위기관에 의한 조정이다. 그러나 IT 관련 업무 분야에 대한 갈등이 고조되면서 2001년 7월에 이미 경제정책조정회의에서 5개 부처(정통부, 재경부, 산자부, 문광부, 공정위) 간 업무 영역을 조정한 바 있지만 그 이후에 오히려 부처 간 경쟁 및 갈등이 더 늘었다. 또한 정부혁신지방분권위원회에서도 IT부처 간 업무 영역 조정 등 갈등 관계를 해소하고자 하는 노력을 했지만 부처 간 갈등은 쉽게 해소되지 않았다. 정보화 분야에서 새로운 영역이 계속 등장하고 기존 영역도 지속적으로 변화하면서 어느 부처의 영역이라고 확정하기 어려운 상황들이 계속 발생했기 때문이다. 더욱 심각한 문제는 부처 간 갈등이 발생할 경우 일정한 기준 없이 국무조정실, 정보화추진위원회, 정부혁신지방분권위원회, 국가과학기술위원회, 중소기업특별위원회, 청와대 정보과학기술보좌관 등이 상황에 따라 조정에 나섬으로써 조정 주체 간 갈등도 나타났다는 점이다. 따라서 좀 더 상위 기관에 의한 조정의 원활화를 위해서는 산업정보화 분야의 업무 영역에 대한 명확한 원칙을 수립함과 함께 조정 주체를 좀 더 명확하게 함으로써 조정 결과를 이해 관련 부처가 충분히 수용할 수 있도록 할 필요가 있다.

또한 상위 기관에 의한 조정을 위해서는 정보화계획·평가·예산 주체가 각각 정보화추진위원회, 정보화평가위원회, 기획예산처로 분리되어 있는 체제를 미국의 관리예산처(OMB)와 같이 단일 주체로 통합하는 방안도 고려할 필요가 있다. 이를 통해 계획 단계에서 사업의 타당성과 중복성 및 필요성 등을 사전 평가하고, 그 결과에 따라 예산을 배분하며, 사후 성과평가를 하고 그 결과를 차년도 계획 수립 및 예산 심의에 반영하도록 하는 것이다(윤상오, 2003b).

두 번째로 들 수 있는 것은 경쟁 관계에 있는 부처의 당사자들 상호간에 이루어지는 수평적 조정 방안이다. 실제로 정책을 집행하는 기관에 의한 자율적 참여와 협의를 통한 사전적 정책 조정은 정책 집행 과정에서 갈등의 소지를 줄이고 효과적 집행을 보장할 수 있는 장점이 있다(이성우, 1993). 그러나 우리나라와 같이 협상문화가 정착되어 있지 않고, 경쟁 주체 간 상호 배타적인 행정문화를 갖고 있으며, 특히 정통부와 산자부 간의 불신 관계 등을 고려할 때 당사자에 의한 수평적 조정은 쉽지 않은 것이 현실이었다. 또한 경쟁 주체 간 상호 조정은 경쟁 주체들의 권력이 엇비슷할 경우 현실적인 대안이 될 수 있는데(Bendor, 1985: 257-264), 중기청은 산자부의 하위 기관이기 때문에 중기청과 산자부가 대등한 위치에서 정책 조정을 한다는 것이 현실적으로 어려웠다. 더욱 문제가 되는 것은 정책 조정을 해야 할 주체가 3개 부처로서 일대일 조정보다 훨씬 더 복잡한 역학 관계가 존재했다는 것이다.

이에 대한 한 가지 대안으로 제시할 수 있는 것은 경쟁 관계에 있는 각 부처의 실무 담당자들끼리 '정책실무자협의회(가칭)'를 운영하는 방안이다. 이를 위한 첫 번째 단계는 각 부처의 실무 담당자들 간에 정기적으로 모임을 갖는 것이다. 이를 통해 먼저 각 부처 실무 담당자들 간에 충분한 의사소통을 통해 불신과 장벽을 허물고 유대 관계를 쌓으며, 다음으로 범국가적인 차원에서 각 부처 간 정책을 상호 논의하고 조정하는 것이다. 이것이 좀 더 발전하면 부처 간 '정책실무자협의회(가칭)' 등을 구성해 운영하는 것이 가능해질 수 있다. 이 방법이 각 부처의 입장에서도 국회·감사원·정보화평가위원회 등으로부터의 부처 간 사업 중복이라는 비판을 피하고, 기획예산처로부터 예산도 좀 더 쉽게 받고, 정책의 효과성도 높일 수 있는 현실적인 대안이 될 수 있다.[8)]

제 4 절 사례분석의 결론 및 시사점

정책을 둘러싼 부처 간 갈등과 경쟁은 지속적으로 증가하고 있다. 분업화와 전문화의 원리에 의해 정부조직를 구성했지만 사회가 점점 더 복잡해지고 다양해지고 융합화되어 감에 따라서 기관 간 업무 영역과 관할권을 명확하게 구분하는 것은 원천적으로 불가능하기 때문이다. 수혜시설과 혐오시설을 두고 지역 간 또는 지방자치단체 간 핌피(PIMFY) 현상이나 님비(NIMBY) 현상과 마찬가지로 정

8) 이러한 제안은 2003년 5월 9일에 한국전산원에서 가진 정통부와 산자부의 담당사무관들과의 합동 미팅에서 제시된 것으로서, 각 부처 사무관들도 큰 이견 없이 동의했다.

부부처 간에도 선호 정책에 대한 선점이나 쟁탈 경쟁과 회피 정책에 대한 떠넘기기 경쟁이 지속적으로 발생하고 있다.

부처 간 갈등과 경쟁을 해소하기 위해서는 주기적인 정부조직 개편을 통한 기능 조정과 관할권 중첩의 해소도 필요하고 수직적 관점에서의 조정 기제의 활성화도 필요하다. 그러나 조직 개편에 의한 관할권 중첩의 완전한 해소는 복잡・융합사회에서 원천적으로 불가능하며, 모든 갈등 사안에 대한 수직적 조정도 쉽지 않다. 가장 바람직한 방법은 갈등 당사자 간의 자발적이고 수평적인 조정이다. 이를 위해서는 대화와 타협, 협상과 조정이라는 민주주의의 기본적인 작동 원리가 조직문화로 자리 잡아야 한다. 우리나라 관료 세계와 같이 권위주의적이고 상명하복식 문화가 팽배해 있는 경우에는 적용하기 쉽지 않은 방법이다.

부처 간 갈등과 경쟁을 해결하기 위한 좀 더 구체적이고 현실적인 방안을 살펴보면 첫째, 경쟁이 발생하는 다부처 연관 정책에 대해서는 범정부적인 차원의 거시적・장기적인 프레임워크를 설정하는 것이다. 거시적인 프레임워크는 정책의 장기적인 비전과 방향을 설정하고, 주요 영역을 구분하며, 영역별 주요 목표를 설정하고, 각 영역을 담당할 주관 부처를 지정하며, 각 영역 간 연계 및 협력 방안을 포함해야 한다. 다음으로, 관련 부처에서 실시하고 있는 개별 사업들을 범국가적인 측면에서 조망해 사업 간 연계 강화를 위한 연계도를 작성하는 것이다. 연계도 작성은 부처 내 사업 간 연계, 부처 간 사업 간 수평적 연계, 상위 정책과 하위사업 간 수직적 연계가 골고루 이루어져야 한다.

둘째, 정책 및 사업에 대한 성과관리제도를 도입하는 것이다. 프레임워크 및 로드맵이 거시적이고 범정부적인 차원에서 정책의 성공을 위한 전략이라면, 성과관리 체계는 미시적인 차원에서 개별 사업에 대한 성공을 위한 전략이다. 정책의 라이프사이클에 맞추어 사업의 성과계획서 작성, 성과계획에 대한 사전타당성분석, 사업 집행에 대한 점검 및 통제, 사업의 사후 성과 및 영향평가, 평가 결과의 환류를 통한 차년도 성과계획 및 예산에의 반영 등이 이루어지도록 하는 것이다. 이를 위해서는 이미 미국에서 연방정부의 투자에 대한 자본계획 및 투자지침(GSA, 2000)이나 OMB에서 실시하고 있는 주요 정보화사업에 대한 성과평가(Scorecard)제도를 도입하는 것이 필요하다(윤상오, 2003b).

셋째, 이 사례와 같이 부처 간 지나친 경쟁으로 인해 민간기업의 자율성을 저해하고 정부 의존성을 심화시키며 관련 사업체 간 자율 경쟁과 시장 질서를 왜곡하는 문제점을 해결하기 위해서는 정부의 적정 역할에 대한 재설정이 필요하다.[9] 특히 이 사례와 같이 정부가 민간 영역의 발전을 위해 모든 것을 지원하는 체제는 장기적인 관점에서 가능하지도 않고 바람직하지도 않다. 또한 정부 역할의 축소를 고민해 볼 필요가 있다. 먼저 사업 수행 시 정부의 주요 관점을 양적인 실적 중심에서 질적인 효과 중심으로 전환하는 것이다. 이렇게 될 경우 정부 부처는 단기적인 관점에서의 실적 과시를 위해 무리하게 시장에 개입하기보다는 장기적인 관점에서 민간 부문의 경쟁력 강화를 위한 전략을 선택할 가능성이 높아진다. 또한 지원 방식을 정부의 직접 지원에서 간접 지원으로 전환해 피지원기관의 도덕적 해이와 정부 의존성을 제거하고, 민간 업계의 자율 경쟁을 보장하도록 할 필요가 있다. 그간 '정부 주도의 선별·직접 지원' 정책에서 탈피해 '시장 시스템 육성·간접 지원' 중심 정책으로 전환하는 것이다. 정부는 기업 스스로 비즈니스 모델을 갖고 자생적으로 발전을 추진하는 데 필수적인 기반(인프라, 표준 등) 제공과 사업 추진에 걸림돌이 되는 법·제도·규정 등을 정비하고 연구개발과 인력 양성 등에 중점을 두는 것이다.

---

9) 영국은 기업정보화 및 전자상거래 활성화를 위한 정책에서 정부가 직접 시장에 개입하는 방식의 전략적 접근을 철저히 배제하고 있다. 이는 기본적으로 시장 영역에 국가 개입을 최소화한다는 노동당 정부의 정책 원칙에 부합하는 것이다. 영국 정부는 단지 민간기업과 시장에 대해 정보화사업의 전략적 방향, 지식 기반경제에 대한 바람직한 전망만을 제시하고, 실질적인 주도권은 사적 기업에 맡겨 빠르게 변화하는 시장 및 기술 변화에 탄력적으로 적응하기를 기대하고 있다.

제 6 장

미술품 양도세의 정책 과정

최성락
(동양미래대학)

제 1 절 미술품 양도세 정책의 의의

미술품 양도세는 미술품을 사고 팔 때 발생하는 이익에 대해 세금을 물리는 제도이다. 미술품을 1억 원에 구입하고 1년 후 1억 2,000만 원에 판매한다면 2,000만 원의 양도 소득이 발생한다. 이 양도 소득에 대해 세금을 부과하는 것이 미술품 양도세이다. 현재 작고 작가의 6,000만 원이 넘는 미술품 거래에 대해 양도 소득의 20%를 미술품 양도세로 부과하도록 되어 있다.

한국에서 미술품 양도 소득에 대해 세금을 부과한다는 법안이 처음 제정된 것은 1990년이다. 1990년 말에 제정되어 2년간 유예 기간을 둔 다음 1993년도부터 미술품 양도세를 부과하기로 했다. 그런데 1992년 말, 1993년 시행을 몇 달 앞두고 미술품 양도세 부과가 연기되었으며, 그 이후 2011년에도 계속 시행이 연기되었다. 2003년에는 양도세 부과 법안이 폐기되었다가, 2008년에 다시 부활하는 곡절을 겪기도 했다. 그런 과정을 거쳐 결국 1990년에 제정된 양도세 부과 정책은 2011년까지 7차례 연기가 되었고, 처음 법안이 제정된 지 무려 23년이 지난 2013년부터 시행되었다.

재정을 담당하는 정부부처에서는 미술품 양도세를 시행하고자 했고, 문화부와 미술계는 미술품 양도세를 반대했다. 하지만 기획재정부는 조세 정의를 명목으로 미술품 양도세 정책을 만들었는데, 이 정책은 23년 동안 계속 연기되어 왔다. 한국에서 20년에 걸쳐 7차례 이상 한 정책의 실행이 연기되는 것은 상당히 독특한 예라 할 수 있다. 여기서는 먼저 미술품 양도세 부과에 대한 찬반 논리를 살펴보고, 미술품 양도세와 관련된 그동안의 정책 과정을 개관해 본다. 그리고 이러한 미술품 양도세 정책 사례가 정책 과정에서 가지는 함의, 미술품 양도세 정책 내용이 어떻게 해서 23년 동안 연기될 수 있었는지에 대한 시사점을 토론 주제로 살펴보도록 한다.

제 2 절 미술품 양도세에 대한 찬반 논리

1 미술품 양도세 찬성 논리

현대 조세 체제는 소득세를 원칙으로 한다. 소득세는 소득이 있으면 그 소득에 대해 세금을 내는 것이다. 이러한 세금을 부과하는 조세 원칙 중에서 가장 중요한 두 가지는 공평성과 최소 피해성이다. 공평성은 모든 경제 분야를 평등하게 대우해야 하며 예외를 두어서는 안 된다는 법칙이며, 최소 피해성은 세금 부과로 인한 그 부문에 대한 영향이 최대한 적어야 한다는 법칙이다. 이 중에서 더 중요한 원칙은 공평성이다. 어느 한 부분에 대해 과세를 하면서 다른 부분에 대해서는 과세를 하지 않는 것은 조세 정의에 어긋난다.

미술품을 사고파는 과정에서 이득이 발생하고 있다. 이득(소득)이 발생하면 세금을 부과하는 원칙에 따라 미술품에 대해 양도세를 부과해야 한다. 만약 미술품 가격이 낮고 시장 규모가 작아서 미술품에 대한 양도세 부과가 미술 시장에 큰 영향을 미치게 된다면 비록 소득이 발생한다고 해도 양도세를 부과하지 않을 수 있다. 하지만 미술 시장은 1990년대에 500억이 넘었으며, 2010년 이후에는 약 4,000억 정도의 규모를 보이고 있다. 이런 정도의 시장 규모에서 양도세 부과가 크게 영향을 미치지는 않는다. 그리고 현재 사회 다른 영역에서 '소득 있는 곳에 세금 있다’는 논리가 전혀 적용되지 않는 부문은 불법적인 영역을 제외하고는 없다. 다른 분야와의 공평성 측면에서도 미술품에 대한 양도세는 부과되어야 한다고 본다.

미술품 양도세 부과에 대한 또 다른 주장은, 현실적으로 미술품 거래가 불법, 탈법의 수단으로 활용되고 있다는 점이다. 뇌물로 그림을 주기도 하고, 그림을 요구하기도 한다. 재산 상속 수단으로 그림이 활용되기도 하며, 돈 세탁 과정에 이용되기도 한다. 이와 같이 그림이 불법, 탈법 수단으로 활용되는 것은 미술품이 상당히 고가이면서도 그 거래가 불투명하고 음성적이기 때문이다. 몇십억 이상의 가치를 지닌 물품이 오고가는데도 그 거래 내역이 밝혀지지 않는다. 이러한 익명성, 비밀성 때문에 미술품 거래가 탈법 수단으로 이용되곤 한다. 이러한 음성적 거래를 방지하기 위해 미술품 양도세를 시행해야 한다고 본다.[1)]

2 미술품 양도세 반대 논리

위와 같은 미술품 양도세 부과에 대한 찬성 논리에 대해 미술품 양도세 부과에 대해 반대하는 미술계의 목소리도 크다. 미술계의 반대 논리는 첫째, 미술 시장이 불황이라는 점이다. 미술시장은 1980년대 말, 그리고 2005~7년까지 호황을 맞았다. 그리고 이 시기에 미술품 양도세 법안이 제정되었다. 그러나 그 이후 미술품 시장은 불황을 겪었다. 세금은 해당 부문의 시장에 최소한의 영향을 미쳐야 한다. 미술품 시장이 호황일 때 미술품 양도세 법안이 제정되었으나, 곧 시장 상황이 바뀌었다. 따라서 시장 상황이 좋아질 때까지 양도세 부과를 연기해야 한다고 주장했다. 일각에서는 미술 시장 규모가 4,000억 원 정도 되니 미술시장이 충분히 크다고 본다. 하지만 한국에서 껌 시장의 규모도 3,200억 원이다. 껌 시장 규모와 비슷한 미술 시장 규모가 크다고 볼 수는 없다. 미술 시장의 규모가 1조 원 이상이

---

1) 미술품에 대해 양도세를 부과하기 위해서는 처음에 미술품을 언제 얼마에 샀는가에 대한 기록이 남아 있어야 한다. 그래서 양도 소득이 얼마인지를 산정할 수 있고 그에 따라 세금을 부과할 수 있다. 따라서 미술품 양도세를 시행하게 되면 모든 미술품 거래 품목과 금액을 국세청 등에 신고하게 된다. 현재 가격이 상당히 낮다 하더라도 미술 거래의 특성상 10여년 후에는 고액으로 거래될 수 있기 때문에, 현재 고액으로 거래되는 미술품만이 아니라 모든 미술품에 대해 거래를 기록하게 된다. 현재 부동산, 자동차 거래와 같이 거래 기록이 남게 된다.

될 때까지 시장 보호 차원에서 미술품 양도세를 부과해서는 안 된다고 본다.

둘째, 미술은 대표적인 예술, 문화 분야로서 지원이 필요한 부문이다. 한국의 문화 수준은 지원해야 하는 수준이지 규제해야 하는 수준이 아니다. 이러한 열악한 한국 문화 현실에서 정부가 도와 주지는 못할망정 미술품에 대해 세금을 부과하는 것은 불합리하다. 공정한 조세라는 경제적 논리를 가지고 예술 분야에 적용하려 해서는 안 된다고 본다.

셋째, 미술품 거래에서 음성적인 거래가 자주 발생하는 이유는 현실적으로 고가의 미술품을 구입할 수 있는 여력이 있는 것은 기업인데, 한국에서는 기업의 미술품 거래를 제대로 인정하지 않고 있다는 점이다.[2] 기업이 미술품을 구입하면 이는 비업무용 자산에 해당한다. 비업무용 자산에 대해서는 비용 처리가 되지 않으며, 무엇보다 비업무용 자산으로 몇십억 원 이상의 그림을 구매, 소유할 수는 없다. 세계에서 미술품 거래의 많은 비중은 기업 거래로 이루어진다. 한국에서도 기업이 미술품을 제대로 거래할 수 있도록 제도적 보완이 선행되어야 하며, 그러한 제도적 보완이 이루어진 다음에 미술품 양도세가 시행될 수 있다고 주장한다.

다섯째, 미술품에 대한 양도소득세 부과는 작가들의 창작 의욕을 저하시킨다. 현재 미술가들은 아주 낮은 소득으로 어려움을 겪고 있다. 이런 미술가들의 현실을 고려하지 않고 미술품에 양도소득세를 부과한다면, 어려운 작가들의 생활은 더욱 어려워질 것이다. 작가들이 작품 활동을 지속하고자 하는 의욕을 감소시키는 부작용을 발생시키게 될 것이다.[3]

여섯째, 미술품 양도세 부과는 미술품에 대한 실명 등록을 요구하는데, 실명으로 미술품을 거래한다면 사람들이 더 이상 미술품을 구입하지 않을 것이라고 본다. 비싼 그림을 구입했다고 하면 세무조사가 나오고 자금 출처를 조사하고 하는 사태가 벌어질 수 있는데, 그런 위험을 감수하고 사람들이 그림을 구입하지는 않을 것이다. 따라서 양도세 부과는 미술 시장을 크게 훼손시킬 것으로 본다.[4]

---

2) 한국 미술 시장에서 현실적으로 기업의 돈으로 개인이 그림을 구입하는 경우가 많다.

3) 이에 대한 반론으로는, 양도세가 부과되는 미술품은 현재 6,000만 원 이상 미술품인데, 이 정도 받는 화가는 상당히 드물다는 것이다. 또한 양도세를 부담하는 사람은 화가가 아니라 그림을 사서 이득을 본 사람이다. 화가는 양도세와 직접적인 관련이 없기 때문에 양도세 부과가 화가들의 창작 의욕을 감소시키는 것은 아니라고 주장한다.

4) 이에 대한 반론으로는, 사람들은 실명으로 거래해야 한다고 해서 거래를 하지 않는 것은 아니라는 점이다. 수십억 원을 하는 아파트도 실명으로 거래가 된다. 몇백억하는 빌딩도 실명으로 거래가 된다. 그

제 3 절 미술품 양도세의 정책 과정

1 미술품 양도세 부과 결정(1990년 9월)

미술품 양도세 부과가 처음 결정된 것은 1990년 9월이었다. 당시 조세 재정을 담당하는 재무부는 미술품에 대해 양도세를 부과하기로 결정했고, 미술계에서는 반대를 했으나 결국 문화부와의 협의를 거쳐 미술품 양도세 부과안을 제정했다. 그리고 이러한 양도세안은 국회를 통과해 법안으로 결정되었다.

재무부의 양도세 원안은 양도가액 1천만 원 이상의 미술품으로서 세율은 40~60%였다. 이것이 미술계와의 협의 과정에서 과세 대상이 1천만 원에서 2천만 원으로 상승했다. 그리고 골동품의 경우 제작 후 100년이 넘은 도자기와 가구만을 대상으로 하기로 했다. 이러한 양도세 부과를 1993년부터 시행하기로 하여, 2년간 유예기간을 두는 것으로 협의, 결정했다.

2 1992년(1차 연기)

미술품 양도세 부과는 1993년 1월부터 시행될 예정이었다. 1992년 초반에 문화부는 재무부에 대해 양도세 부과의 유예를 주장했다. 문화부는 양도세 부과를 1년간 더 유예하도록 재무부와 협의했으나, 재무부가 반대했고, 결국 양도세 부과안의 내용을 다시 협의하는 방향으로 조정이 이루어졌다.

런데 그림을 구입할 때 실명을 밝혀야 한다고 해서 그림을 구입하지 않을 것이라고 보는 것은 어폐가 있다고 본다. 오히려 실명 거래를 두려워해 그림을 사지 않는 사람들이 있다면, 그런 사람들이 그림 사는 것을 방지하기 위해서도 미술품 양도세를 부과해야 한다고 주장한다. 미술품 거래에서 실명 거래를 두려워하는 것은 그 자금이 정상적이지 않기 때문이다. 비자금, 뇌물, 세금 회피 등의 수단으로 미술품을 거래하기 때문에 실명 거래를 하지 않으려고 하는 것이다. 이러한 이유로 미술품 양도세를 거부하는 것은 타당하지 않다고 주장한다.

당시 문화부는 재무부와 협의해, 40~60%로 규정되어 있는 양도세율을 10~15%로 감소시켰으며, 양도세 부과 대상을 2,000만 원 이상의 미술품에서 3,000만 원 이상으로 상향했다. 그리고 공제액도 원래 안의 150만 원에서 확대하기로 했다.

이와 같이 문화부가 미술품 양도세의 부담을 감소시키는 안을 재무부와 협의했으나, 이 결정이 알려지자 미술계의 양도세 반대 운동이 시작되었다. 미술계에서는 미술품에 대한 양도소득세 부과가 세계에 유례가 없는 일이라고 주장하고, 특히 골동품, 문화재의 경우 양도세를 부과하는 것은 문화재 거래를 더욱 음성화하고 시장을 위축시키며, 나아가 문화재가 해외로 유출될 것이라고 주장했다. 또한 현재 미술품 거래액이 1년에 500억 정도밖에 되지 않는데, 이 시장 규모는 성장 지원을 해야 하는 규모이며 양도세를 부과할 만한 시장이 아니라고 주장했다.

이와 같이 미술품 양도세 부과에 대해 관심이 집중되자 1992년 7월 26일, KBS의 시사 프로그램인 '여의도 법정'에서 미술품 양도세를 논의하고 즉석에서 여론조사를 실시했다. 20세 이상 남녀를 대상으로 무작위 추출한 420명의 여론 조사 결과 양도세 찬성이 71.4%, 양도세 반대가 28.6%로 나타났다.5)

1992년 9월, 양도세 부과가 3개월 앞으로 다가오자 미술계는 양도세 부과 문제에 대해 본격적으로 대응하게 된다. 화랑협회 등 미술 3단체는 양도세 부과를 10년간 연기할 것을 주장했다. 미술품 양도세 법의 취지는 이해하지만, 현재 시점에서 시행하는 것은 적절치 못하다고 주장했다.

이러한 미술계의 반발에 대해 정치권이 반응을 보이게 된다. 1992년 12월은 대통령 선거가 있었고, 정치권에서는 연말 대통령 선거를 앞두고 양도세 시행 유보를 검토할 방침을 논의했다. 그리고 당시 여당인 민자당은 당론으로 미술품 양도세 유예를 결정한다.6)

9월 14일, 집권당인 민자당은 미술품 양도세를 10년간 유보할 것을 촉구하는 청원서를 제출했다. 9월 18일 경제장관회의가 개최되었는데, 이 때 미술품 양도세를 원래 예정대로 1993년부터 시행할 것을 결정했다. 9월 22일에는 차관회의

---

5) 이 여론조사가 양도세 부과에 대한 시민들의 반응을 살펴보는 최초의 신뢰성 있는 여론조사라 할 수 있었다. 그 이후 미술계는 양도세 부과 연기 및 철폐 운동에서 정책담당자만을 주 대상으로 했으며, 일반 시민들에 대한 조사, 운동을 시행하지는 않게 된다.

6) 당시 대통령은 노태우 대통령이었으며, 1992년 12월 대통령 선거에서 김영삼이 대통령으로 당선되었다.

가 개최되었는데, 여기에서는 양도세를 3년간 유예해 1996년 1월부터 시행하는 것으로 결정했다. 그리고 9월 24일에는 전체 국무회의가 개최되었는데, 여기에서는 다시 원래대로 1993년부터 과세하는 것으로 의결했다.[7] 그동안 야당만이 아니라 여당도 미술계의 의견을 받아들여 과세 유예를 주장해 왔는데, 정부는 양도세 유예안을 최종적으로 거부했다.

양도세가 1993년부터 시행될 것이라는 정부안이 확정되자 미술계는 더욱 본격적으로 대항하기 시작했다. 10월 7일에는 한국화랑협회 산하 80여 개 전국 회원화랑이 7일 하루 동안 일제히 철시했고, 10월 8일에는 전국 고미술상들이 5일간 동맹 철시를 시행했다. 그리고 10월 10일부터 11일까지 인사동 전통마을 축제에 참가 거부를 했다.

미술계는 국회에 대해 의원입법으로 양도세 과세를 유예할 것을 요청했다. 결국 11월 10일에 국회 재무위는 미술품 양도세를 3~5년 유예하기로 잠정적으로 합의했고, 19일에 양도세를 다시 3년간 유예해 1996년 1월 1일부터 시행하는 것으로 결정했다.

이와 같은 과정을 거쳐 결정된 1992년 말 소득세법은 재무부-문화부 협의안에서 양도세율을 감소시키려던 것을 부동산 양도세율을 그대로 적용해 30~50%로 하고, 장기 보유에 따른 특별 공제를 없는 것으로 했다.

3 1995년(2차 연기)

1992년에 3년간 연기된 미술품 양도세는 1996년 1월부터 시행하기로 되어 있었다. 1995년 초부터 미술계에서는 미술품 양도세에 대한 논의가 다시 일어나게 되었고, 7월 6일 문화체육부 장관과 국회 문화체육부위원회 위원장이 참석한 당정회의에서 미술품 양도세 시행을 무기 연기하는 것으로 발표했다.

이에 7월 7일 재경원은 보도 자료를 배포하면서, 미술품 양도세는 1996년 1월

7) 경제 관련 안건에 대해서는 먼저 경체 부처들만 참가하는 경체차관회의 → 경제장관회의가 개최되고, 여기서 의결이 되면 전체 부서들이 참가하는 차관회의 → 장관들의 의결기구인 국무회의순으로 이어진다. 이렇게 결정된 안이 국회로 이전된다.

부터 시행할 것이라고 발표했다.[8] 문화부에서 발표한 양도세 시행 무기 연기는 재경원과 사전 협의 없이 당정협의에서 나온 것으로, 조세 부서인 재경원에서는 양도세를 예정대로 부과할 것임을 천명했다. 1996년부터는 금융소득 종합과세가 실시되는데, 미술품 양도세는 당시 정부가 가장 심혈을 기울인 금융실명제의 성공과도 연결되어 있어 더 이상 미술품 양도세 부과를 늦출 수 없다는 입장이었다.

이러한 정부의 입장에 대해 여당 측은 반대였다. 1996년 4월에는 국회의원 총선이 예정되어 있는데, 미술품 양도세 문제는 총선에 악재가 될 것으로 보았다. 결국 재경원은 미술품 양도세 수정안을 만들게 되는데, 7월 27일, 미술품 양도세를 양도소득세로 부과하고자 한 원래 방침을 바꾸어 양도 차익을 다른 소득에 합쳐서 부과하는 종합소득세로 하기로 했다. 양도소득세에서는 미술품 중개인들이 거래명세서를 제출하도록 되어 있는데, 이 의무를 면제하고, 미술품 양도로 소득을 얻은 사람이 스스로 신고해 종합소득세 형태로 세금을 내도록 했다. 양도소득세 형태에서는 미술품 거래시 모든 미술품과 거래액을 국세청에 신고 등록하게 되는데, 거래 내역과 소득이 노출되는 것을 꺼려하는 미술계의 부담을 덜어준 조치였다.

재경원은 이러한 내용을 담은 세법 개정안을 9월에 마련했는데, 당시 여당인 민자당이 미술품 양도세 부과에 대해 적극적으로 반대했다. 결국 11월 29일, 국회재정경제위원회에서 미술품 양도세를 2년간 시행 유보하기로 결정했다.

4 1997년(3차 연기)

1996년에 시행하기로 한 미술품 양도세는 1995년 11월에 2년간 유예가 결정되었고, 유예된 법안은 1998년 1월부터 시행하기로 되어 있었다.

1997년 12월에는 대통령 선거가 있었다. 당시 대통령 후보는 이회창, 김대중, 이인제 등이 출마했는데,[9] 3당 후보 모두 미술품 양도세 부과에 대해 재검토 및 반대 입장을 분명히 했다.[10]

8) 김영삼 정부에서 재무부는 재정경제원으로 통합되어, 재경원에서 조세 관련 업무를 담당했다.
9) 1997년 12월 대통령 선거에서는 김대중이 대통령으로 당선되었다.

1997년 10월 당시 여당인 신한국당은 미술품 양도소득세 부과 조항을 완전히 삭제하는 개정안을 당론으로 채택했으며, 야당에서도 이러한 미술품 양도세 폐지안에 원칙적으로 합의했다.

그런데 11월 6일, 국회 재정경제위원회 내부의 세법 소위원회에서 이러한 양도세 폐지안이 번복되었다. 세법 소위원회에서는 예정대로 1998년부터 미술품 양도세를 부과하는 것으로 결정했다. 이어서 11월 14일에는 재정경제위원회가 열렸는데, 이는 양도소득세를 2001년부터 시행하는 것으로 결정을 내렸다. 결국 미술품 양도세 부과는 다시 3년간 유예되는 것으로 결정되었다.

5 2000년(4차 연기)

2001년부터 시행되기로 한 미술품 양도세에 대해, 2000년 중반부터 그동안 있었던 일들과 유사한 상황이 반복되었다. 2000년 11월 3일, 미술계 5개 단체는 성명을 발표하고 미술품 양도세 부과 연기를 주장했다. 11월 8일에는 항의 퍼포먼스가 진행되었다. 미술품 양도세 부과는 사실상 미술품 거래 실명제이며, 따라서 미술계에서는 미술품 양도세를 받아들일 수 없다는 주장을 했다.

12월 14일, 국회 재정경제위원회는 소위원회를 열어 미술품 양도세를 3년간 더 미루기로 결론지었다.

2000년 미술품 양도세 부과 연기 결정은 그동안의 연기 과정과 비교하면 미술계와 국회 차원에서 특별한 이슈 없이 이루어졌다. 그런데 양도세 부과 연기 결정 이후 시민단체의 반발이 발생했다. 참여연대, 경실련 등 시민단체들은 양도세 부과 연기가 일부 부유층의 로비에 휘말려 조세 정의(正義)를 짓밟는 것이라고 반발했다. 시민단체들은 성명서를 발표하면서 미술품 양도세 연기를 비난했다.

10) 당시 미술계는 일반 시민에게도 양도세 부과 연기 및 철폐를 주장하는 운동을 계속했다. 양도세 철폐 100만인 서명운동을 실시했는데, 최종적으로 70만 명의 서명을 받았다. 그런데 100만인 서명운동은 전국적인 화랑들이 모두 심혈을 기울여 실시했고, 유동 인구가 밀집되어 있는 서울 인사동을 중심으로 몇 달간 서명운동을 실시했는데도 70만 명밖에 서명을 받지 못했다. 미술품 양도세 부과 철폐가 일반 시민들의 호응을 받지는 못한다는 평가를 받은 서명운동 결과였다.

6 2003년(법안 폐기)

미술품 양도세는 최초의 부과 결정 이후 10년, 4차례에 걸쳐 연기되었고, 다시 2004년 시행 예정일이 다가오게 되었다. 미술계 6개 단체는 2003년 6월 이후 주말마다 미술품 양도세 폐지를 위한 100만 명 가두 서명운동을 벌였다.

2003년 8월, 재경부는 미술품 양도세의 내용을 수정했다. 처음에 미술품 양도세는 양도소득세였다. 그러나 1995년 종합소득세에 포함되는 것으로 변경되어 2003년까지 이어져 오고 있었다. 이에 대해 재경부는 다시 양도소득세 형태로 변경하는 것으로 조정했다.

2,000만 원 이상 거래에 대해 3%의 세율을 적용하기로 했으며, 장기 보유를 권장한다는 측면에서 10년 이상 보유하면 1%의 세율만 적용하도록 했다.[11] 원래 미술품 양도세는 부동산 양도세와 유사하게 30~50% 정도의 세율을 부과하게 되어 있었다. 2003년 정부안은 이 세율을 1~3%로 감소시킨 것으로, 실제로 세금을 징수하겠다는 것보다는 미술품에 대해 양도세를 부과한다는 명목만을 목적으로 한 것으로 평가되었다.

이러한 정부안은 국회로 이전되었는데, 11월 20일, 국회 재정경제위원회가 미술품 양도세 부과 대상을 사망한 작가의 작품만으로 축소했다. 현재 생존하는 작가의 작품 거래에 대해서는 미술품 양도세를 물리지 않겠다는 것으로 국회의원들이 2004년에 예정된 총선을 의식하고 미술계에 선심을 베푼 것으로 해석되었다.

정부의 미술품 양도세 부과안에 이어 11월, 국회 재경위에서도 미술품 양도세 부과안이 결정되자 미술계는 강력 반발했다. 정부안에서는 양도세율이 1~3%로 감소했고, 국회 재경위 안은 부과 대상을 작고 작가만으로 한정했지만, 미술계는 양도세 부과 자체에 대해 반대 운동을 벌였다. 11월 26일 미술계는 궐기대회를 개최해 법안 폐지를 요구했으며, 27일에는 전국 100여 개 화랑이 문을 닫았다.

국회 재정경제위원회의 양도세 부과안은 11월 20일 통과되었다. 이 양도세 부과안은 정부안을 바탕으로 한 것이었는데, 이 때 한나라당 정병국 의원이 양도세

---

11) 만약 10년 이상 보유했다는 것을 입증하지 못하면 10년 미만 보유로 간주하기로 했다.

폐기안을 상정했다. 재경위에서 정병국 의원의 양도세 폐기안은 부결되었으며, 정부안이 재경위를 통과하게 되었다. 이렇게 재경위를 통과한 정부안은 법사위를 통과해 본회의 의결을 남겨놓고 있는 상황이었다.

양도세안이 재경위를 통과한 11월 20일 이후 화상들은 국회의원들에 대한 1:1 설득 작업을 시작했다. 그리하여 국회의원 171명의 지지 서명을 받았다. 이를 바탕으로 재경위에서 부결된 정병국 의원의 양도세 폐기 법안이 본회의에 재상정되었다.

12월 18일 국회 임시회의에는 재경위-법사위를 통과한 정부안과 정병국 의원이 다른 의원들의 서명을 받아 제출한 양도세 폐기안이 안건으로 상정되었다. 국회 본회의에서 정병국 의원의 수정안이 찬성 143표, 반대 29표, 기권 8표로 통과되었고, 결국 미술품 양도세는 폐기되었다. 1990년에 제정되어 15년간 연기되어 온 미술품 양도세가 한번도 시행되지 못하고 사라지게 된 것이다.

국회에서 소위원회-법사위를 통과한 법안이 본회의 표결에서 뒤집어진 경우는 상당히 이례적인 것이었다. 당시 한나라당 정병국 의원의 개인적 노력이 있기도 했지만, 미술 화상들의 국회의원에 대한 로비력을 알려 주는 사례로 인정되었다.

7 2005년~2008년 초까지의 환경

한국에서 미술품 거래 호황기로는 1980년대 말, 그리고 2000년대 중반이다. 1988년 서울올림픽 전후의 경제 호황으로 미술품 거래 규모도 급증했고, 이러한 경제환경 속에서 1990년에 미술품 양도세 부과 논의가 진행될 수 있었다. 이와 유사하게 2006년~2008년까지 이루어진 미술품 거래 활황도 이후 미술품 양도세 부과 논의에 영향을 주게 된다.

먼저 2000년대 미술품 거래 시장의 변화를 살펴보면, 2005년 경부터 기업이 구입한 미술품을 업무용 자산으로 인정하게 되었다. 그 동안은 기업이 미술품을 구입한 경우 비업무용 자산으로 인정되었기에 비용 처리 등에 한계가 있었다. 그러나 기업의 미술품이 업무용으로 인정받으면서 1,000만 원 미술품을 구입하면 275만 원의 세금 절감을 인정받게 되었다.

2000년대 중반 이후 가장 큰 미술 시장의 변화는 미술품 경매 시장의 발달과, 아트 페어(art fair)의 성장이다. 대표적인 미술 경매 회사인 서울 옥션의 낙찰률은 1999년 17.56%에서 2005년 말에는 62.65%까지 증가했다. 무엇보다도 중요한 것은 그동안 미술품 경매는 미술계 내부 인사들 사이에서 이루어지는 것이었는데, 2000년대 중반 이후 미술품에 대한 관심이 증가하면서 일반인들도 경매에 참가하게 되었다는 점이다. 현재 미술품 경매는 대표적인 미술품 거래 방법 중 하나로 성장했으며, 그 규모도 점점 커지고 있다.

또한 화랑미술제, KIAF, SOAF 등 미술제, 아트 페어의 규모도 증가했다. 한국에서 가장 큰 규모인 KIAF(한국 국제아트페어)의 경우 2002년 매출액은 7억 3천만 원이었다. 2003년에는 18억 원, 2004년에는 20억 원, 2005년에는 45억 원으로 증가하더니, 2006년에는 100억 원이 넘었고, 2007년에는 175억 원의 매출이 발생했다.

이러한 미술 시장의 발달로 인해 1990년에는 500억 원으로 추정되던 미술 시장 규모가 2007년에는 약 5,000억 원 정도로 추산되었다.[12)]

이러한 외형적인 성장과 더불어 미술품 거래의 부정적인 측면도 거론되었다. 2007년 12월에는 삼성이 비자금으로 미술품을 구입한 사건이 발표되었다. 삼성이 비자금으로 수백억 원대의 미술품을 구입, 보관하고 있었다는 것이 밝혀져 사회적 문제가 되었다.[13)] 또한 2008년에는 한국의 대표화가 이중섭 '빨래터' 그림의 위작 사건이 있었다. 경매시장에서 45억 2천만 원에 팔린 '빨래터'에 대해 위작 시비가 발생하면서 미술 관련 사건이 주요한 사회적 관심을 받게 되었다.

8 2008년(법안 부활)

2008년 초부터 정부는 미술품 양도세 부과안을 다시 준비했다. 그리고 9월 1일, 정부와 청와대는 2009년도 세제 개편안을 공개하는데, 이 세제 개편안 속에

---

12) 2007년에 5,000억 원이 넘는 미술시장 규모는 2008년 금융위기 등을 거치면서 다시 4,000억 원 정도 규모로 축소된다.

13) 당시 가장 논란이 되었던 미술 작품은 리히텐슈타인의 '행복한 눈물'로 2002년 뉴욕 크리스티 경매에서 715만 9,500달러에 낙찰된 그림이었다.

미술품 양도소득세 과세 계획을 발표했다.

2008년에 새로 제정된 미술품 양도세 부과안은 미술품 양도세 부과 대상을 4,000만 원 이상으로 한정하고, 골동품의 경우에는 제작된 지 100년 이상된 것을 대상으로 했다. 이러한 미술품 거래 시 발생하는 양도 이익을 기타 소득으로 분리 과세하는 안이었다. 양도 가액에서 필요 경비를 제외한 금액에 대해 20%의 원천징수 세율로 세액이 책정되며, 2010년 1월 1일 이후의 거래부터 적용하기로 했다. 장기 보유자에게는 혜택을 주기로 하여, 10년 미만 보유의 경우에는 양도 가액의 80%를 필요 경비로 인정하고, 10년 이상 보유의 경우에는 양도 가액의 90%를 필요 경비로 인정했다. 그리고 이러한 미술품 양도세 부과를 2010년 1월 이후부터 시행하기로 했다.

9월 1일 정부의 미술품 양도세 부과 계획이 발표되고, 9월 30일에는 세제 개편안에 대한 범미술계 대책회의가 열렸다. 한국 미술시장의 진흥과 과제에 대해 세미나를 개최하고, 미술협회 등 7개 단체 명의로 미술품 양도세 관련 조항의 삭제를 촉구하는 성명서를 발표했다. 그리고 11월 7, 8일에는 화랑협회 소속 140여 개 화랑이 집단 휴업을 했으며, 11월 16일에는 문화체육부 장관이 미술품 과세 방안에 대해 반대 입장을 밝혔다.

11월, 정부안은 국회로 이전하게 되었는데, 국회 기획재정위원회는 과세 대상을 4,000만 원에서 6,000만 원 이상으로 상향했다. 그리고 국내 생존 작가 작품은 과세 대상에서 제외했으며, 시행 시기도 2011년으로 1년 늦추었다. 이와같이 수정된 안이 12월 5일 국회 기획재정위원회를 통과했으며, 12월 13일 국회 본회의에서 통과되었다.

2008년의 경우 미술품 경매 시장에서 낙찰된 것은 2,715점 1,074억 원이었다.[14] 이 중 양도세 부과 대상이 되는 6,000만 원 이상 되는 미술품 거래는 176건으로 전체 거래의 6.4%였다.[15] 미술품 거래자 중에서 실제 양도세 부과 대상이 되는 사람은 소수로 한정되는 양도세안이었다.

---

14) 2008년 가을, 리먼브러더스 파산으로 인한 세계 금융위기는 미술품 거래 시장 규모도 크게 감소시켰다. 경매시장 규모는 2007년에 1,877억 원이었으나, 2008년에는 42%가 감소해 1,074억 원이었다. KIAF 아트 페어의 매출액도 2007년 175억 원에서 2008년 140억 원대로 감소했다.

15) 거래 수 비중으로는 6.4%이지만, 낙찰액 비중은 전체 1,074억 원의 60% 정도를 차지한다.

9 2010년(5차 연기)

2008년에 다시 제정된 미술품 양도세 법안은 2011년 1월 1일부터 시행될 예정이었다. 미술품 양도세 시행이 가까워져 오면서 미술계에서는 다시 이에 대한 반대 운동을 실시했다.

10월 27일에는 정병국 문화체육관광방송통신위원회 위원장이 미술품 양도세를 2017년까지 6년 동안 시행을 연기하자는 법안을 의원 27명 명의로 제출했으며,[16] 화랑협회와 미술협회 등 6개 미술단체는 양도소득세 부과에 대처하기 위한 한국미술문화 미래위원회를 구성했다.

11월 4일에는 미술품 양도세 부과와 관련해서 '한국미술시장 활성화를 위한 제도 개선 및 방안' 세미나가 개최되었고, 문화체육관광부는 미술시장 실태 조사를 해서, 2008년도 미술 시장은 2007년도에 비해 35.8%가 감소했고, 2009년 미술 시장은 2008년 대비 18%가 감소했다는 조사 결과를 발표했다. 현재 미술 시장은 세계 금융위기 여파 등으로 인해 2006~2007년의 절반 수준에도 미치지 못하고 있으므로, 미술계 보호를 위해 미술품 양도세 부과는 적기가 아니라는 논지를 주장했다.

11월 16일, 국회 기획재정위원회는 조세소위원회를 열고 미술품 양도 차익 과세를 2017년으로 연기하자는 6년 유예안 심의를 시작했으나 결론을 내리지 못했고, 12월 6일 개최된 조세소위원회에서 미술품 양도세 2년 연기가 결정되었다.

2010년의 경우에는 미술계 내부에서도 이번에는 어쩔 수 없이 미술품 양도세를 받아들여야 되는 것이 아닌가 인식했음에도 불구하고 다시금 2년 연기가 되었다.

10 2013년 법안 시행

2012년 여름, 다시 미술품 양도세 시행 시기가 다가오자 미술계에서는 미술품

16) 2010년 국회 문화체육관광방송통신위원회 위원장 정병국 의원은 2003년 미술품 양도세의 국회 폐기를 이끌어낸 사람이다.

양도세 반대 운동이 시작되었다. 미술 시장이 1조 원이 넘기까지는 미술품 양도세가 부과되면 안 된다는 주장이 제기되고, 9월 4일에는 미술인 몇백 명이 인사동 거리를 행진하며 가두 시위를 벌였다. 10월에는 미술품 양도세 폐지를 위한 서명 운동이 시작되었고, 새누리당 주호영 의원은 미술품 양도세 시행을 4년 동안 유예하고자 하는 개정법안을 제출했다.

하지만 2012년에는 이 개정법안이 기획재정위원회를 통과하지 못했다. 조세소위에서 미술품 양도세 연기 법안에 대한 심의가 이루어지지 않았고, 따라서 미술품 양도세 시행 연기 법안은 법으로 제정되지 못해 결국 원래 법률 규정대로 미술품 양도세는 2013년 1월부터 시행되었다.

제 4 절 미술품 양도세의 정책연구에서의 시사점

1 정책 과정상의 논점

1) 정책의 연기

미술품 양도세 부과 정책이 정책 이론 및 사례에서 지니는 가장 큰 의의는 미술품 양도세가 무려 23년 동안 연기되었던 정책이라는 점일 것이다. 법안이 처음 만들어진 것은 1990년이고, 2013년이 되어서야 시행되었다. 시행이 되지 않을 정책이라면 처음부터 만들지 않거나, 아니면 제정했다 하더라도 폐기하면 된다. 그런데 미술품 양도세는 폐기되지도 않고 시행되지도 않으면서 무려 23년 동안 연기되었다.

시행하고자 하는 정책 의지가 없어서 연기되었던 것도 아니다. 정부 측, 특히 세정을 담당하는 재무부-재경부-기획재정부는 23년간 계속해서 정책을 시행하고자 했다. 문화부와 미술계에서도 양도세 자체를 받아들이지 않겠다는 주장은 소수이며, 대부분은 양도세 부과를 연기해달라는 요구이다. 한쪽에서는 바로 시행하겠다고 하고, 다른 쪽에서는 연기해달라고 한다. 그런 식으로 23년 동안 정책 시행이 연기되었다. 미술품 양도세는 무려 23년간 정책 시행이 연기되어 온 정책 사례라는 점만으로도 한국 정책에서 독특한 정책 사례라 할 수 있을 것이다.

2) 정책 과정상의 포지션

1990년도부터 2012년까지 미술품 양도세 정책 시행 연기 과정은 정책의제 설정, 정책 결정, 정책 집행, 정책 평가, 정책 변동의 정책 과정 중 어느 부분에 포함되어야 할 사항일까. 이미 법안으로까지 마련되었으므로 정책의제 설정 과정은 아니다. 정책이 실행되기 이전의 과정이니 정책 집행 과정이라 보기 어려우며, 정책 평가도 아니다.

좀 더 가까운 것은 정책 결정이나 정책 변동이지만, 미술품 양도세 사례를 정책 결정이나 변동으로 보기도 쉽지 않다. 정책 결정은 정책결정자들의 의사 합치를 통해 어떠한 의사 결정 결과물이 도출되는 상태를 의미한다. 물론 미술품 양도세는 각 시대별로 의사 합치된 결과물을 만들어냈지만, 이것이 법안 수준에서 계속 변동하고 있어 완전한 정책 결정으로 보기도 어렵다. 무엇보다 계속 내용이 변동되는 상황에서 무엇이 결정되었다고 보기도 어렵다. 그렇다고 미술품 양도세가 정책 결정 자체가 아니라 정책 결정을 도출해 내기 위한 과정이라고 보기도 어렵다. 정책 결정의 최종 형태인 법률 형태로 계속 제정이 되기 때문이다.

정책 변동으로 보는 것도 쉽지 않다. 정책 변동은 주로 정책이 집행된 이후 사정 변경 등으로 정책이 바뀌는 것을 상정한다. 그러나 미술품 양도세는 2013년까지 한번도 집행된 적이 없다. 집행되기 이전에 내용이 변경되는 것은 일반적으로 정책 변동의 범주에 포함되지 않는다.

미술품 양도세 정책 과정은 정책 결정 과정으로 보아야 하는가 정책 변동 과정으로 보아야 하는가, 아니면 정책 결정과 구분되는 별도의 영역을 설정할 필요가 있는 것인가. 미술품 양도세 사례는 정책 과정상의 구분 분류에 시사점을 지닐 수 있다.

3) 어떠한 정책 모형이 적용될 수 있을까?

어떠한 정책 모형이 미술품 양도세를 가장 잘 설명해 줄 수 있을까. 합리모형은 미술품 양도세 모형을 설명하기 어렵다. 미술품 양도세 정책의 세부 내용조차 계속해서 변경되고 있으며, 23년 동안 연기가 반복되어 왔다는 점에서도 합리모형과는 거리가 멀다.

미술품 양도세는 점증주의에 해당되지도 않는다. 무엇보다 미술품 양도세는 각 관련자들의 이익이 점진적으로 반영되어 정책 내용이 변화된 것은 아니었다. 그리고 정책 과정상 극적인 변화가 다수 존재하다.

공익모형으로 설명하기도 어렵다. 조세 정의라는 공익과 미술 문화 보호라는 공익의 충돌로 해석될 수 있는 여지도 존재하지만, 정부안이 국회에서 뒤집어지고, 정부 내에서도 내용이 변경되고, 또한 국회 내부에서도 그 내용이 계속 변화되는 것을 볼 때, 이러한 법안 제정・변경의 복잡한 과정을 단지 공익상 의사 충돌로만 보는 것은 전체 과정을 지나치게 단순화한 것으로 보인다.

이익단체의 활동으로 보는 것이 다소 가까워 보이지만, 이익단체만으로 판단하기에도 쉽지 않다. 물론 미술계의 이익단체가 크게 작용하고 있지만, 그렇게 이익단체의 활동에 의해 미술품 양도세가 결정되는 것이라면, 미술계가 그토록 반대하는 미술품 양도세 법안은 이미 폐기되었어야 한다. 미술계가 강력히 반대하는 미술품 양도세 법안이 사라지지 않고 계속해서 시행되려고 한다는 점, 그리고 폐지가 아니라 계속 연기되었을 뿐이라는 점을 볼 때, 이익단체 활동만으로는 해석되지 않는 별개의 요소가 있다는 것을 의미한다.

이해관계자 모형도 미술품 양도세를 설명하는 데 좀 더 적용 가능한 이론으로 보인다. 일반적으로 보기에는 미술품 양도세와 관련된 주요 행위 당사자는 국회-정부-미술계의 3자이다. 그런데 미술품 양도세 정책 과정을 자세히 살펴보면, 당사자는 이 세 가지 이해관계자로 용이하게 구분되지는 않는다. 국회 내부에서도 조세소위원회, 재정경제위원회, 본회의의 이해 관계가 다 차이가 있었다. 정부 내에서도 청와대, 재경부, 문화부 사이에 지속적인 의견 차이가 존재했다. 미술계의 경우에도 대형 화랑과 중소 화랑은 입장이 다르다. 대형 화랑은 미술품 양도세에 적극 반대하지만, 중소 화랑은 이 논쟁에서 적극적인 입장은 아니다. 중소 화랑의 경우 6,000만 원이 넘는 미술품 거래는 거의 발생하지 않기 때문에 미술품 양도세가 직접적으로 이해 관계에 영향을 미치지 않는다. 또한 현재 한국 화가 중에서 6,000만 원 이상으로 거래되는 작품도 거의 없다. 대부분의 화가, 화랑에 미술품 양도세는 직접 영향을 미치는 사항이 아니다.

다수의 사람이 미술품 양도세를 반대해서 미술품 양도세가 연기되는 것도 아니다. 일반인을 대상으로 하는 여론조사는 대부분 미술품 양도세 시행을 찬성한다. 시민단체들도 미술품 양도세를 시행해야 한다고 주장한다. 그럼에도 불구하고 미술품 양도세 부과는 23년이 넘게 연기되었다.

미술품 양도세 부과에 관한 정책 과정은 정책 모형들을 점검하기 위한 좋은 도구가 될 수 있을 것이다.

2 정책 내용상의 논점

1) 미술품 양도세는 적정한 정책일까?

미술품 양도세는 그 내용상 적정한 정책일까? 미술품 양도세를 시행해야 한다는 가장 주된 논리는 조세 정의이다. 조세 부문에서는 "소득이 있는 곳에 세금이 있다."라는 것이 가장 중요한 논리이다. 물론 아직까지 소득이 있는데도 세금을 부과하지 않는 영역이 존재한다. 도박, 장물 거래, 성매매, 무허가 영업 등 불법적인 소득에 대해서는 세금을 부과하지 않는다. 세금을 받는다는 것은 그 부문이 사회에서 합법적인 영역이라는 것을 인정하는 것이다. 따라서 이러한 부문에서 소득을 올린 사람이 세금을 내겠다고 하더라도, 정부는 세금을 받지 않는다. 세금을 받게 되면 그 부문이 합법적인 것으로 인정될 수 있기 때문이다. 그 밖에 소득이 있는데 세금을 부과하지 않는 부분은 기술적으로 불가능한 부분, 또는 세금 부과로 인해 그 시장이 완전히 축소될 위험이 있는 부분이다.

미술 시장은 합법 시장이다. 그리고 현재 미술품 양도에 대한 세금 부과는 기술적으로 가능하며, 6,000만 원이 넘는 거래는 상당히 적기 때문에 세금이 부과된다고 해서 시장에 큰 충격이 미치는 것도 아니다. 따라서 조세 부문에서는 미술품에 대해 양도세가 부과되어야 한다고 주장한다.

이에 대해 미술계는 미술품 양도세를 부과해서는 안 된다고 주장한다. 미술은 문화 영역이다. 문화 영역에 세금이라는 돈의 논리를 적용하는 것은 한계가 있다고 본다. 정부가 문화를 지원하지는 못할망정, 최소한 정부가 미술계에 부담을 주는 미술품 양도세를 시행하지는 않아야 한다고 주장한다.

설사 미술품 양도세를 부과한다고 하더라도, 미술 시장 규모가 4,000억 원 정도밖에 되지 않는 현재는 아니라고 본다. 현재는 미술품 시장이 불황이어서 시장에 미치는 영향이 크다. 미술품 양도세가 부과되면 사람들은 미술품을 구입하지 않을 것이다. 미술품에 들어온 돈이 다른 분야로 빠져나갈 것을 우려한다.

미술품 양도세는 실익도 없다. 2009년 미술품 거래를 대상으로 정부가 얻을 수 있는 조세를 산정하면 40억 원밖에 되지 않는다. 단지 40억 원의 조세 수입을 얻기 위해 모든 미술인이 반대하는 미술품 양도세를 도입하는 것은 미술계 죽이기일 뿐이다. '조세 부과의 공평화'라는 명목만을 충족시키는 정책일 뿐 정책으로서의 실효성은 없다.

이와 같이 조세행정 담당자와 미술계의 입장은 다르다. 사회 전체적으로 볼 때 과연 미술품 양도세는 부과되어야 하는가, 부과되지 않아야 하는가.

2) 미술품 양도세 정책이 23년간 시행되지 못한 이유는 무엇일까?

미술품 양도세는 정부가 노력했음에도 무려 23년 동안 시행되지 못했다. 미술품 양도세 정책이 20년이 넘도록 시행되지 못한 가장 주된 이유는 무엇일까?

정책이 불합리하고 잘못되었기 때문에 정책이 시행되지 않는 것은 아니다. 사회에는 정책 내용이 불합리하다 해서 많은 반발을 일으키더라도 그냥 시행되고 있는 정책이 무수히 많다. 그리고 무엇보다 현재 많은 일반 사람, 시민단체들은 미술품 양도세 정책이 잘못된 정책이라고 생각하지 않았다. 합리적인 정책임에도 시행되지 못한다고 생각하는 사람들이 더 많다.

정책의 주된 대상인 미술계가 강력히 반발해서 정책이 시행되지 못하는 것이라고 생각할 수도 없다. 하지만 미술품 양도세 외에도 정책 대상자가 강력히 반발하는 정책은 많다. 재개발 등을 이유로 살던 집이 철거되고 쫓겨나가는 사람들의 경우, 정책에 대한 반발 정도는 훨씬 더 크다. 쇠고기 파동, 4대강 사업도 정책에 대한 반대는 미술품 양도세보다 훨씬 더 강했다. 그럼에도 불구하고 그 정책들은 시행되고 있다. 어떤 이해관계자가 반대한다고 해서 해당 정책이 실행되지 않는 것은 아니다.

미술계의 권력이 강하기 때문에 정책이 실행되지 못하는 것이라 보기도 어렵다. 아무리 미술계의 권력이 강하다 해도 한국 사회에서 재벌들, 경제 관료들보다 권한이 더 강하다고 볼 수는 없다. 재벌들이 반대하는 반재벌적인 정책도 나중에 변경이 되고 수정되고 그 강도가 약하게 되기는 하지만 많은 경우 실행이 된다. 그런데 미술품 양도세는 실행 자체가 계속 연기되었다. 그리고 경제관료들은 한국에서 최고의 관료집단으로 인정받는다. 특히 조세 부문을 담당한 과거 재무부는 한국에서 최고의 권력기관으로 통했다. 그럼에도 불구하고 20여 년 동안 번번히 정책 실행이 무산되었다.

법안의 결정자인 국회가 미술계 편이기 때문에 실행이 안 된다고 보기도 어렵다. 국회 내에서 조세에 대한 실질적인 권한을 지니고 있는 재정경제위원회, 조세소위원회는 미술품 양도세 부과에 찬성 의견이 더 강하다.

한국에서는 그동안 문제가 있다고 여겨지고, 반대가 심한 정책들도 많은 경우 실행이 되었다. 실행이 된 다음에 문제가 드러나 정책이 변경되고 폐지된 경우도 많다. 그런데 미술품 양도세는 20여 년 동안 실행을 하지 못했다.

미술품 양도세가 제대로 실행되지 않은 것은 미술계의 국회의원에 대한 로비 때문이다. 정부안이 번번히 국회에서 뒤집어진 것을 보면, 미술품 양도세 연기의 가장 직접적인 원인은 국회이다. 그런데 왜 다른 부문에서는 국회의원에 대한 로비가 그렇게까지 효과적인 것은 아닌데, 미술계의 국회의원에 대한 로비는 이렇게까지 효과가 강한 것일까. 무려 23년간 정부안을 계속 연기시킬 정도로 강한 미술계 로비력의 근원은 무엇일까?

3) 2013년에 정책이 시행되게 된 이유는 무엇일까?

23년 동안 계속 연기되던 미술품 양도세가 2013년에는 시행이 되었다. 그동안 미술품 양도세에 대해 반대하던 미술계가 이 시점에서 미술품 양도세를 찬성하게 된 것은 아니었다. 2012년 가을에도 이전과 똑같이 미술품 양도세를 반대하는 가두 시위가 벌어졌고, 서명운동이 일어났다. 국회에서도 미술품 양도세를 연기하기 위한 법안이 만들어져 상임위에 제출되었다. 즉, 2012년 가을에도 지난 20여 년 동안 미술품 양도세를 연기 또는 폐지하기 위한 모든 과정이 그대로 이루어졌다. 그런데 2012년 가을, 겨울에는 미술품 양도세 연기 법안이 제대로 상정되지 못하고 폐기되었다. 지난 20여 년 동안에는 계속해서 미술품 양도세 법안이 연기 또는 폐지되는 등의 과정을 거쳤는데, 2012년 가을에는 미술품 양도세 법안이 연기되지 못하고 실행하게 된 것이다.

그동안 20여 년이나 연기된 법안이 왜 2012년 가을에는 연기되지 못했을까? 이해관계자에 변화는 없었고 법안 내용에도 변화가 없었다. 찬성과 반대 주장도 동일했다. 그럼에도 불구하고 2012년에는 법안이 연기되지 못하고 실행하게 된 이유는 무엇 때문이었을까?

제 7 장

소비자정책의 소관 이전에 관한 사례

백병성

(경찰대 치안정책연구소)

제 1 절 소비자정책의 특징과 소관 이전

소비자정책은 대부분의 국가 정책이 그렇듯이 사업자를 규제하면서 시장에서 상대적으로 정보가 취약한 소비자를 보호 지원하며, 소비자와 사업자 간 다툼이 있는 경우 조정하거나 피해를 원만하게 보상받도록 하는 것으로 요약할 수 있다. 이와 같은 소비자정책은 시장실패로 인해 소비자문제가 발생하면서 시작된다. 그런데 시장에서 발생한 소비자문제를 해결하는 방법은 두 가지로 생각할 수 있다. 하나는 문제가 발생하기 전에 미리 예방하는 방법과 다른 하나는 문제가 발생한 후에 치유하는 방법이다. 처음부터 소비자문제가 발생하지 않도록 시장 기능을 보완하고 소비자 스스로 합리적인 소비행위를 하도록 유도하는 방법으로 사전에 예방하는 대중적인 방법이다. 또 하나는 소비자가 이미 피해를 입었을 때는 소비자와 사업자 간의 합의권고 또는 소비자 피해구제, 분쟁의 조정이나 재판을 통해 해결하는 방법으로 사후에 피해의 보상을 위한 개별적인 처리 방식이다(백병성, 2009).

소비자문제를 해결하려는 제도적인 접근 방법으로는 원인을 찾아내 이를 해결하고자 하는 법적 · 정치적 · 행정적인 제도를 들 수 있겠다. 그중 행정적 해결 방법은 크게 세 가지로 나눌 수 있는데, 그것은 정부가 소비자와 사업자 간의 힘의 불균형을 보완하는 방법을 취한다. 구체적인 방법으로 사업자를 규제하고, 소비자를 지원하며, 소비자와 사업자 간에 분쟁이 발생했을 때 이를 조정하는 것으로, 구체적으로는 다음의 예를 들 수 있다.

먼저, 소비자와 소비자단체를 지원하는 방법이다. 소비자에게 소비자가 선택하는 데 필요한 정보를 제공하고 소비자 교육을 통해 소비자의 능력을 향상시키는 방법과 소비자단체에 보조금 등의 지원과 활동의 활성화를 위한 각종 지원정책을 들 수 있다. 그리고 사업자의 부당한 거래행위나 소비자의 안전을 위협하는 행위를 제재하는 방법이다. 이에는 정부의 시장 모니터링, 기준 제시, 과태료 부과 등과 같은 규제적 방법을 들 수 있다. 마지막으로 소비자와 사업자 간에 피해나 분쟁이 발생해 다툼이 있을 때 협상과 이해를 통해 손쉽게 해결하도록 돕는 것인데 이것이 조정행정이다.

소비자문제가 정부정책으로 채택되어 집행하게 된 1980년대 이래 정부의 소비자정책은 경제기획원(현재 기획재정부)에서 추진해 왔다. 그러다가 1990년대 초 공정거래위원회가 경제기획원으로부터 분리되면서 소비자정책 중 일부 공정거래와 유관한 거래 관련 규제 업무를 공정거래위원회에서 수행해 왔다. 그렇더라도 국가의 소비자정책을 총괄하고 소비자 안전, 피해 구제, 소비자 교육 및 소비자단체 지원 등의 규제·지원 업무의 대부분은 경제기획원에서 담당함으로써 재정경제부(소관 이전 당시 부처)와 공정거래위원회가 나누어 업무를 수행해 왔다.

정부가 바뀔 때마다 소비자정책의 이관이 이슈가 되었는데, 그 때마다 공정거래위원회는 소비자정책을 재정경제부로부터 공정거래위원회로 일원화할 것을 주장했다. 그러던 중 참여정부 들어 '정부혁신지방분권위원회'의 결정을 통해 2007년 3월 재정경제부와 공정거래위원회가 나누어 담당하던 소비자정책을 공정거래위원회로 일원화했다.

정부가 바뀌거나 사회적인 이슈가 있을 때마다 소관 정책의 운영에 대해 관계 공무원이나 이해관계자, 그리고 전문가들까지 이런저런 논거와 이유를 들어 해당 사무가 어디에서 어떻게 집행되어야 함을 주장하는 것을 목격하게 된다.

국가정책의 소관 이전의 목적은 여러 가지가 있을 수 있을 것이다. 효율성과 민주성 등의 행정 이념을 달성하기 위해 정책의 담당 부처를 옮기게 된다. 우리는 이 사례를 통해 소비자정책이 이관되는 과정이 절차적으로 민주적인 절차를 거쳤는지를 확인하고자 한다. 또 내용적인 면에서 효율적이었는지를 확인하고자 한다. 이것은 정책적으로 특정한 분야의 소관을 이전함으로써 그 결과 발생한 효과와 부족한 부분을 점검하는 것은 추후 다른 정책의 소관 이전에 참고할 만하기 때문이다. 식품, 안전, 수자원 등 여러 부처나 부서에서 다루고 있는 정책을 한 개 부처나 부서로 통합했을 때, 기대한 만큼의 성과도 있지만 예상하지 못한 결과가 유발될 수 있음을 교훈으로 삼아야 할 것이다.

이 사례연구에서 우리는 소비자정책의 이관 과정에서 나타난 갈등과 협력에 대해 문제의 발단, 소비자정책 이관의 전개 과정과 그 해결 방식을 서술하고, 2007년에 이관된 소비자정책의 현재 상황을 점검하고자 한다.

제 2 절 정책 이관 논의 및 이관의 전개

1 소비자정책 이관에 관한 논의 및 외국의 예

소비자정책의 이관문제는 '국민의 정부'에 들어서 본격적으로 논의되었다. 1998년 국정감사 결과 국회의 시정 및 요구 사항으로 "각 부처의 소비자정책을 공정거래위원회로 일원화하기 위한 관계 법령의 정비 등 구체적인 방안을 강구할 것"을 의결 통보(공정거래위원회, 2004)하고, 기획예산처 주관으로 실시된 1999년 정부조직 경영진단 시 최종보고서(1999.3)에 재정경제부의 소비자보호법을 공정거래위원회로 이관하고 공정거래위원회가 소비자정책을 총괄 수립・시행하도록 건의한 바 있으며, 2000년 정부기능조정위원회의 소비자정책 소관 문제에 관한 공청회 등 논의를 토대로 행정자치부가 공정거래위원회 일원화 타당성을 검토했으나, 2000년 6월 16일 최종안에서 제외된 바 있다.

참여정부 출범 이후에도 소비자정책 이관문제에 관한 논의는 지속되었고 정권인수위원회의 정책보고서(2003.3)에 소비자정책 추진 체계의 효율화라는 이름으로 경쟁정책과 소비자정책의 통합을 통한 시너지 효과 극대화 및 소비자후생 증대를 위해 소비자정책 총괄 기능을 재정경제부에서 공정거래위원회로 이관하는 것에 대해 검토가 필요함을 인정했다. 이를 위해 사전에 소비자정책의 역할, 목표, 장기 정책 방향 등에 대한 연구·검토가 선행될 필요가 있음을 지적했다.

이는 당시 소비자정책을 총괄하고 있는 재정경제부의 반대와 소비자단체들의 협의체인 소비자단체협의회의 반대가 작용한 것이 주효했다.

당시 외국은 어떠했나? 소비자정책을 공정거래정책과 함께 운영하는지, 아니면 별도로 추진하는지 알아보자. 그리고 지방소비자정책은 어디에서 담당하고 있었는지 확인해 보면 다음과 같다.

외국에서 소비자정책을 누가 총괄하고 집행하는가를 찾아보면 국가마다 행정문화의 형태에 따라 다양하게 집행하고 있음을 확인할 수 있다. 일부 국가에서는 소비자정책의 총괄 기능을 경제정책을 총괄하는 재무경제성 또는 경제부에서 담당하는 경우가 있고, 일부 국가의 경우 공정거래기구에서 담당하는 경우도 있다.

일본(내각부 국민생활국), 독일(소비자보호·영양·농업부), 영국(통산부 소비자업무국), 벨기에(경제부)는 전자에 속하고 호주, 프랑스의 경우는 후자로 볼 수 있다. 그런데 OECD는 소비자정책과 경쟁정책은 상이하다는 전제 하에 소비자정책위원회(Consumer Policy Committee)와 경쟁위원회(Competition Committee)를 별도 설치·운영하고 있다. 그리고 지방 소비자행정은 대부분 주정부에서 직접 관할하거나 주정부 또는 지방정부 산하의 소비생활센터에서 집행하고 있다. 각국의 사례를 요약하면 <표 7-1>과 같다.

표 7-1 외국의 소비자정책, 경쟁정책 담당 및 지방소비자행정 추진 현황(2005년 현재)

구분	소비자정책 총괄	소비자 안전 규제	소비자 거래 규제	피해구제 (분쟁조정)	지방 소비자 행정의 담당
한국	-재정경제부, 소비자정책과	-재경부: 리콜제도, 위해정보관리 등 -기타 품목 해당 부처	-공정거래위원회, 소비자보호국	-소비자보호원 및 금감원 등	-16개 소비생활센터
미국	-총괄조정부서가 없음. 소비자단체와 협력 및 전자상거래 업무는 상무부 소비자보호실(U.S. Office of Consumer Affairs)	-소비자제품안전위원회(CPSC) -식품의약국 식의약품 안전	-연방거래위(FTC)	-각 주정부 및 산하 소비자보호원	-각 주정부 법무부의 소비자보호국 및 정부 산하의 소비자보호원 등

일본	-경제기획청 국민생활국 소비자보호1과 및 2과	-공산품: 통상산업성 산하 제품안전협회 -기타 품목 해당 부처	-공정거래위원회	-국민생활센터 및 변호사회	-449개 지역 소비생활센터
영국	-통산부(DTI) 소비자 업무국	-통산부(DTI) 소비자 업무국 -기타 품목 해당 부처	-통산부 경쟁정책국, 공정거래청	-주정부	-주정부
독일	-연방경제부 교육기술개발국	-각 품목별 해당 부처 및 산하기구	-연방경제부 및 연방카르텔청	-주 소비자 보호센터	-16개 주 소비자 보호센터
프랑스	-경제재무성 경쟁·소비·위조방지총국	-경제재무성, 경쟁·소비·위조방지총국 -기타 소비자안전 문제는 각 성에서 담당	-경제재무성 경쟁·소비·위조방지총국, 경제재무성 산하 경쟁위원회	-경쟁·소비·위조방지총국 산하지방사무소 및 국립소비자보호원	-주정부
호주	-경쟁·소비자위원회	-재무성 소비자업무국: 제품 안전 및 리콜 -기타 품목 해당 부처	-경쟁·소비자 위원회	-주별 공정 거래국	-주정부
스웨덴	-국립소비자보호청	-국립소비자보호청 -기타 품목 해당 부처	-국립소비자보호청(경쟁정책 부분은 파악 못함)	-분쟁조정원	-주정부

자료: 백병성(2003), 재정경제부(2004).

2 소비자정책 소관의 주체별 주장(갈등) 내용

2004년 정부혁신지방분권위원회가 주관해 관련 부처와 학계의 의견을 수렴한 결과를 요약하면 아래와 같다.

1) 공정거래위원회 논리

공정거래위원회(2004)는 2005년 당시 소비자정책 추진상 문제점으로 한국소비자보호원(현재 한국소비자원)에서의 소비자 불만 및 피해 상담 건수는 매년 약 40만 건을 넘고 있으나, 이 중 약 2만 건(5%)만 피해 구제를 받고 있다는 점, 한국소비자원이 수행하는 연구·조사 내용 및 소비자 피해 상담 내용의 상당 부분이 공정거래위원회 소관 법률과 관련되어 있고, 소비자정책 기능이 공정거래위원회와 재정경제부로 이원화됨에 따라 효율적인 소비자정책 추진이 곤란한 점을 꼽고 있다. 예를 들면, 공정거래위원회와 시민·소비자단체와의 상호 협력이 충분히 이루어지지 못하고 있고 경쟁정책과 소비자정책의 상호 보완적 관계가 충분히 고려되지 못하고 있으며, 정보 제공 기능이 공정거래위원회와 한국소비자원으로 분리되어 종합적 소비자 정보 제공 기능이 미약하다는 것을 문제점으로 지적했다.

이와 같은 문제점을 개선하기 위해서는 한국소비자원에 대한 감독권을 공정거래위원회로 이관과 함께 소비자정책 기능을 공정거래위원회로 일원화(소비자보호법 이관)할 것을 주장했다. 이렇게 되면, 공정거래위원회와 한국소비자원 간의 유기적 협력 관계 강화를 통해 공정거래위원회의 사업자 제재 기능과 한국소비자원의 소비자 피해 구제 기능을 연계시켜 효율적 소비자 피해 구제 시스템을 구축하고 공정거래위원회와 재정경제부로 이원화되어 있는 소비자 정책 기능을 일원화함으로써 정책의 시너지 및 예산 절감 등의 효과가 있다고 주장했다.

2) 재정경제부의 논리

재정경제부(2004)는 현 체제 유지의 필요성을 주장하는 논거로 첫째, 소비자정책은 산업, 금융, 복지, 환경, 교육, 문화 등을 포괄하는 종합적인 경제정책으로 정책의 총괄·조정 기능을 수행하는 재정경제부에서 담당하는 것이 바람직하다는 점,[1] 둘째, 공정거래위원회는 시장에서의 경쟁을 제고하기 위해 각종 행위를 조사하고 불공정한 거래를 규제하는 준사법적 성격의 기관으로 소비자 안전·피해 구제 및 소비자 교육 등 사전적 정책 형성 기능인 소비자정책 업무를 총괄하기에는 적합하지 않은 점, 셋째, 소비자정책은 사전 형성적 정책이자 기업-소비자문제(B2C)인데 반해, 경쟁정책은 사후 규제정책이자 기업 간 문제(B2B)로 정책의 성격 및 중점 분야가 상이한 점과 더불어 넷째, 한국소비자원은 소비자 시책의 종합적인 집행기관으로 불만 처리 및 피해 구제, 물품 및 용역의 안전성 시험·검사, 거래 조건이나 방법의 조사·분석, 제도 및 정책의 연구·건의, 정보의 수집·제공, 교육·홍보 등의 다양한 업무를 수행하고 있다는 점을 들었다.

동시에 소비자보호법을 개정해 '한국소비자원'으로 개칭하고, 소관 업무 중 제도 정책연구, 안전 관련 업무, 교육·홍보 기능이 강화되고 종전의 소비자 불만

---

1) 참고: 2003, 2004년도 소비자보호시책 부처별 사업계획.

처리 및 피해 구제 업무는 그 중요성이 낮아지고 있으며, 그렇기 때문에 정책총괄 및 조정기관인 재정경제부 산하에 존치할 필요가 있다는 점을 들고 있다.

더불어 당시에 문제로 지적되고 있는 소비자단체와 한국소비자원 간의 영역다툼에 대해서는 민・관 및 관련 기관 업무의 시너지 효과 제고 방안으로서 '소비자정책심의위원회'의 개선을 예로 든다. 민・관 합동위원회로서 정부부처 외에도 소비자・경제계・공익대표들이 참가해 국민 소비생활에 대한 기본 정책을 심의하는 기구로서 소비자문제는 민간 부문(소비자단체, 경제계)과의 협력이 중요한 과제로서 재정경제부는 각종 위원회 등에서 민간 협력 채널을 운영 중에 있다는 점을 든다. 또 동 위원회도 '소비자정책위원회'로 변경 추진하고 있어 동 위원회를 기본계획(5년 주기) 및 연도별 시행계획 심의・의결 및 추진 결과를 수행하는 민관 합동의 실질적 정책기관으로 운영해 정책의 시너지 효과를 제고하고, 관련 기관 협의 및 업무 강화 필요성이 제기되는 안전・교육・국제 협력 업무에 대한 전문위원회 기능을 활성화하겠다는 다짐을 한다.

3) 한국소비자학회 주장

한국소비자학회에서는 소비자정책의 중요성을 고려해 확대되어야 한다는 것을 주장했다(이희숙, 2004). 그 이유로 첫째, 전자상거래의 활성화에 따른 소비자정책의 국제적 확대, 둘째, 모바일(이동통신)을 통한 상거래의 확대, 셋째, 소비자주권 확보를 통한 소비자 역량 강화와 소비자 권익 증진으로 전환됨에 따라 소비자 정보 제공, 소비자 교육을 포함하는 소비자정책 범위의 확대, 넷째, 신상품의 등장에 따른 소비자 안전정책의 확대를 주장했다.

동시에 우리나라 소비자정책 추진 체계의 문제점으로는 먼저, 각 부처 간 소비자정책의 공조, 총괄, 조정이 필요한데, 이에 관한 근거로는 소비자문제의 근본적인 성격상 다양한 부처가 관련되며, 따라서 해당 부처 간의 공조 혹은 총괄, 조정이 필요하다는 점, 각 부처 간 소비자정책의 혼선(중복 혹은 누락)이 유발되고 있는 점, 소비자 관련 기관 간 네트워크의 부족, 소비자 법령의 일관성 부족, 소비자정책 결정에 대한 책임구조의 결핍 등을 든다. 또 신속한 소비자정책 수립・수행의 어려움을 드는데, 이에 관한 근거로는 현재 관리 부처, 근거 법령, 집행, 추진기관이 모두 다원화되어 있어 소비자정책의 신속성을 기대하기 어려운 구조라는 점이다. 당시 소비자정책 총괄, 조정 기능의 한계점을 지적한다.

개선 방안으로, 소비자정책은 모든 상품과 정부 내의 거의 모든 부처가 관여되기 때문에 각 부처의 소비자정책을 총괄, 조정하며 정책의 수립과 추진 사항을 피드백하기 위한 종합적인 모니터링이 가능한 기구가 필요하고, 이 기구는 단순히 해마다 '소비자보호 종합시책'을 수립하는 것에서 그치지 않고 각 부처의 소비자 보호활동을 감시하고 소비자 보호 기제의 활성화를 기할 수 있는 기구여야 하며, 상품별로 해당 부처가 관련되어 있으므로 개별적으로 해당 사안에 대처할 경우에도 이를 통합 조정할 수 있는 기구가 절실히 필요하다는 전제를 들어 다음과 같은 개선안을 제시했다.

제1안은 소비자부(Ministry of Consumer Affairs)를 개설하는 안으로 소비자와 관련된 모든 정책을 총괄 조정, 시행할 수 있는 부서를 모두 갖춘 독립된 하나의 '부(ministry)'를 두는 방안이다. 제2안은 소비자위원회(Consumer Council)를 설치하는 안으로 궁극적으로는 소비자부의 구조를 갖는 것이 바람직하지만 소비자부로 나아가기 위한 중간 단계로서 소비자위원회 설치를 건의했다. 소비자위원회의 역할로는 소비자정책을 총체적이고 일괄적으로 관리·운영할 수 있는 심의·의결기구로서의 역할을 하게 되며, 소비자의 역량 강화와 권익 증진을 위한 정책 관련 모든 업무를 총괄하게 된다는 것이다.

제 3 절 소비자정책 소관의 정치권 논의 및 이관

1 정부 및 국회의원 안

1) 정부안(2005.1.6)

정부가 제안한 소비자보호법 개정 법률안의 주요 내용은 다음과 같다.

가. 소비자보호법·한국소비자보호원의 명칭 및 입법 목적을 변경(안 제1조 및 제6장)하고, ① 소비자를 자주적 권리자로서의 성격에 알맞게 법률 명칭·입법

목적 등을 전환하며, ② 법제명을 소비자보호법에서 소비자기본법으로, 한국소비자보호원의 명칭을 한국소비자원으로 변경, 동법의 목적을 사업자에 비해 상대적 약자로서 소비자의 보호에서 시장경제 주체로서 소비자의 권익 증진과 소비생활의 향상을 통한 국민경제의 발전으로 변경했다. ③ 단순한 소비자 보호에서 소비자의 권리와 이익을 증진하는 개념으로 입법 목적을 전환함에 따라 소비자에게는 권리 신장에 부응해 스스로의 책무를 강조하고 시장에서의 합리적인 선택과 소비행위를 권장하는 효과를 기대했다.

나. 소비자의 기본적 책무, 소비자 개인 정보의 보호에 관한 사항 등을 규정(안 제5조 · 제14조 및 제15조)했는데, ① 소비자 주권 실현을 위해 소비자 권리에 대응한 소비자의 책임과 의무, 소비자 능력의 향상에 관한 규정을 마련하고, ② 소비자의 올바른 선택과 정당한 권리 행사, 자원 절약적 · 합리적 소비행동 등을 소비자의 기본적 책무로 규정하며, ③ 국가 · 지방자치단체의 소비자 능력 향상 프로그램 개발 및 방송사업 등을 통해 소비자의 교육받을 권리(제4조 제6호)를 제도적으로 뒷받침한다.

다. 소비자 안전의 강화(안 제45조 · 제46조 · 제51조 · 제52조 및 제77조 제2항) 방안은 다음과 같다. ① 소비자의 생명 · 신체 · 재산을 위협하는 소비환경에 대응해 소비자 안전을 강화하고, ② 중앙행정기관의 장의 위해물품 등에 대한 조사권, 재정경제부 장관의 보충적 시정 조치 요청권 및 한국소비자원에 설치된 소비자안전센터를 명문화함과 아울러, 위해정보의 수집, 소비자 안전경보 등 소비자 안전에 관한 사항을 규정했고, ③ 시장 감시활동 강화 및 위해 요소의 조기 발견 · 대응으로 소비자의 피해 확산을 예방한다.

라. 사업자에게 소비자상담기구의 설치를 권장(안 제53조 및 제54조)하는데, ① 사업자가 소비자상담기구를 설치하도록 권장, ② 사업자 또는 사업자단체가 소비자상담기구 설치 및 전담직원 배치에 노력하도록 하며, ③ 소비자상담기구 설치 · 운영을 권장함으로써 기업의 자발적인 소비자 문제 해결 등 소비자 중심의 기업경영을 하도록 유도하게 될 것으로 기대했다.

마. 소비자분쟁조정위원회의 일괄적 분쟁 조정 실시(안 제68조) 방안으로는 ① 한국소비자원에 설치된 소비자분쟁조정위원회 운영의 효율성을 높이고, ② 분쟁 조정 실시를 일정 기간 이상 공고하도록 하는 등 기존 분쟁조정 절차의 특

례를 규정했으며, ③ 비용 부담, 절차 지연, 감정 대립 등 소송으로 인한 부작용을 방지하는 것이다.

바. 소비자단체소송제도를 도입(안 제70조 내지 제76조)하기 위해 ① 일정한 요건을 갖춘 소비자단체·사업자단체가 다수 소비자의 생명·신체·재산 등 소비자의 권익을 침해하는 사업자의 위법행위에 대해 법원에 금지·중지를 청구하는 소비자단체소송을 도입한다. ② 저질 수입상품 등에 따른 소비자 안전 위해(危害), 악덕 상술, 과장광고 등 불공정 거래행위로 인한 소비자 권익 침해행위의 방지, 소 제기를 우려한 사업자의 자발적인 위법행위의 중지와 예방한다.

2) 박영선 의원안(2005.2.22)

박영선 의원이 제안한 소비자보호법 전부 개정 법률안(171384)의 주요 내용은 다음과 같다.

가. 소비자정책의 수립을 중앙행정기관별로 작성하고 기본계획은 소비자위원장이 수립하도록 하며, 시행계획에 시·도지사를 포함하도록 하고, 기본계획에 어린이 안전 기준을 추가하도록 한다(안 제22조 및 제23조).

나. 소비자정책의 효율적 집행 및 소비자 권리 강화를 위해 국무총리실 산하에 소비자위원회를 신설하도록 하고, 사무국을 설치한다(안 제4장 제3절).

다. 소비자단체의 등록 요건을 완화하고 자율적 분쟁 조정을 위한 소비자단체협의체 구성의 미비점을 보완한다(안 제39조 내지 제41조).

라. 한국소비자보호원을 신설되는 소비자위원회의 집행기구로 하고, 이사회를 삭제한다(안 제6장 제2절).

마. 소비자 안전 조치를 위해 결함 정보의 보고 의무와 결함 정보에 따른 수거 파기의 권고기관에 한국소비자원을 포함하도록 한다(안 제56조 및 제58조).

바. 지방에서도 소비자 분쟁 조정을 효과적으로 수행되기 위해 소비자분쟁조정위원회의 구성을 50인 이내로 확대한다(안 제70조).

사. 소비자단체소송제의 도입 시에 엄격한 소송 요건을 완화함으로써 피해자 구제 요구에 부응하고, 소송 요건에 소비자 피해가 발생한 경우와 피해가 발생할 우려가 있는 경우에 소송을 제기할 수 있도록 하고, 확정 판결로 인한 선의의 피해자가 발생하지 않도록 하고자 한다(안 제79조·제83조 및 제85조).

3) 오제세 의원안(2005.2.28)

오제세 의원안이 제안한 소비자보호법 일부 개정 법률안(171411)의 주요 내용은 다음과 같다.

가. 재정경제부에 두었던 소비자정책심의위원회를 국무총리 소속 하에 설치한다(안 제21조).

나. 한국소비자보호원에 대한 감독 권한을 재정경제부 장관에서 공정거래위원회 위원장으로 이관한다(안 제49조).

4) 이상민 의원안(2005.4.26)

이상민 의원이 제안한 소비자보호법 전부 개정 법률안(171712)의 주요 내용은 다음과 같다.

가. 법제명을 「소비자보호법」에서 「소비자기본법」으로 변경하고, 한국소비자보호원의 명칭을 한국소비자원으로 변경하는 한편, 법의 목적을 소비자의 보호에서 소비자의 권익 증진과 소비생활의 향상을 통한 국민경제의 발전으로 변경한다(안 제1조 및 제44조).

나. 소비자의 올바른 선택과 정당한 권리 행사, 합리적 소비행동 등을 소비자의 책무로 규정하고, 소비자 능력 향상을 위한 교육, 소비자의 개인정보 보호 시책 강구 등을 국가 및 지방자치단체의 책무에 추가한다(안 제5조 · 제14조 및 제15조).

다. 국무총리 소속하에 소비자위원회를 신설해 소비자정책의 수립 및 종합적 추진을 담당하고 한국소비자원을 관리 · 감독하도록 한다(안 제25조 및 제26조).

라. 어린이 등 안전 취약계층에 대한 우선적 보호 의무, 소비자위원회의 보충적 시정요청권 및 한국소비자원에 설치된 소비자안전센터를 명문화해서 위해 정보의 수집, 소비자 안전 경보 발령 등 소비자 안전에 관한 사항을 규정한다(안 제57조 · 제58조 · 제63조 및 제64조).

마. 기존 분쟁조정의 특례로 다수의 소비자에게 발생하는 같거나 비슷한 사건에 대해 일괄적인 분쟁 조정을 실시할 수 있도록 하는 집단 분쟁 조정을 규정함으로써 정부안과 같다. 또 소액 다수의 소비자 피해에 대해 대표당사자가 소비자 권익 행위의 금지 · 중지 요구 및 손해배상청구의 소를 제기할 수 있는 소비자집단소송을 도입한다(안 제81조, 제83조 내지 제90조).

5) 대정부 질의 및 국무총리 답변

국회 이상민 의원은 대정부 질문(2005.2.15)을 통해 "소비자정책의 중요성에 비해 재정경제부는 금융, 보험 등의 업종을 진흥하고 육성하고자 하는 측면에 치우쳐 있어 그 업종에서의 소비자 권익과 관련한 문제점을 지적하고, 소비자정책은 피해 구제, 소비자 안전, 합리적인 소비문화 등을 포괄하는 점을 들어 공정거래위원회가 소비자정책을 수행할 경우 그 기능이 약화될 우려가 있고, 공정거래위원회가 소비자정책을 추진하게 되면 과도한 권한 집중으로 인한 부작용 초래가 우려"됨을 지적했다. 외국의 독립된 소비자 관할 부처를 예를 들고 "우리나라도 국무총리실 밑에 합의제 행정기관으로 소비자위원회를 설치하고 그 산하에 한국소비자보호원을 두는 방안"에 대해 질문을 했다.

이에 대해 당시 이해찬 국무총리는 "현재 총리실 산하에 많은 위원회가 있어 국무총리실에서 관리 인력과 조직이 필요하기 때문에 무리가 있고 이상민 의원이 지적한 내용에 대해 정부 내에서 협의 판단해서 처리하겠다"고 답변했다.

표 7-2 각 주장 및 법안별 요약

재경부에 존치 및 확대 주장	공정위로 이관 주장	별도 독립조직 구성 주장
재정경제부 (일부 보완 및 재경부 존치) 정부안(2005.1)(상동)	공정위 주장(공정위 이관) 오제세 의원안(공정위 이관) -소비자정책심의위원회는 국무총리실 소속	소비자학계 (소비자부 또는 소비자위원회 신설) 소비자단체(소비자위원회) 박영선 의원안(소비자위원회) 이상민 의원안(소비자위원회)

2 소비자정책의 소관 이전 과정

1) 정부혁신지방분권위원회

2003년 4월 참여정부는 정부혁신의 목표를 체계적이고 효율적으로 추진하기 위해 '정부혁신지방분권위원회'를 출범시켜 자문위원회와 더불어 실질적으로 분야별 혁신 방향과 내용을 마련하는 5개 분야의 전문 분야별 전문위원회를 구성(일반행정, 인사, 지방분권, 재정, 정보화)했다. 정부혁신지방분권위원회는 전문위원회별로 각 분야에서 추진해야 할 혁신의 목적, 방향, 그리고 구체적인 내용을 담고 있는 분야별 혁신 로드맵을 설정했으며, 이들 분야별로 정부혁신 로드맵에 입각해 정부혁신이 추진되도록 했다. 정부혁신지방분권위원회는 실질적으로 참여정부 초창기에 정부혁신을 리드하기 위한 분야별 로드맵 형성 과정에서 활발하고 주도적인 역할을 수행했으나, 중반기 이후 로드맵에 입각한 혁신이 실질적으로 추진되는 과정에서는 그 기능과 역할이 상당히 제한적일 수밖에 없었다.

정부혁신지방분권위원회의 과제 중 효율적인 행정이라는 목표하에 '정부 기능과 조직의 재설계'라는 소목표의 하부 목표로서 정권이 바뀔 때마다 언급되어 오던 소비자정책의 일원화 또는 정책의 위상 변화에 대해 검토하게 되었다.

정부혁신지방분권위원회는 소비자정책의 소관에 대한 검토 추진 배경으로, 소비자행정의 패러다임이 소비자 주권 중심으로 변화되고 있어 이원화되어 있는 소비자정책 추진 체계를 재정립할 필요성을 들고 있다(정부혁신지방분권위원회, 2008).

2) 소비자정책 소관 이전 추진 경과

2004년 9월 정부혁신지방분권위원회는 행정개혁전문위원회 위원으로 각 부처 추천 민간 전문가로 태스크포스(T/F, 12명)를 구성하고, 이후 T/F는 소비자정책의 기능 조정에 대한 재정경제부, 공정거래위원회 등 관계 부처의 의견을 수렴하고 학계와 6개 시민단체의 의견도 수렴했다(정부혁신지방분권위원회, 2008). 동시에 바람직한 소비자행정 추진 체계에 관한 공청회도 개최했다.

정부혁신지방분권위원회는 동시에 공정거래위원회의 기능 조정도 검토했는데 관련 부처의 의견 수렴과 KDI 및 한국경제연구원은 물론 경제정의실천연합과 전국경제인연합회의 의견도 청취했다(정부혁신지방분권위원회, 2008).

의견 수렴 결과를 요약하면, 재정경제부는 소비자보호법의 개정을 통해 문제점을 보완하자는 입장을, 공정거래위원회는 소비자정책 업무 및 소관 법령을 공정거래위원회로 이관하고 한국소비자원의 감독권을 공정거래위원회로 이관하자는 의견을 제시했다. 소비자단체는 '소비자위원회'를 설치해 소비자정책을 일원화하는 안을 제시하고, 시민단체는 소비자정책을 공정거래위원회로 이관으로 인해 기업에 대한 규제가 증가할 것을 우려했다. 한편 학계 역시 소비자정책의 중요성을 강조하고 소비자위원회 또는 소비자부의 설치가 필요함을 주장했다.

T/F 보고서는 대통령에게 서면보고가 이루어진 후 총리 주재하의 국정과제 현안조정회의, 당정협의를 거쳐 정부안으로 확정되었다. 이후 2005년 정기국회에서 동 건이 상정되어 통과되었다. 그리고 소비자기본법의 개정 및 시행에 따라 2007년 3월 28일 소비자정책은 공정거래위원회로 일원화되었다.

3) 소비자정책 소관 이전 주요 내용

재정경제부의 소비자정책 업무(소비자보호법, 제조물책임법, 소비자생활협동조합법)와 한국소비자보호원 소속을 재정경제부에서 공정거래위원회로 이관하기로 했다. 이와 함께 소비자정책 전담 시 공정거래위원회가 가지고 있는 문제점에 대해 다음과 같은 보완책을 마련했다.

첫째, 시장 경쟁 및 소비자 보호를 포괄할 수 있도록 공정거래위원회의 명칭을 '경쟁소비자원회'로 개칭, 둘째, 소비자 안전, 소비자 교육, 소비자정보 제공 등 분야별 전문위원회의 운영 활성화로 전문성을 강화하는 방향으로 '소비자정책심의위원회' 개편, 셋째, 소비자 보호 위주보다는 경쟁 촉진을 통한 소비자와 생산자 간의 균형정책 유지라는 측면에서 시장 친화적 소비자정책으로 기업 부담 환화 추진, 다섯째, 지방자치단체의 지방소비생활센터(16개소)가 소비자 보호 기능을 원활히 수행할 수 있도록 공정거래위원회와 지방자치단체 사무소 간 파트너십 체제 구축, 이를 위해 한국소비자원과 민간소비자단체의 역할 분담 및 협업체제 구축 등이다.

공정거래위원회는 경쟁촉진기관으로서의 위상을 정립하기로 하고 이를 위해 독과점 및 경제력 집중 억제 등 규제적 기능은 가급적 축소하고, 경쟁 촉진 및 소비자 보호 관련 기능을 확충할 것을 제안했다. 또 위원회 심결의 공정성 및 객관성 강화를 위해서 위원을 가급적 상임화할 것, 피심인의 정치적 권리를 강화할 수 있는 제도의 보완, 심층 경제분석 기능의 강화를 통한 시장 지배적 지위 남용 규제 등 엄밀한 시장조사・분석 기능 수행의 필요성 등을 강조했다(정부혁신지방분권위원회, 2008).

제 4 절 소관 이전의 결과

1 정책 이전의 절차적 민주성

절차적인 측면에서 소비자정책의 이관과 관련해 일부 반대 의견에도 불구하고 논의에 참여한 각계 구성원의 범위, 논의 시간 및 절차 등 측면에서는 민주적인 절차를 거쳤다고 평가할 만하다.

내용적인 면에서 소비자정책 이관 당시 정부혁신지방분권위원회는 몇 가지 조건을 전제로 했는데, 일부 성과도 있고 현재 진행 중이거나 성과를 내지 못한 부분도 발견된다. 소비자단체와 한국소비자원에서 각각 소비자 상담을 하던 것을 전국 단일망을 구축한 것은 성과라고 볼 수 있다. 반면, 공정거래위원회의 명칭 변경, 그리고 지방자치단체와 공정거래위원회 지방사무소 간 파트너십 등은 진행 중인 것으로 파악된다. 그럼에도 불구하고 앞으로 해결해야 할 문제로는 소비자정책의 종합·조정 기능을 기대했던 것만큼 역할을 수행하고 있다고 평가하기는 어렵다. 공정거래위원회와 한국소비자원 간 유기적 기능 연계가 필요하다. 그리고 지방정부에의 예산 지원 등을 통해 지방 소비자행정을 지원하는 방안이 적극 추진될 필요가 있다.

소비자정책의 공정거래위원회로 이관 과정을 보면, 이관을 전담해 검토할 수 있는 정부혁신지방분권위원회에서 민간인으로 구성된 행정개혁전문위원회 위원을 구성해 소비자정책 기능 조정에 대해 관련 부처인 재정경제부, 공정거래위원회의 의견을 수렴했다. 또 학계와 6개 시민단체의 의견도 수렴하고 바람직한 소비자행정 추진 체계에 관한 공청회도 개최했다. 그뿐만 아니라 자료에 의하면, KDI 및 한국경제연구원은 물론 경제정의실천연합과 전국경제인연합회의 의견도 청취한 것으로 되어 있다.

그러나 당시 소비자학회와 소비자단체, 그리고 일부 여당 국회의원은 소비자정책을 공정거래위원회가 아닌 별도의 정부조직에서 관장해야 해야 함을 주장하고 있음을 확인할 수 있다. 당시의 언론 기사를 보면(시민의 신문, 2005년 1월 31일), 이에 대해 이견을 확인할 수 있다. "소비자 행정 체계 개편이 '한국소비자보호원에 대한 관할권의 공정거래위원회 이관'으로 잠정 결정되자 재정경제부와 공정거래위원회 사이에 신경전이 다시 가열되고 있다. 소비자단체들은 소비자행정 체계 개편 논의가 변화된 소비자 환경에 맞는 '독립기구 구성'이라는 최선의 방안을 제쳐놓고 부처 간 힘겨루기 구도로 변질되었다는 비판이다. 그러나 정작 재정경제부 유지냐, 공정거래위원회 이관이냐는 구체적 입장을 놓고는 발언을 극도로 아끼는 모습이다."

지난해(2004년) 정부혁신위 소비자행정 체계 개편 논의 과정에서 소비자단체들의 합의된 목소리는 소비자행정을 총괄하는 '독립적인 기구'의 설립이었다. 독립기구 구성은 기존 재정경제부-공정거래위원회 이원 체계로는 소비자 국경의 소멸, 보호 중심에서 소비자 권익 증진으로 소비자정책 방향의 전환, 안전성에 대한 신속한 대응 요구 등 변화된 소비 환경에 대응하기 어렵다는 비판에서 비롯했다. 문은숙 소비자시민모임 기획실장 역시 "유럽 각국은 독립된 소비자부가 있고, 프랑스의 경우 소비자안전부를 두고 있다"면서 "소비자단체들은 독립기구 구성이 최선이라고 생각하는 점에서는 의견이 일치한다"고 밝혔다.

종합행정으로서 소비자행정의 성격상 공정 거래 위주의 공정거래위원회가 부적절하다는 주장에 대해 공정거래위원회 관계자는 "소비자 안전은 안전 기준 설정, 정보 제공, 제품 하자로 인한 소비자 피해 구제 등 크게 세 가지 영역이 있는데, 안전 기준 설정은 어차피 모든 부처가 관여할 수밖에 없으며, 정보 제공은 한국소비자보호원에서 수행해 왔고, 피해 구제 역시 공정거래위원회로 오면 획기적으로 개선될 것"이라고 반박했다. 결론적으로 소비자 안전은 재정경제부로 하든지, 공정거래위원회로 하든지 크게 문제되지 않는다는 것이다. 조윤미 녹색소비자연대 사무처장은 "소비자행정을 공정거래위원회가 다루면 공정 거래 분야에서 전보다 강력한 소비자 보호정책이 취해질 수 있겠지만, 종합행정으로서 소비자행정의 성격에 비춰 그것만 가지고 평가할 수는 없다"면서, 재정경제부로 유지하는 것과 공정거래위원회로 이관되는 것은 모두 각각의 장단점이 있다고 밝혔다.[2)]

2) http://www.mediamob.co.kr/gimche/frmView.aspx?id=35074&list=blog&page=11(검색일: 2011.4.11).

한편, 국회와 정치권에서 의원별로 소비자정책 이관에 관한 다양한 법안을 제출하거나 국정 질의에서 국무총리를 상대로 국무총리실에 소비자정책위원회를 설치할 의사가 있는지 질의를 하기도 했다.

위와 같은 절차와 논의를 종합해 보면, 일부의 논란이 있었을지라도, 소비자정책의 이관이 민주적인 절차와 토론을 거쳤다고 말할 수 있다. 따라서 소관 이전에 대해 관련 부처나 소비자단체 또는 학계의 의견 수렴을 거쳤고 상당 기간 논의를 통해 결정된 것이기 때문에 그 결과에 대해 특별히 이의를 제기하는 단체나 기관을 없었다.

2 정책 이관 후 생산성

1) 이관 후 문제점들은 해결되었나?

소비자정책이 공정거래위원회로 이관되면 재정경제부의 과(課) 단위 조직에서 총괄하던 소비자정책을 공정거래위원회의 국(局) 단위 조직에서 운영하면 국가의 소비자정책을 총괄하는 것이 용이할 것으로 기대되었다.

더불어 재정경제부 관할의 금융 관련 소비자 보호 업무도 제3의 기구인 공정거래위원회에서 집행하게 되면 금융 관련 소비자정책이 좀 더 소비자 위주의 정책으로 추진될 것으로 보았다. 또한 공정거래위원회의 경쟁 업무와 한국소비자원의 소비자 보호 업무의 연계를 통해 소비자의 권리를 좀 더 강화하는 기능, 즉 정책의 시너지 효과가 증대될 것으로 예상이 되었다.

먼저, 정책의 총괄 기능 측면에서 보면, 소비자정책의 경우 공정거래위원회가 사무국을 맡고 있고, 식품안전법에 의해 소비자 식품안전정책은 국무총리가 위원장을 맡고 있어 각 부처마다 개별적으로 소비자정책을 수행함에 따라 법체계가 중복적으로 마련되어 사안에 따라 갈등과 의견 대립이 빈발한다(허경옥, 2009). 소비자 관련 법규 도입 또한 경쟁적으로 추진되고 있으나(소비자안전기본법, 금융소비자 보호에 관한 법률) 업무가 총괄하는 역할 분담을 하도록 되어 있기보다는 기존 집행기관에서 해 왔던 업무들을 중복해 법에 포함시켜 행정 낭비를 초래할 가능성이 있다(박명희, 2009)고 한다.

금융정책은 최근 금융소비자 보호기구 설치에 관한 논란에서 보듯이 금융 관련 소비자 보호가 충분하지 못함을 반증한다. 즉, 미국 행정부의 영향을 받은 한국 국회에서도 미국 금융소비자 보호기구와 유사한 금융소비자보호원을 설립해야 한다는 주장이 제기되어 국회 김영선 의원과 권택기 두 의원이 각각 의원입법안을 제출했다. 금융소비자보호원의 핵심적인 법적 권한과 역할에 대해서는 다소 차이가 있으나, 금융소비자보호원을 설립하자는 취지는 같다(홍은주, 2010). 이에 대해 해당 기관인 금융위원회와 금융감독원 간의 미묘한 차이는 있으나, 금융소비자보호원의 설립이 시도되고 있는 것은 사실이다. 이런 점에서 볼 때 소비자정책이 공정거래위원회로 이관된 후 금융 관련 소비자정책이 충실하게 구현되었다고 평가하기는 이르다.

공정거래위원회의 경쟁 업무와 한국소비자원의 업무의 연계를 검토해 보면, 당초 공정거래위원회에서 주장한 공정경쟁사건으로 발생한 피해에 대해 한국소비자원의 분쟁 조정을 통해 소비자가 실질적으로 보상을 받도록 한다는 이상은 현실적으로 실현되기 어려운 측면이 있다. 카르텔(Kartell: 담합)로 인해 피해를 본 소비자가 누구인지 범위를 정하기도 쉽지 않고, 부당한 광고로 피해를 입은 소비자가 어느 정도 피해를 입었는지도 밝히기 쉽지 않은 일이기 때문이다. 다만, 경쟁 부분과 소비자 피해 영역의 예방과 소비자 피해 구제를 특수거래(할부, 방문판매 등)로 발생하는 소비자 피해에 대해 공정거래위원회와 한국소비자원이 공동으로 조사를 해서 조치하고자 관련 법의 개정이 이루어진 점은 성과라고 할 수 있다.

2) 이관 후 개선된 것은 무엇이 있나?

소비자기본법 제21조에 따라 공정거래위원회는 매 3년을 단위로 소비자정책에 관한 기본계획을 수립할 책무가 있다. 정부는 소비자정책을 안정적이고 체계적으로 추진하기 위해 3년 단위의 기본계획을 수립한다. 아울러 기본계획을 효과적으로 추진하기 위해 관계 중앙행정기관과 시·도지사는 매년 시행계획을 수립하고 평가한다(강성진, 2009). 소비자기본법 시행령 제13조 제2항에 따르면 "관계 중앙행정기관의 장 및 시·도지사는 지난해의 중앙행정기관별 시행계획이나 시·도별 시행계획의 추진 실적을 평가한 후, 그 결과를 매년 1월 31일까지 공정거래위원회에 제출하여야 한다."

이러한 규정에 따라 정부는 2009년부터 2011년까지를 대상으로 하는 '제1차 소비자정책 기본계획'에 이어 '제2차 소비자정책 기본계획'을 2011년 11월에 발표했다. 이 기본계획은 믿을 수 있는 시장 구축, 역량 있는 소비자 육성, 책임지는 기업문화 확산, 효율적·능동적 정책 추진이라는 네 개의 기본 방향 아래 각각 추진 과제로 구성되었다. 공정거래위원회가 모든 부처를 아우르고 정책을 총괄하는 데 일정한 한계가 있을지라도 소비자기본법의 규정과 같이 시스템적으로 작동하도록 규정한 것은 다행이다.

또 하나의 성과라면 소비자 상담의 전국망을 구축한 것이다. 전국 소비자 상담망은 2009년 공정거래위원회 주관으로 소비자상담센터의 설립을 통해 소비자 상담을 전국일원화(전화번호 1372)한 작업이다. 한국소비자원과 민간소비자단체가 소비자 상담의 역할 분담에 따른 전화응답률의 개선과 전국에서 접수되는 소비자 상담 정보 활용의 통일을 통해 일정 부분 협업과 연계가 구축되고 있다. 이는 소비자 상담의 응답률이 과거 한국소비자원의 경우 30% 수준이었던 것을 60~70%까지 높였다는 성과와 소비자 정보를 전국적으로 활용할 수 있다는 장점이 있다. 그러나 완성 단계에 이르려면 더 많은 시간과 노력이 요구되고 있다.

3) 이관 후 새로운 문제가 발생된 것은 무엇인가?

소비자정책이 공정거래위원회로 이관된 후 새로운 문제로 발생한 것이 눈에 띄지는 않고 있다. 즉, 예상했던 문제점으로는 규제기관인 공정거래위원회가 과도한 규제정책을 추진함으로써 부작용이 발생하는 문제를 염려했다. 이와 같은 문제는 가시적으로 나타나지는 않고 있다. 그러나 공정거래위원회가 소비자정책을 종합·조정하는 기구로서 역할을 충분히 하고 있다고 보기 어렵다. 즉, 소비자정책은 경제, 사회, 문화, 복지, 환경, 교육 등 각 분야의 이해 관계가 상충되는 분야로서 이해 관계의 조정이 중요하다. 정부 각 부처로 분산·추진되고 있는 종합정책의 성격을 띤 소비자정책을 총괄·조정하기 위한 다양한 노력이 요구된다(허경옥, 2009). 따라서 각 부처의 소비자정책을 총괄·조정하고 정책의 수립과 추진 사항을 피드백하기 위한 종합적인 모니터링이 가능한 기능과 역할이 필요함에도 소관 정책 이관 후 이와 같은 기능을 공정거래위원회는 충분하게 수행하고 있다고 판단하기 어렵다.

다음은 소비자 안전정책 분야이다. 소비자정책이 공정거래위원회로 이관된 후 변화된 것은 소비자안전기본법이 제정되어 운영되고 있는 점을 들 수 있다. 그러나 소비자정책의 총괄 운영이라는 점과는 거리가 있다. 오히려 소비자정책이 일원화된 이후 소비자 안전정책은 분화되는 현상을 나타내고 있다. 식품안전법, 제품안전기본법 등이 그 예이다. 이와 같은 법은 공정거래위원회에서 운영하는 법이 아니고 지식경제부가 공산품의 안전 차원에서 운영하고 있고, 식품이나 의약품, 서비스와 같은 다른 품목은 역시 해당 부처에서 관할하고 있기 때문이다. 소비자정책이 공정거래위원회로 이관되었으나, 소비자기본법의 관할과 한국소비자원의 감독권이 공정거래위원회로 이관된 것이지 소비자안전정책이 공정거래위원회로 통합 이관된 것은 아니다. 그렇기 때문에 공정거래위원회에 소비자안전정보과가 있으나 안전 업무에 대해서는 한국소비자원의 소비자안전센터를 감독하고 안전경보를 발령하는 정도 이외에는 특별한 기능을 수행하지 못하고 있는 것이 사실이다.

4) 해결되지 못한 문제

소비자정책의 위상 측면에서 그동안 소비자정책은 우리나라의 고도 성장기에 생산자의 지원과 육성을 중심으로 하던 경제정책의 유산이 남아 있어 독자성을 충분히 인정받지 못한 채 산업정책 추진의 부수적 문제로 취급되어 온 것이 사실이다. 내용 면에서도 소비자를 보호의 대상으로 인식하는 후견적 시각에서 주로 소비자 피해의 사후적 구제나 사업자에 대한 직접적인 규제 중심의 정책이 대부분이다. 소비자문제는 소비자정보의 비대칭성 등 시장실패로 발생하는 구조적 문제임에도 시장 원리의 틀 속에서 소비자문제를 해결하고, 경쟁정책 등과 연계를 모색하려는 인식이 부족했다.

소비자정책이 공정거래위원회로 일원화되었음에도 종합적이고 국가정책의 조정 기능을 수행하는 것이 부족한 것이 사실이고 소비자안전정책이나 금융정책에서 보듯이 체계적인 정책 추진에 한계가 있다. 즉, 소비자정책이 품목별로 소관부처에 의해 분산 수행됨으로써 개별 법령상 소비자보호제도의 일관성·통일성이 부족한 것을 부정할 수 없다. 공산품 안전, 가격표시제, 전자상거래는 지식경제부에서, 식의약품 안전, 의료 분쟁 조정은 보건복지부에서 개인정보 보호 및 이동통신은 방송통신위원에서, 그리고 금융 소비자 보호문제는 금감위에서 여전히 제각각 추진하고 있다.

지방자치단체의 지방 소비자행정과 관련해 해당 지방자치단체 공무원의 인식과 조직이 취약하고, 중앙부처와의 상호 연계성도 미약하다. 공정거래위원회에서 소비자 업무를 한다면 지방자치단체 업무와 중복되지 않으면서, 지방자치단체에서 행하기 힘든 업무, 즉 규제 업무 중심으로 차별화시키는 것이 바람직하다. 예를 들면, 방문판매 거래와 관련해 소비자문제가 발생되었다면, 지방자치단체에서는 소비자 대상 피해 예방을 위한 교육과 홍보를 하고, 공정거래위원회에서는 사업자를 대상으로 하여 필요 시 과태료를 징수하고, 공정한 거래 질서 유지를 위한 사업자 대상 교육을 실시하는 등 역할 분담이 이루어지도록 하는 것이 바람직할 것이다(유두련, 2010).

지방소비자 분쟁 서비스를 지원하기 위한 소비자 분쟁조정제도의 지방사무소 운영 등도 한 방안이다. 지방자치단체 내에서 소비자 담당부서는 상대적으로 위상이 열악해 소비자행정 추진에 어려움을 겪게 될 것을 염려하게 하는 부분이다. 지방자치단체의 소비자행정 담당자의 소비자 마인드 결여가 소비자 시책을 추진하는 데서 많은 정체를 야기하는 것과 같이 공정거래위원회 소비자 업무 담당자의 업무 이해 정도와 추진 의지 등도 추후 공정거래위원회를 중심으로 하는 소비자 업무의 지속적 발전을 위해 해결해야 할 문제이다.

다음은 소비자단체의 기능과 역할의 전문성 및 다양성의 문제이다. 이는 소비자의 높아진 요구 수준에까지는 미치는지 확인하기 어렵고, 소비자 유관 기관·단체 간의 상호 연계도 미흡하다. 대부분 소비자단체가 활동 내용상 소비자의 다양한 욕구를 충족시킬 정도로 전문화·체계화되어 있다고 단정하기는 쉽지 않다. 그리고 한국소비자원과 소비자단체 등 소비자 업무 관련 기관 및 단체 간 효율적 역할 분담과 정보 공유가 원활하게 이루어지지 않고 있는 것도 부정할 수 없다.

제 5 절 생각해 볼 문제

1 정책의 분석틀

정책이란 정치적 갈등의 요소와 합리적인 의사 결정 단계가 상호 역동적이고 동태적인 과정을 거치면서 만들어지는 것이다. 정책 과정은 가치 있는 자원의 배분을 놓고 이해관계자들이 경쟁하고 타협하는 과정으로서 본질적으로 가치, 갈등, 권력 등의 요소들이 내재되어 있다. 이처럼 정책은 가치, 갈등, 권력적 요소를 그 배경적 특성으로 하고 있지만, 정책분석이 존재하는 본질적 이유는 이러한 특성적 제약 조건을 배경으로 어떻게 하면 합리적 정책 과정에서 권력적 요소를 배제하고 전문성을 제고하며, 과학적이고 체계적인 정책을 도출할 수 있을 것인가 사유하고 탐색하는 데 있다. 즉, 정책분석은 문제의 본질적 쟁점 규명, 명확한 목표 설정, 체계적인 대안 탐색, 과학적인 대안 비교 등을 통해 최선의 대안 선택을 추구하는 끊임없는 분석과 사유의 과정이며, 이를 통해 궁극적으로 인간 존엄성을 지향하고자 하는 데 목적이 있다. 이를 라스웰(Harold Lasswell)은 민주주의 정책학이라고 불렀고, 허범(1979)은 정책분석의 당위성 차원이라고 지칭했다. 그리고 권기헌(2010)은 정책이론을 정책 이념이 내포한 바에 따라 생산성, 민주성, 성찰성으로 나누고 있다.

생산성은 효과성과 능률성을 의미한다. 목표 달성도를 의미하는 효과성과 투입 대 산출 비용으로 나타나는 능률성의 개념이다. 효율성이라고도 부를 수 있는 이 차원은 기계적인 효율성과는 구별되는 사회적 효율성을 지칭한다.

다음은 민주성 차원이다. 효과적이고 능률적인 정책 요소가 실현되면 그 다음 분석의 차원은 민주성이다. 실체적인 소망성 차원의 정책분석이 이루어지고 나면 그 다음 분석의 차원은 절차적 측면에서 민주성의 가치가 실현되었는지를 분석해야 한다. 민주성은 참여성, 숙의성, 합의성이라는 요소를 내포하고 있다.

성찰성 차원이다. 성찰성이란 인권・정의・형평과 같이 정책이 가질 수 있는 최상급 차원의 메타포이다. 라스웰이 지칭한 인간의 존엄성, 허범(1979)이 지칭한 당위성 차원이 여기에 해당된다. 정책구조가 인간의 존엄성이 실현되는 사회를 지향하고 좀 더 신뢰받고 성숙된 사회를 지향한다면, 우리는 그 사회 속에 구성원 개개인의 인권과 정의가 강물처럼 흐르고, 우리 헌법이 보장하는 "자유 민주주의적 시장질서와 평등권"이라는 최고의 가치 속에서 국민 개인의 주체성과 독립성, 신뢰와 평등권, 더 나아가 자아 실현의 기회가 균등하게 보장된 사회를 꿈꾼다. 정책이 가져야 할 가장 당위적인 목표를 분석하는 차원이 성찰성이다.

정책 결정을 보는 관점은 크게 합리적 결정(rational decision)과 정치적 결정(political decision)으로 대별된다. 정책의 합리적 결정은 권력적 요소를 배제하고 전문성을 강조해 합리적인·과학적 분석 방법을 통해 합리적인 정책 수단을 채택하는 과정으로 정책의 효율성을 추구한다. 미래 예측이나 통계 기법 등의 활용 또는 정책 결정의 이론모형이 여기에 속한다. 합리성을 증진시키는 정책품질관리와 국가혁신이론이 강조되는 것은 바로 정책의 이와 같은 측면이다.

정치적 결정은 다양한 이해 관계를 가진 참여자들의 정치적 게임을 통해 정책수단이 채택되는 과정으로서 정책의 민주성을 추구한다. 엘리트이론, 신엘리트이론, 다원주의 이론, 하위정부모형, 조합주의 정책네트워크 모형 등도 여기에 속한다. 민주적인 갈등관리와 거버넌스적 문제 해결이 강조되는 것은 바로 정책의 양면성 때문이다(권기헌, 2010).

정책의 양면성으로 인해 효율성 분석을 주로 하는 양적 분석은 민주성 차원을 분석하는 질적 분석과 병행되어야 한다.

정책분석의 기준에 대한 선행연구를 살펴보면, 정책분석의 대표적인 기준은 던(Dunn, 1994)에 의해 제시되었다. 던(William N. Dunn)은 정책분석의 기준을 소망성과 실현 가능성으로 나누었는데 소망성은 효과성, 능률성, 형평성, 대응성, 적합성, 적정성을 하위 요소로 하고 실현 가능성은 정치적·경제적·사회적·행정적·법적·기술적 실현 가능성을 하위 요소로 두었다. 서치만(Mark C. Suchman)은 노력평가, 성과 및 효과평가, 적정성평가 능률성평가, 과정평가로 분류했고(김명수, 1993: 93-94), 나카무라(Robert T. Nakamura)와 스몰우드(Frank Smallwood)는 목표달성도 능률성, 주민만족도, 수혜집단에 대한 대응도, 기관 형성(정정길 외, 2004; 592-596)으로 분류했다.

표 7-3 정책분석의 패러다임

합리적 요소(효율성)		정치적 요소(민주성)
◎ 정책의 합리적 요소 - 분석기법(비용편익분석, 비용효과분석) 및 각종 통계기법과 델파이를 이용한 정책 분석 및 미래예측 -정책의 하위 차원(계량적 요소)의 분석		◎ 정책의 정치적 요소 -정책은 참여자들 간의 권력과 가치 배분을 둘러싼 갈등과 쟁점분석 -정책의 상위 차원(본질적 요소)의 분석
⇩ 양적 분석 정책 하위 차원 분석 -비용편익분석 -비용효과분석 -효율성 분석	⇔ 민주성과 효율성의 조화	⇩ 질적 분석 정책 상위 차원 분석 - 정책의 당위성 분석 - 정책의 본질 및 쟁점 규명 - 민주성, 성찰성 분석

자료: 권기헌(2010: 37)의 내용을 재구성함.

정책평가의 기준은 다양한 차원에서 분류될 수 있다. 가장 중요한 기준이 내용적 기준과 절차적 기준이다(정정길 외, 2004).

이 장에서의 기준은 정책의 합리적 요소인 효율성, 즉 내용적인 측면에서 효율적이었나를 소관 이전과 이후의 비교를 통해 검토한다. 그리고 정치적 요소인 민주적 절차를 통해 소관이 이전되었는지를 살펴보았다.

2 사례를 통해 다 같이 생각해 보기

이 연구는 주제의 특성상 사례연구 방법을 취했다. 사례연구는 독특한 특성을 가진 개인, 집단, 프로그램, 정책 결정 등 소수 사례에 대한 심층적 연구를 말한다(Yin, 1989, 1993). 사례연구는 어떻게(how) 또 왜(why)라는 질문이 제기될 때, 연구자가 사건을 거의 통제할 수 없을 때, 연구 초점이 실제 생활의 맥락 내에서 제기되는 현상일 때 선호되는 전략이다. 즉, 사례연구는 연구 대상인 현상과 맥락 사이의 경계가 분명하게 구분되지 않는 가운데, 동시대의 현상을 실생활의 맥락에서 다양한 원천에서 나오는 증거를 사용하는 경험적 연구이다. 이러한 '설명적' 사례연구는 '탐색적 연구'와 '기술적 사례연구'라는 두 가지 유형에 의해 보완

될 수 있다. 사례연구는 그 결과의 일반화 가능성이 제한되기 때문에 학문적 가치는 제한적이라는 비판에도 불구하고 대안적인 과학철학의 시각인 비판적 실재론에 입각할 때 사례연구를 지지할 수 있는 논리적 기반이 다져진다(이영철, 2009).

사례연구는 그 사례가 다음과 같은 세 가지 요건을 갖추어야 한다. 그 사례가 희귀해야 하고, 극적이며, 독특해야 한다는 점이다(Yin, 1989). 이 세 가지 요건을 갖추어야 분석에서의 의미가 있고, 다른 사례에 적용해 일반화시킬 수 있다(이선우 · 하태권, 2004). 사례연구의 유형과 연구방법론(박병식, 1994; 박호숙, 2007; 이영철, 2009)에 관해 살펴보면 다음과 같다.

첫째, 사례의 수를 기준으로 보면, 단일 사례연구와 복수 사례연구로 나눌 수 있다. 이 연구는 단일 사례연구로서 소비자정책의 이관에 관한 한 사례를 가지고 연구를 수행한다.

둘째, 연구 목적을 기준으로 한 분류를 보면, 탐색적 연구, 기술적 연구, 설명적 연구로 나누어 볼 수 있다. 탐색적 연구는 구체적이고 인과 관계를 찾는 연구질문으로 특정 사례를 연구하는 방법이라고 할 수 있다(이선우 · 하태권, 2004). 기술적(descriptive) 연구는 있는 사실을 그대로 진술하는 방법을 의미한다. 그리고 설명적 연구는 어떤 사실을 주고, 사실과 사실을 연결시키고 그 사실을 설명하면서 그와 관련된 주변의 이야기를 풀어가는 방법이다.

셋째, 이론화의 정도에 따른 분류를 보면, 사례연구를 여섯 가지 유형으로 구분하고 있다. ① 무이론적(atheoretical) 사례연구, ② 해석적(interpretative) 사례연구, ③ 가설 창출적(hypothesis-generating) 사례연구, ④ 이론 확증적(theory-confirming) 사례연구, ⑤ 이론 논박적(theory-informing) 사례연구, ⑥ 일탈(deviant) 사례연구 등으로 나눌 수 있다(김광웅, 1992). 이 연구는 정책분석 방법을 통해 분석한다는 측면에서 이론 확증적 사례연구라고 할 수 있다.

그러나 이러한 사례연구에 대한 방법론적 비판이 제기되어 왔다. 많은 행태주의적 방법론자들은 사례조사 방법을 과학적 조사 방법으로 간주하지 않았다(Kerling, 1986; Good & Hatt, 1981). 이유는 기존의 행태주의적 방법론이 인간의 주관이나 가치판단들을 과학적 조사 과정에서 배제함으로써 객관적인 지식만을 추구했다. 이에 반해 사례조사는 조사 과정에서 조사자나 조사 대상자의 주관이나 가치가 개입됨으로써 부적절한 조사 방법이기 때문이다. 행태주의적 방법론은 오늘날 복잡한 사회 현상과 사회구성원들의 다양한 사고나 인식을 규명하는 데는 한계에 봉착했고, 이런 한계를 극복하기 위해 사례조사를 비롯한 심층면접, 참여관찰, 민속학적 방법 등이 시도되고 있다. 특히 사례조사는 사회조사 시에 현실 문제를 있는 그대로 두고서 '어떻게'와 '왜'에 대한 심층적인 분석을 시도할 수 있다는 점에서 필요성이 증대되고 있으나 아직도 사례조사방법론이 확고하게 정립되지 않아 많은 비판을 받고 있다. 과학적 조사 방법의 평가 기준에 따라서 고찰해 보면(박병식, 1994: 74-77), 구성적 타당성, 내적 타당성, 외적 타당성, 신뢰성에서 문제를 제기하고 있다. 따라서 이를 극복하기 위해서는 사례조사에서 엄밀한 방법론을 발전시켜 실제 이론을 풍부하게 하고, 조사 분야에서 근본적인 이론과 실제의 연결을 강화시켜 주어야 한다. 쿤(Thomas S. Kuhn)은 사례연구가 지니는 중요성을 지적한 바 있는데, 쿤은 표준적인 과학적 이미지 즉, 가설의 검증과 연구의 집적에 따른 과학의 발전에 관해 실재적인 발전 과정을 제대로 설명하지 못한 점을 지적하고 모범적인 사례가 과학활동에서 차지하는 의미를 강조했다(이영철, 2009).

사례연구는 일정한 한계점[3]에도 불구하고 다음과 같은 의미가 있다.

사례연구는 일련의 정책 결정을 조명하고자 할 때 유익하다. 왜 그와 같은 정책 결정이 이루어졌으며 어떻게 실행되었는지, 그리고 그 결과가 어떠했는지를 밝히고자 할 때 유용하다(신경식 · 서아영, 2005). 다음은 유사한 문제에 대해 창의적 문제 해결 능력을 향상시키고, 유사한 사례에 대한 경험의 축적은 정책 결정에서 여러 학문의 적용과 통합의 가능성을 높일 수 있다(김광웅, 1992). 또 사실의 발견을 위해 활용될 수 있고, 사례연구를 통한 특질조사(特質調査)는 매우 구체적이고, 어떤 현상에 대한 동태적 · 역동적 파악이 가능하다(이관우, 1985). 이외에도 사례연구는 처리할 수 있는 특성을 제한함이 없이 포괄적으로 파악해 전면적인 인과 관계를 규명하는 데도 유용하고, 조사 대상에 대한 문제의 원인을 밝혀줄 수 있고 인간의 내면생활이나 사회적 욕구, 관심, 동기 등을 연구할 때도 유용하다(김해동, 2000).

3) 사례연구가 갖는 일반적 한계는 ① 일반화의 가능성 문제, ② 연구에 소요되는 시간과 비용 문제, ③ 연구자의 주관성 문제, ④ 자료의 신뢰성 문제, ⑤ 대표성의 문제 등을 극복해야 한다(박호숙, 2007).

이 연구는 소비자정책의 소관 부처 이관에 관한 사례를 연구 대상으로 한다. 소비자정책의 소관 이전이 사례연구로서 갖추어야 할 요건을 갖추었는가의 문제이다. 소비자정책의 소관 이전은 10년 이상 논의 검토되어 왔던 문제로 흔히 나타나는 정책 유형이라고 볼 수 없고, 정책 이관이 경제정책을 종합적으로 추진하는 재정경제부로부터 사업자를 규제하는 공정거래위원회로 이관되었다는 점에서 그 특징을 지닌다고 할 수 있다.

소비자정책의 소관 이전에 따른 당시 쟁점 사항은 무엇이고, 일련의 정책 결정 과정은 어떻게 이루어졌으며, 관련 정책 당국자와 당사자의 입장은 무엇이었고, 소관이 이전된 후 쟁점이 되었던 문제들은 어떻게 해결되고 있는지를 검토함으로써 향후 유사한 정책 결정이나 논의 때 유용한 자료로 활용할 수 있을 것이다.

3 연구해 볼 문제

첫째, 공무원들이 관련 업무를 소속 부처로 가져오려는 이유는 무엇인가?

둘째, 관련 사업의 이관으로 국민들의 복지는 향상되었나?

셋째, 관련 부처의 이기주의와 부당한 정책 결정과 수행에 대한 행정전문가의 역할을 무엇인가?

제 3 편

정부부처 활동: 다른 방향, 다른 행로

제 8 장

동강댐 건설을 둘러싼 정책갈등 사례*

홍성만(안양대 행정학과)
주재복(한국지방행정연구원)

제 1 절 서론

이 갈등 사례는 동강의 영월댐[1] 건설정책을 둘러싸고 나타난 건설교통부와 환경부를 중심으로 한 정부부처 간 정책갈등 사례이다. 영월지역의 잦은 홍수 피해를 계기로 건설교통부는 홍수를 예방하고, 더불어 전력 및 수자원을 확보하기 위해 댐 건설을 추진했다. 그러나 지역 환경생태 조사를 추진하던 환경단체가 수려한 자연환경을 가진 동강 유역에 댐을 건설하려 한다는 사실을 인지하고 반대에 나서면서 개발과 보존의 가치가 충돌한 갈등 사례이다. 이 사례가 다른 갈등 사례와 구별되는 특징은 초기부터 정부부처 간에 선명한 갈등구조를 형성한 것이 아니라 건설교통부의 댐 건설 추진에 대해 환경단체와 지역주민이 반대하는 과정에서 환경영향평가를 계기로 환경부가 동강의 자연환경 및 생태적 가치를 새롭게 조명하면서 정부부처 간 이견을 보이기 시작했다는 점이다. 즉, 동강댐 예

* 이 사례연구는 2001년 하계행정학회 발표 논문을 보완한 것이다. 또한 이미 이 사례를 대상으로 2002년에 "중앙정부 간 분쟁조정 과정과 규칙의 탐색"(「성곡논총」, 제33집: 125-159)과 "수자원 개발의 이해갈등과 정책조정 기제의 변화"(주재복·홍성만, 2003: 53: 241-271)라는 논문이 저술되었다. 이 사례 정리는 위 논문의 내용을 토대로 재구성한 것임을 밝힌다.

1) 정부가 사용한 공식적인 댐 명칭은 '영월 다목적댐 건설사업'이다. 댐 건설 여부에 대한 논란을 거치면서 사회적으로 동강댐이라는 이름이 더 많이 알려지게 된 점도 고려해, 이 논의에서는 사실 관계에 대한 기술의 필요에 따라 '영월댐' 명칭과 '동강댐' 명칭을 병행해 사용한다.

정지역의 자연경관적 가치, 생태환경적 가치 등의 보호 문제를 두고 환경영향평가보고서의 검토 의무를 가진 환경부가 환경영향평가보고서의 보완 및 재보완을 요구하는 과정에서 이견이 나타나면서 정부부처 간 갈등이 본격적으로 노출되었다. 건설교통부와 수자원공사의 댐 건설 추진에 일부 지역주민과 환경단체가 반대하면서 갈등의 발단이 되었지만, 이후 개발과 보호의 문제를 둘러싸고 정부부처 간 갈등 관계가 복합적으로 나타난 사례인 것이다. 환경부는 건설교통부가 추진하는 정책에 같은 중앙부처의 한 조직으로서 협조를 해야 하지만, 기관의 가치 실현을 추구하는 경우 충돌 가능성은 불가피한 것이다.

댐 건설 예정지 내 문화재의 소실 문제, 동굴이나 석회암 지질에 따른 누수에 의한 댐의 안전성 문제, 댐 건설에 따른 수질오염 문제, 경제성 문제 등 다양한 이슈들이 결부되면서 댐 건설의 정당성 문제는 환경부뿐만 아니라 문화재청 등의 더 많은 기관이 관심을 가지게 되었고, 이즈음 방송사의 동강 비경에 대한 조명은 동강댐 건설 문제를 사회적으로 부상시켰다. 댐 건설 예정 인근 지역주민들은 각자의 선호나 이해 관계에 따라 댐 건설 찬성 주민과 반대 주민으로 양분되었고, 영월·정선·평창 등 동강댐 건설에 이해 관계를 지닌 3개 군은 초기에 댐 건설 이슈를 지역 발전의 계기로 삼으려는 관점에서 접근했다. 그러나 사회적으로 동강댐 건설의 타당성에 대한 문제 제기가 높아지면서 댐 건설 반대 입장으로 돌아서게 된다.

댐 건설 강행 추진을 주장하던 건설교통부는 환경부에서 다섯 차례에 걸친 환경영향평가보고서의 보완 요청에 대응해 나가면서 댐 건설을 추진했다. 반면에 환경부는 동강댐의 자연생태계 보호에 더 큰 가치를 부여하면서 환경단체의 활동에 지지를 보내게 된다. 나아가 환경단체는 사회단체와의 연대를 통해 동강댐이 건설되어서는 안 되는 이유를 제시하면서 사회적 지지를 높여 나갔고, 나아가 국제환경단체의 지지까지 이끌어 냈다.

건설교통부가 추진하던 동강댐 건설의 타당성이 위협받게 되면서 댐 건설의 타당성에 대한 재검토 차원의 협의가 이루어졌다. 즉, 국무총리실의 주관 아래 관계 부처가 참여하는 합동평가단을 구성해 댐 건설 여부를 결정하기로 했다. 그러나 이에 대한 환경단체의 거부로 정상적인 합동평가단의 운영에 실패한다. 이후 환경단체의 요구를 받아들여 건설교통부, 환경부, 환경단체 등의 추천 인사들이 참여하는 중립적인 공동조사단을 운영했다. 이 기구에서 동강댐 건설을 백지화하는 것이 타당하다는 결론을 도출하면서, 결국 동강댐 건설사업은 백지화되었다.

이 사례의 의미는 첫째, 정부부처 간, 그리고 정부와 비정부 간 갈등 해결의 기제로서 공동조사단의 역할과 기능이 효과적일 수 있음을 규명해 볼 수 있다는 점이다. 정책 과정에서 비교적 최근에 활용되기 시작한 조정 기제 및 합리적 평가 기제로서 공동조사단은 갈등하는 행위자들의 협력의 산물로서 작용한다. 그리고 이러한 조정 기제는 협력의 구체적인 성과에 대한 수용성을 높여 갈등 해결에 긍정적으로 기여할 수 있음을 알 수 있다.

둘째, 정부부처 간 갈등의 부정적인 파급 효과를 낮출 수 있는 방안을 모색하도록 한다는 점에서 의미를 갖는다. 최근 사회적·문화적·정치적 다양성이 높아지면서 정책을 둘러싼 정부 간 갈등과 경쟁의 관계 양상이 더욱 복잡성을 띠어 정부 간 조정과 협력을 더욱 어렵게 하는 요인으로 작용하고 있다.[2] 즉, 정부 간 관계에서는 가시적인 비용의 문제 차원뿐만 아니라 정부 간 권력 투쟁이나 자원 확보 노력과 같은 비가시적인 현상이 존재하기 때문에 갈등이나 분쟁이 발생하는 경우 해결은 상대적으로 어렵고 더 많은 사회적 비용을 치르게 된다.

이러한 현상은 주로 대형 국책사업과 같은 공공정책을 둘러싸고 벌어지는 정부간 갈등에서 많이 나타났다. 그동안 나타난 한국의 정부 간 관계의 관행은 정부간 불협화음으로부터 발생되는 사회적 비용을 국민들의 피해로 돌아가게 하는 악순환을 되풀이되게 했다. 과거 중앙집권 시대 정부 간 갈등과 분쟁은 통일적이고 집권적인 조정과 중재, 또는 강제적 힘에 의해 어느 정도 해결될 수 있었다. 그러나 본격적인 민주화, 분권화 시대가 도래하면서 직·간접적 관계를 가진 행위자 간 정치적 이해갈등은 다양한 양태로 나타나 기존의 집권적인 조정과 중재, 그리고 강제적 힘은 한계를 가져왔다.

따라서 정책 참여자의 변화와 이들간 상호의존성을 전제로 하는 정부 간 갈등의 조정과 협력에 대한 연구는 매우 중요한 의미를 갖는다. 정부 간 이해가 대립

2) 이러한 문제 의식의 맥락에서 당사자 간 협상뿐만 아니라 제3자 조정 등 정부간 갈등 관계를 조정이나 상호 협력의 관계에서 모색하는 연구들은 주목할 만한 의미를 갖는다(Lan, 1997; Rabe, 1988; Weiss, 1987; Reed, 1986, 주재복, 2001; 홍성만, 2002).

되는 상황에서 규모가 큰 대규모 사업을 둘러싸고 나타나는 정부 간 할거주의에 따른 소모적인 갈등과 분쟁의 부정적인 사회적 파급 효과가 더욱 크다는 점에서 이를 어떻게 예방할 수 있는지에 대한 간접적 학습의 계기를 제공한다. 무엇보다도 이 사례는 동강댐 건설 추진 과정에서 보여 준 정부부처 간 대응과 환경단체의 대응 과정을 통해서 향후 정부가 정책을 추진하면서 피해야 할, 그래서 정책 추진상의 오류를 최소화할 수 있는 다양한 정책학습의 소재를 제공할 수 있다는 점에서 큰 의미를 갖는다.

이 갈등 사례 소개의 목적은 정치적 이해갈등을 수반하는 국책사업을 둘러싼 정책 외부 이해관계자들의 참여 변화와 영향을 중심으로 정책 과정에서 정부부처 간 갈등과 조정 및 해결 기제를 탐구해 정책학습 차원의 의미를 제시하는 데 있다. 첫째, 댐 건설 이슈를 둘러싼 갈등의 발생 원인을 살펴본다. 둘째, 정책 참여자들의 변화 속에 갈등 당사자의 대응행동을 중심으로 갈등 전개 과정을 분석한다. 셋째, 정책 참여자의 복잡성 증대에 따른 갈등 조정 기제의 변화 및 해결 과정을 분석한다. 넷째, 이 사례분석을 통해 나타난 정책갈등 사례의 시사점 및 한국의 정책 과정에서의 시사점, 그리고 이 사례 연구와 관련해 가능한 연구 질문들을 생각해 볼 문제로 제시하고자 한다.

제 2 절 동강댐 건설을 둘러싼 갈등과 협력의 전개 과정

1 갈등의 발생 원인

영월댐 건설의 사업 명칭은 '영월 다목적댐 건설사업'이다. 그럼에도 동강댐으로 많이 알려진 것은 댐 건설을 둘러싼 논란 과정에서 영월댐 명칭을 사용하고자 한 건설교통부 및 수자원공사와 동강댐 명칭을 사용하고자 한 환경단체 간의 명칭 프레이밍(framing) 결과의 반영이라 할 수 있다. 정부 자료(건설교통부 · 수자원공사, 1997)를 보면 강원도 영월군 영월읍에 위치한 영월 다목적댐의 사업 목적은 한강 중하류 지역에 안정적인 용수를 공급하고, 댐 하류부의 홍수 피해를 경감하며, 수력 발전 시설에 의한 전력자원의 개발이었다. 계획된 댐의 크기는 마루 표고 291.5m, 체적 3,738㎥, 길이 325m, 높이 98m, 수몰 면적 21.9㎢, 보상 면적 22.7㎢로 상당한 규모를 차지하고 있다. 영월댐 건설로 영향을 받는 지역은 영월·정선·평창 3개 군 5개 읍·면 20개 리가 포함되며, 이 중 실질적으로 완전 수몰되는 수몰 예정지역은 3개 군 5개 읍·면 17개 리, 521세대였다.

영월댐 건설의 계기는 1990년 여름 한강에 대홍수가 발생하고 그 해 10월에 한강수계 항구 재해대책 차원에서 영월댐 건설에 대한 대통령 재가가 나면서부터이다. 한국수자원공사(이하 수공)는 1990년 12월 28일부터 1992년 7월까지 영월댐 타당성조사 결과 보고서를 작성했고, 구체적으로 댐 건설은 1996년 2월 21일부터 1997년 12월 15일까지 영월댐 기본설계 및 실시설계를 하면서 본격적으로 추진하기 시작했다(건설교통부·수자원공사, 1997).

건교부와 수공의 영월댐 건설 추진에 따라 인근 지역 주민을 중심으로 반대가 나타났고 주민 간의 찬반의 갈등도 나타나기 시작했다. 정선지역 주민은 영월댐 건설 이후 시가지에 대한 수몰 대책의 미흡함과 역류 가능성을 근거로 정선군투쟁위원회를 구성하고 영월댐 반대 주민 설문조사 결과를 발표하는 등 댐 건설에 반대하기도 했다.[3] 지역에서 주민 간에 찬반에 대한 논란이 일어나는 가운데 건교부는 1997년 9월 22일 댐 건설 예정지 고시를 했다. 대부분의 시설 입지 문제에서 정부가 공식적으로 정책에 대한 표명을 하면 그것을 계기로 갈등이 표면화되고 즉각적인 대응 행동을 야기하는데, 역시 영월댐의 경우도 건교부의 고시를 계기로 환경운동연합이 반대를 공식적으로 표명하며 개입하면서 본격적인 갈등을 야기하게 되었다.

댐 건설과 같은 개발정책은 기본적으로 상충성을 내포하고 있다. 공공재를 생산하기 위한 개발정책의 경우 그 개발로 환경이 파괴된다면 성장이나 개발에 가치를 중요하게 부여하는 조직과 환경 보존에 가치를 부여하는 조직 간에 정책을 둘러싸고 대립 관계에 놓일 수가 있다. 상이한 가치나 신념을 가진 조직 간에 자

3) 이 조사서는 1,000명에게 발송해 757명에게 회신받았는데, 영월댐 건설을 반대하는 의견은 95.7%였고, 댐 건설의 반대 이유로는 88.4%가 안전대책 미흡, 생태계 변화 및 건강 장해를 지적했다(영월댐반대대책위원회, "영월댐반대주민 설문조사서," 1996.12.6).

신의 이념을 실현시키기 위한 활동은 대립 관계를 형성할 수 있고 대안을 제시하는 과정에서 조직 간 갈등이 발생한다. 이런 점에서 건교부와 환경부는 기본적으로 댐 건설이라는 문제를 둘러싸고 잠재적 갈등 관계에 있는 것이다.

환경운동연합은 다양한 전략을 통해 댐 건설 백지화 운동을 벌였고, 중앙언론의 조명 속에 정책 이슈가 점차 전국적으로 사회 쟁점화되기 시작했다.[4] 환경운동연합이 동강의 자연생태계 파괴, 수질문제 등을 제기하며 반대운동을 벌이면서 환경부 역시 영월댐 문제에 관심을 가지고 되었고, 영월댐 환경영향평가보고서의 검토를 계기로 이견을 보이면서 갈등 관계를 형성하게 된다.

2 갈등의 전개 과정과 대응 행동

댐 건설 정책은 정책 입안 및 타당성조사 단계에서 댐사용권 설정 및 댐 관리까지 장시간에 걸쳐서 추진된다. 영월댐의 경우는 기본 설계 및 환경영향평가 단계를 지나기도 전 단계인 댐 건설 예정지 고시 단계로 돌입하는 과정에서 댐 건설에 반대하는 집단의 대응으로 사회적·정치적 갈등 속에 댐 건설 백지화로 정책이 취소된 사례이다.

영월댐 건설정책의 전개 과정을 정책 참여자의 변화를 중심으로 살펴보면 다음과 같다. 먼저 댐 건설이 논의되는 초기 단계는 건교부에서 댐 건설 예정지를 고시하기 이전까지의 시기이다. 이 시기 댐 건설 정책의 주도권은 주로 정책 부서인 건교부와 수공에 있었다. 이 때는 한강 대홍수와 2000년대 물 부족 논리에 의해 댐 건설의 필요성이 우위에 있었다. 따라서 건교부와 수공은 제도적 절차를 기준으로 무리 없이 정책을 추진해 나갔다. 다만 건교부가 제출한 환경영향평가서에 대해 환경부의 보완 요청이 있었고, 건교부에서는 이에 대한 보완책을 강구하면서 댐 건설을 밀고 나가는 등 중앙정부 간 약간의 갈등이 있는 수준이었다.

갈등의 증폭 속에 정책문제는 점차 복잡한 양상으로 변해 갔다. 정부에서는 범정부적 수준에서 국무총리실 수질개선기획단을 중심으로 조정활동을 시도했다.

---

4) 댐 건설 문제가 장기화되면서 수몰 예정 지역주민에 대한 각종 지원 혜택이 중단되었고, 이에 따라 지역주민의 부채가 증가하는 등 주민의 생존권도 영향을 받기 시작했다.

그럼에도 불구하고 갈등은 조정되지 않았고, 정책문제는 갈수록 정치쟁점화되었다. 이 과정에서 안전성 문제를 지적한 HARZA사의 지질보고서가 발표되었고, 대통령, 국회의원과 정당, 국회의원연구단체 등 정치권의 관심은 더욱 높아졌다.[5] 이후 정치권의 문제 해결 시도가 구체적 입장 표명 형태로 나타났으며, 이 과정에서 정책 추진 방식에 변화가 나타났다. 즉, 일방적으로 정책을 추진하기보다는 합동평가단 및 공동조사단과 같은 협의 및 조정 기제를 통해 정책을 추진하게 되었다.

이와 같이 동강댐 건설 문제는 정책 과정에서 정책의 참여구조가 점점 복잡해진다. 동강댐 사례를 보면 초기에는 건교부와 환경부 중심의 단순한 정책 참여구조였다. 이후 지역주민들이 반대 입장을 표명하면서 정책 참여자로 추가되었고, 환경운동연합 등이 개입하면서 정책 참여 구조는 더욱 복잡해졌다. 그리고 수질개선기획단이라는 공식적 제3의 기관이 정책 과정에 참여하면서 새로운 형태의 정책 참여 구조가 형성되었고, 정치권까지 정책에 참여하면서 정책 참여 구조는 매우 복잡한 양상을 띠게 되었다. 여기에서는 정책 참여자의 확대에 따라 갈등의 진행 상태를 편의상 갈등잠재기, 갈등표출기, 갈등심화기, 갈등확대기, 갈등고조기로 구분해 정책갈등의 조정 과정과 해소 과정을 살펴본다.

1) 갈등잠재기의 대응 행동

댐 건설 초기에는 건설교통부와 환경부 간 본격적인 갈등이 나타나지 않았다. 주로 제도적 절차에 따른 당사자 간 협의 중심으로 문제를 풀어 나갔다. 댐 건설 초기에 건교부는 환경부에 협조 요청을 하면서 절차적으로 대응했다. 댐 건설의 경우 필수적으로 거쳐야 하는 제도적 절차로 환경영향평가 과정이 있는데, 관련 기관의 협조를 구하는 것은 정책 추진기관의 의무 사항에 해당한다. 즉, 건설교통부는 환경부에 환경영향평가보고서를 제출하고, 이에 대한 협의를 구해야 하는 것이 바로 그것이다.

영월댐 건설의 경우도 수공은 환경부에 1996년 10월에 ‘영월다목적댐건설사업

---

5) 1999년 3월 3일에 KBS에서 다큐멘터리 “동강”의 방영 이후 동강에 대한 사회적 관심이 높아졌다. 당시 한 여론조사에서 댐 건설 시 우선 고려해야 할 것으로 75.5%가 자연생태환경 및 댐의 안전성 문제를 제시해 주요 쟁점이 되었다(한국일보가 의뢰한 미디어리서치조사: 1999년 3월 11일부터 13일까지 전국 남녀 1,000명 대상).

의 환경영향평가서(초안)'와 1997년 4월 환경영향평가서를 제출했고, 건교부는 환경부에 6월 9일 영월댐 환경영향평가서에 대한 협의 요청을 했다. 건교부의 협의 요청에 대해 환경부 역시 절차적으로 대응했다. 1996년 11월 12일 환경영향평가(초안)에 대한 검토 의견을 유관 지방자치단체인 영월군, 정선군, 평창군의 군수에게 통보했다. 그리고 1997년 6월 11일에는 환경영향평가서에 대해 환경부의 관련 부서[6]와 국립환경연구원장, 원주지방환경관리청장, 평창군수, 영월군수, 정선군수 등에게 검토를 의뢰했다. 환경부는 검토된 의견을 취합해 7월 22일 환경영향평가서에 대한 검토 의견을 건교부와 수공에 회신했다. 주요 검토 내용은 "사업 예정지역 중 수몰지역의 대부분(63.9%)이 8등급 지역이고, 이 지역에는 특정 야생식물이 자생하고 있어서 생태적으로 보전할 가치가 있으므로 사업 시행을 재검토하기 바람"(공문: 평제 67121-312: 1997.7.22)이라는 의견이었다. 그리고 환경부는 건교부에 1997년 8월 2일 영월다목적댐 건설사업 환경영향평가서에 대한 보완 요청을 했다(공문: 수개 58440-415: 1997.8.2.). 이와 같이 환경부 역시 건교부와 마찬가지로 환경영향평가서에 대한 유관 기관 검토 의견 의뢰 및 재검토 의견 제시 등 제도적 절차를 중심으로 대응했다.

2) 갈등표출기의 대응 행동

댐 건설에 반대하는 지역주민의 의사 표명이 나타나면서 댐 건설을 둘러싼 갈등이 표출되기 시작했다. 지역주민의 반대가 나타나면서 건교부는 환경부에 협조 요청과 더불어 지역주민의 설득을 시도했다. 먼저 건교부는 환경영향평가서에 대한 협의가 종료되기 이전에 특정 다목적댐법 제5조의 규정에 의거해 영월다목적댐 건설사업에 대한 관계 기관 협의를 하고자 "영월댐 건설사업 기본계획(안)"과 위치도를 관계 기관에 공문으로 발송했다.[7] 그러나 관계 기관들이 부정적인 입장을 보였고, 건교부는 후속 대책을 마련하기 시작했다.

그리고 건교부의 환경영향평가서 제출과 환경부를 중심으로 한 유관 기관 간의 환경영향평가서에 대한 검토 의견 교환 과정에서 댐 건설의 구체적인 내용이

6) 환경부에서는 자연보전국장이 주도로 환경정책실장, 대기보전국장, 수질보전국장, 폐기물자원국장, 상하수도국장, 유독물질관리관, 평가분석과장, 자연생태과장, 평가제도과장 등에게 전달되었다.

7) 당시 관계 기관의 장은 재정경제부 장관, 국방부 장관, 교육부 장관, 문화관광부 장관, 농림부 장관, 산업자원부 장관, 정보통신부 장관, 환경부 장관, 산림청장, 강원도지사, 한국수자원공사 사장 등이었다.

지역주민에게 알려지면서 지역주민들의 집단적인 항의가 있었다. 이렇게 되자 건교부는 지역주민들과의 면담에서[8] 댐 건설 추진을 약속했고, 보상과 관련해 정부의 SOC사업 기본 방침인 선보상 후착공 기준으로 일괄 보상의 원칙을 제시했다.[9] 그리고 건교부는 댐 건설 관련 조직의 확대, 댐 건설 확인 및 구체적인 보상계획을 통해 댐 건설을 기정 사실화해 나갔다.

환경부는 절차적 대응과 함께 입장 표명의 지연 및 이슈 확대를 통해 대응해 나갔다. 건교부가 1998년 2월 12일 환경영향평가서 1차 보완 서류를 환경부에 제출하자, 환경부는 보완된 환경영향평가서를 유관 기관에 검토해 줄 것을 의뢰했다. 이 때 문화재청 등 유관 기관에서 추가로 검토 의견들이 모아지면서 쟁점이 확대되었다.[10] 이 시기에는 주로 댐의 안전성 문제와 천연기념물인 백룡동굴 보호문제, 지역기반시설 지원문제, 그리고 농작물 피해 및 기후 변화에 따른 주민 건강에 대한 보상문제 등이 중요한 쟁점으로 논의되었다. 이 중에서도 댐의 안전성문제가 다양한 기관으로부터 제기되면서 생태 문제와 더불어 중요한 이슈로 부각되었다.

3) 갈등심화기의 대응 행동

지역주민과 함께 환경단체가 적극적으로 댐 건설을 반대하면서 이해당사자 간에 갈등은 심화되어 갔다. 건교부는 우선 전문가를 통한 정책토론회 등을 개최하면서 댐 건설의 정당화 활동에 주력했다. 수공은 댐 개발 정책 추진의 정당성을 확보하기 위해 "환경친화적이며 지속 가능한 영월댐 개발"이라는 주제로 1998년 5월 7일에 전문가 토론회를 개최했고, 1998년 6월 24일에는 한국정책학회와 "영

8) 1997년 11월 4일 수몰지역주민대책위원회(수몰위)가 영월댐 반대 및 수몰지역 주민 생존권 수호 결의대회를 영월군청 앞에서 열었으며, 11월 5일과 6일에는 수공, 강원도, 3개 군 수몰예정지 주민이 모여 주민간담회를 가졌다. 그리고 1997년 11월 7일에는 군의회 및 군청 직원 등이 영월댐 건설 관련 관계자회의를 구성했고, 12월 12일과 13일에는 정선군수, 한천관리계장, 실무자, 군의회, 수몰위 위원장, 부위원장, 총무 등이 건교부의 수자원개발과와 토지정책과를 방문했다.

9) 건교부는 양도소득세 등 각종 세금 면제에 대해 다른 댐 건설 시 처리 수준과 형평을 맞추어 추진할 것이라는 것과 각종 세금 면제에 대해 현실에 맞게 해당 주민의 요구를 수용할 것 등을 제시했다(정선군청 출장복명서, 1997.12.14; 문순홍, 2000: 27 재인용).

10) 이 때 환경부는 전문가의 검토 의견에 더욱 의존하게 되는데, 예컨대 "…그동안 언론이나 사회단체 등에서 제기한 문제점과 함께 동사업의 중요성 등을 고려할 때, 귀원의 검토도 필요할 것으로 판단되어 이를 검토 의뢰하니…"(공문: 환경부, 평분67121-64) 등으로 기술되어 있는 것은 이를 잘 보여 준다.

월댐건설계획" 정책토론회를 개최하기도 했다. 정책토론회에서 수공의 건설본부장은 "영월댐 건설계획안" 발표문에서 물 부족의 근거를 제시하면서 용수 확보와 홍수 조절을 위해서는 영월댐 건설이 필요하다고 주장했다.

건교부의 댐 건설 정당화에 대해 환경부는 영월댐 건설에 공식적인 문제 제기를 하거나 현지 조사활동을 벌였다. 먼저 환경부는 건교부가 작성한 기본계획(안) 검토 의견에서 댐 건설의 시기적 부적절함을 지적했다. 환경부는 "영월다목적댐 건설사업은 환경영향평가법 제16조의 규정에 의해 현재 환경영향평가협의가 진행 중에 있으며, 동 시행령 제9조의 규정 및 특정 다목적댐법 제5조의 규정에 의해 기본계획 확정 이전에 제출 협의되어야 한다고 지적했다. 즉, 동 기본계획(안)에 대한 검토는 환경영향평가협의가 완료된 후에 이루어져야 한다"(공문: 환경부, 환평67150-233: 1998.3.31)는 의견을 제시하면서 협의 시기가 부적절함을 지적했다.

둘째, 환경부는 환경영향평가서 재보완 요청을 하면서 결정을 지연시켰다. 환경부는 유관 기관에서의 검토된 지적 내용과 환경부 자체의 검토 내용을 취합해 1998년 3월 30일에 영월다목적댐건설사업 환경영향평가서에 대해 재보완(공문: 환경부, 환평 67121-227)을 요청했다. 재보완을 요구한 내용은 이미 제시된 내용이 보고서에서 빠졌거나 그 근거가 불충분한 내용에 대한 지적이었다. 예컨대, "건교부 수도정비기본계획(안)에 의하면 영월댐에서 취수하여 영월・제천지역에 용수를 공급하는 계획이 수립되어 있는 바 특정 지역에 대한 상수용수 공급계획이 없다고 한 이유를 제시할 것", "저수지의 수질 목표를 1급수로 조정하고 평가서 및 보완서 상의 수질보전 계획을 수질 목표와 일치시킨 수정된 담수수질보전계획을 제시할 것"(공문: 환경부, 환평 67121-227) 등과 같은 내용이다.

셋째, 환경부는 현지 확인조사를 통해 환경영향평가서의 객관적 검증 활동을 실시했다. 환경부는 환경영향평가서 재보완을 요구하는 동시에 댐 건설의 재검토 필요성을 구체적으로 지적한 한국환경정책평가연구원에 현지 확인조사에 참여할 것을 요청하고, 1998년 4월 15일부터 4월 18일까지 동강 유역의 현지 확인조사를 실시했다.[11] 또한 조사 결과 고의 또는 중대한 과실 등으로 인해 조사 내

11) 이 조사에는 환경부의 환경평가과 2명, 자연생태조사단 4명, 평가연구원 1명이 참여했다. 이 조사는 동강을 따라 상류지역으로 이동하면서 하천 지형, 식생, 동물서식지 등 현지조사를 실시하고 환경영향평

용이 평가서에 누락된 경우 관련 대행기관에 대한 행정처분과 함께 고발 등 사법 조치를 취한다는 입장을 표명하고(공문: 환경부, 환평67121-065: 1998.4.10), 현지 실사 조사 결과를 바탕으로 1998년 4월 29일 건교부에 환경영향평가서에 대한 추가 재보완을 요청했다.[12]

넷째, 환경부는 영월댐 건설 문제와 관련된 기관과의 협의 네트워크를 활용해 조직의 입장을 강화해 나갔다. 4월 22일 문화재관리국장 앞으로 환경영향평가서에 대한 검토를 의뢰했다. 문화재관리국에서는 1998년 5월 29일에 검토 의견을 환경부에 회신했다. 회신 내용에는 "유적지는 문화유적의 학술적・역사적 가치 및 분포 규모를 감안해 원형 보존이 바람직하다는 의견", 그리고 "개발이 불가피할 경우 환경영향평가서에서 제시한 방안과 같이 공사 전 반드시 지표조사 및 발굴조사가 충실히 이루어지도록 문화재관리국과 사전 협의 조치가 취해져야 할 것" 등이 담겨 있었다(공문: 문화재관리국, 기념86752-936: 1998.5.28). 이후 문화재관리국에서는 1998년 7월 20일 환경영향평가서에 대해 문화재위원회의 조사 내용을 토대로 "댐 건설과 관련된 지역은 가치가 매우 큰 자연유산의 보고이나 이에 대한 영향평가가 심도 있게 검토되지 않은 것으로 사료되어 환경영향평가를 재검토하도록 요청함"이라든가 "백룡동굴에 대한 입체 항내도 등 정밀조사가 미흡하며 수몰 후 동굴의 원형 보존 방안에 대한 검토가 전혀 없어 백룡동굴의 보존 방안에 대한 재검토가 필요함" 등과 같이 매우 부정적인 견해를 회신했다.[13]

4) 갈등확대기의 대응 행동

영월댐 건설을 둘러싼 정부부처 간의 지속적인 이견과 유관 기관의 부정적 견해, 그리고 지역주민 및 환경 NGO의 조직적 반대 등이 복합적으로 작용해 사회적 갈등으로 논란이 확대되었다. 이에 국무총리실 수질개선기획단이 문제 해결

가서 조사 결과와 비교 후 그 결과를 협의 내용에 반영한다는 취지에서 실시했다.

12) 동식물상 및 하천 지형, 경관 분야에 대한 현지 조사 결과 해당 분야별로 여러 가지 문제점이 지적되었고, 해당 분야별 요구 사항을 중심으로 종합적으로 재검토하고 그 결과를 재보완서에 반영할 것을 요구한다. 여기서 조사된 결과를 근거로 사업 시행 시 생태계가 입을 수 있는 환경 피해에 대한 가치와 수자원 이용 측면에서의 가치를 계량기법을 통해 비교 형량하고 그 손익을 분석 제시해야 한다는 것, 그리고 이와 같은 외국의 유사 사례를 제시할 것 등을 요구했다.

13) 공문: 문화재관리국, 기념86700-1886:1998.7.20, "영월다목적댐 건설 관련 환경영향평가서(안) 검토 결과 회신."

을 위해 개입했지만, 오히려 갈등은 더욱 심화되었다. 먼저 국무총리실 수질개선기획단은 영월댐 건설과 관련해 "수도권의 물 부족에 대비하고 홍수 피해를 경감하기 위해 추진 중인 영월댐 건설과 관련해 환경단체 등의 반대, 관계 부처 간의 이견 노출 등 사업 추진에 지장을 초래하고 있다"는 이유(국무총리실 수질개선기획단, 수개67400-124:1998.7.20)를 제시하면서, 1998년 7월 14일 관계기관 회의를 개최했다.[14] 이 회의에서는 댐의 안전성 문제, 환경 문제, 댐 건설 타당성 문제 등 댐 건설과 관련된 전반적인 문제에 대해 행정기관을 중심으로 논의했다. 여기에서 논의된 결과를 바탕으로 국무총리실 수질개선기획단에서는 1998년 7월 20일 "영월댐 추진대책"을 건교부와 환경부에 통보했다.[15]

둘째, 1차 관계기관 회의에도 불구하고 의견 차이가 좁혀지지 않자 수질개선기획단에서는 또 한 차례의 영월댐 건설 관련 관계기관 회의를 1998년 9월 25일에 개최했다. 이 회의는 부처들 간의 의견 차를 좁히고 댐 건설을 추진하기 위한 중재적 성격의 회의였다. 따라서 정책 관련 부서 간의 이견을 좁히고 지자체 및 지역주민 등의 지원책이 논의되었다. 회의 안건은 영월댐 추진 체계 구축 및 공동조사반 구성 운영(건교부), 표준화된 댐 건설 절차 규정 방안(건교부), 영월댐 홍보 방안(건교부), 영월댐 환경영향평가 추진 상황 및 평가제도의 개선 방안(환경부), 댐지역 수질보전 대책 수립(건교부) 등이었으며, 논의 후 회의 결과를 해당 기관에 통보했다.

셋째, 2차례의 관계기관 회의에도 불구하고 협의 도출에 실패하자 수질개선기획단에서는 기존의 회의와는 다소 성격이 다른 관계기관 회의를 개최했다. 즉,

---

14) 이 회의에는 수질개선기획단장의 주재 하에 사업지원부장, 건교부 수자원심의관, 환경부 자연보전국장 등이 참석하게 된다.

15) 먼저 건교부에는 영월댐 건설 사업 시행의 투명성과 효율적인 추진을 위해 추진 절차와 추진 주체별 소관 업무를 명확히 하고 능동적인 대내외 협의를 위한 추진 체계를 구축하는 방안을 강구하라는 것이다. 특히 댐 안전성, 환경문제 등에 대해 객관적인 사실 규명이 될 수 있도록 외부 전문가 등이 포함된 공동조사반을 구성 운영하는 방안을 강구하라는 것이다. 그리고 댐 건설 사업 추진에서 댐 건설 타당성 및 신뢰도를 확보할 수 있도록 표준화된 댐 건설 추진 절차와 환경, 용지 보상 등 각종 현안 문제에 효과적으로 대응할 수 있는 법적·제도적 방안을 강구하라는 것이다. 그리고 지역주민 및 일반 국민들이 댐 안전성, 환경영향 등에 관한 사실을 정확히 이해할 수 있도록 적극적이고 다각적인 홍보 방안을 강구하라는 것이었다. 다음으로 환경부에는 영월댐 환경영향평가의 경우 환경성 검토와의 관계 등 평가절차를 명확히 하고 평가 항목 및 보완 내용을 구체적으로 제시하고 앞으로 이를 제도적으로 반영할 수 있는 법적 개선 방안을 강구할 것을 통보한다.

관계기관 회의에서 환경단체인 환경운동연합을 참여시킬 수 있는 방안이 모색했다. 1999년 1월 4일 수질개선기획단에서는 영월댐 건설 관련 실무 차원의 사전 협의 및 검토를 위해 물관리정책조정실무위원회(관계차관회의)를 개최하고, 기관 간의 협조 사항 등을 논의했다. 논의 결과는 1999년 1월 15일에 각 기관에 다시 통보되었다. 그 내용은 합동평가단을 1월 말까지 구성하되 환경부와 강원도에서 적극 협조할 것(환경부, 강원도, 수공), 댐 건설 후 수질보전 대책의 객관성 확보를 위해 팔당상수원 등 개선 대책 모델링의 기초 자료를 이용할 것(수공), 댐사업의 경우 기본계획협의와 환경영향평가 간의 성격 및 절차를 명확히 할 수 있도록 제도 개선 방안을 강구할 것(환경부) 등이었다. 전체적으로 환경영향평가에 따른 관계 부처 간 협조 방안, 환경단체 등의 댐 건설 반대에 대한 정부 대책 방안 논의였다.

공식적 조정기관의 성격을 띤 수질개선기획단의 개입 이후 건교부의 대응은 다음과 같다. 첫째, 건교부는 영월댐 건설 강행 방침 발표를 통해 댐 건설의 기정사실화를 재시도했다. 즉, 제3자에 의한 조정 과정에서 건설교통부는 영월댐 건설 강행 방침을 발표한 것이다(1998.9.21). 나아가 동강댐 건설 예정지 상류에 대규모 위락단지를 건설하겠다는 공약도 발표했다.

둘째, 건교부는 댐 건설을 적극적으로 반대하는 NGO 등과의 협상을 시도했다. 갈등의 증폭 속에 댐 건설이 정치문제화되자 청와대 환경담당 비서관의 중재로 건교부의 실무진과 환경운동연합 사무총장이 협의를 시도했다. 이것은 정책 추진 과정에서 반대 목소리(voice)가 큰 집단과의 협상 시도인 것이다. 그러나 합의 도출에 실패하면서[16] 댐 건설이 가지고 있는 다양한 쟁점에 대한 논쟁은 지속적으로 펼쳐졌다.

셋째, 건교부는 합동평가단의 구성을 통해 댐 건설의 정당화를 시도했다. 건교부는 수질개선기획단 회의에서 논의된 대로 1999년 1월 18일 합동평가단을 구

16) 환경운동연합 ○○사무총장과의 인터뷰(2000.11.20)에 의하면 이 당시에 합의에 이르지 못한 이유로서는 "협의 상대자의 수준 문제가 제기되었다"고 한다. 이 때 "건교부에서는 건교부 내의 실무진이 나왔는데, 본 현안의 경우는 적어도 좀 더 책임 있는 자리에 있는 사람과 협의해야 의미가 있는 것이었다"고 한다. 예컨대 장차관이나 대통령 수준에서 논의되어야 의미 있는 협의가 가능하다는 것이었다. 1998년 11월쯤에 대통령이 시민단체 대표자 50명이 함께 한 자리에서 5명이 발언을 하게 되었는데, 이 때 ○○ 사무총장은 "경제를 살린다면서 환경을 다 죽이고 있다"고 하면서 "동강 문제를 제기했다"고 한다. 이때 "김대중 대통령은 환경문제에 관심이 많다고 하며 재검토하겠다고 응답을 했다"는 것이다.

성・운영하기 위해 환경운동연합, 환경부, 강원도 등 댐 건설과 관련해서 반드시 설득해야 하는 핵심 기관이나 단체에 전문가 추천을 의뢰했다. 즉, 합동평가단을 구성하기 위해 정부부처 및 시민단체에 전문가 추천을 의뢰한 것이다. 1998년 10월 12일에는 환경부, 강원도, 환경운동연합, 녹색연합에 평가단 위원의 추천을 의뢰했고, 1998년 10월 31일에 2차로 추천을 의뢰했다. 강원도에서만 추천을 하자 건교부는 1998년 12월 9일에 나머지 3개 기관에 평가단 위원 추천을 재촉구했다. 이 때 환경부는 정식으로 평가위원을 추천하지 않고 환경부의 정책자문위원의 명단을 건교부에 알려 주었다.[17]

환경운동연합은 합동평가단의 구성 의도가 이미 댐 건설을 전제로 운영될 것이라는 점을 이유로 1999년 1월 15일 추천을 거부하는 공문을 수공에 발송했다. 그러자 1999년 1월 19일과 30일 건교부는 다시 환경운동연합에 평가단 위원 재추천을 의뢰했다. 그러나 다시 한 번 환경운동연합은 추천을 거부하기에 이른다. 이것은 다음과 같은 인터뷰 내용에서 드러나듯이, 환경운동연합은 건교부와 수공의 합동평가단 구성 의도를 부정적으로 바라보고 있었던 것에 기인한다.

> 평가단의 전문가를 추천해 달라고 건교부와 수공에서는 직원이 직접 여기를 방문했었습니다. 그러나 우리는 평가단의 구성이 댐 건설을 전제로 이루어지고 있었기 때문에 이를 거절했습니다(환경운동연합 ○○○ 사무처장과의 인터뷰, 1999.6.5).

이러한 반대 속에서도 건교부와 수공은 1999년 1월 말 건교부 주관으로 지금까지 제기된 문제 및 쟁점을 재검토하고 진행 중인 추가 조사에 대한 공동 검증을 통해 사업 추진에 대한 투명성 확보 및 대(對)국민 신뢰성을 높이고 전문가들로 구성된 평가단의 객관적인 평가 의견을 수렴해 정책에 반영한다는 취지로 합동평가단을 구성(건교부, 2000)하고, 이를 중심으로 정책을 추진해 나갔다.

넷째, 건교부는 계속 댐 건설 완공 계획을 밝히며 댐 건설을 밀어붙였다. 1999년 2월 18일 건교부는 1999년 8월까지 생태계 조사를 마치고, 10월경부터 용지보상에 들어가 2005년까지 댐을 완공할 계획임을 발표했다(동아일보, 1999.2.18; 한

17) 이 당시 합동평가단 관련 평가단원의 추천은 강원도에서 11명, 환경부에서 8명, 그리고 나머지 11명은 민간 분야에서 추천된 인사로 구성되었다.

겨레신문, 1999.2.19; 한국일보, 1999.2.19). 정밀조사를 목적으로 구성된 합동평가단의 평가 결과가 나오기도 전에 건교부의 댐 건설 강행 입장 표명은 환경단체의 강한 반발을 불러왔을 뿐만 아니라 정치권의 반대도 불러왔다.[18] 즉, 건교부의 이러한 대응은 오히려 이해관계자들의 더 큰 반대를 불러일으키게 된 것이다.

이러한 건교부의 대응에 대해 환경부는 계속적으로 댐 건설의 문제점을 지적하며 환경영향평가 협의라는 절차적 대응을 하면서 댐 건설을 지연시키며 견제 활동을 했다. 먼저 환경부는 관계기관 회의 후에 문화재관리국의 회신 내용을 중요하게 고려해 환경영향평가서 추가 재보완을 요청했다. 이러한 내용은 "귀 부가 제출한 영월댐 건설사업 환경영향평가서 보완서에 대한 문화재관리국으로부터 검토 의견이 제출되어 이를 통보하니 동 검토 결과 회신에서 제기된 내용이 환경영향평가 재보완서에 반영될 수 있도록 조치"라고 회신한 공문[19]에서도 알 수 있다. 영월댐 건설 문제에 새로운 쟁점들이 추가되는 과정에서 1998년 8월 29일 문화관광부는 강원도 관광개발과장 등과 함께 영월댐 예정지를 답사했고, 답사한 내용이 반영될 수 있도록 1998년 9월 5일에 환경영향평가서에 재보완 내용을 추가해 보완할 것을 요구했다. 요구 사항의 핵심 내용은 댐 위치를 상류나 다른 지역으로 옮길 경우의 사업타당성을 제시하고, 상류 지역의 개발계획과 관광객, 폐광산 등에 의한 오염 부하량을 포함시켜 산정 제시할 것 등이다(공문: 환경부, 환평 67121-843: 1998.9.5).[20]

둘째, 환경부는 비판적 입장을 표명하면서 댐 건설의 문제점을 지적했다. 환경부는 1998년 8월 30일 동강댐이 건설될 경우 수질이 악화될 가능성이 있다는 것을 표명했다. 그리고 1998년도 10월 25일에는 환경부 생태계조사단이 동강을 보존하는 것이 바람직하다는 입장을 공식적으로 표명했다. 그리고 건교부의 위락단지 건설계획에 대해서도 환경부는 "댐을 막으면 물이 정체되어 수질이 나빠질

18) 이러한 발표가 있자 환경운동연합은 1999년 2월 19일 서울 세종로 정부종합청사 후문에서 긴급 상경한 지역주민 등이 참여한 가운데 건교부의 동강댐 건설계획 전면 백지화를 요구하는 규탄집회를 가졌다(한겨레신문, 1999.2.19). 또한 한나라당 정책위 환경위원회에서도 "수자원공사 산하 수자원연구소의 지적이 아니더라도 석회동굴지역의 댐 건설은 누수사고 위험뿐만 아니라 댐 붕괴를 부를 수 있고 대형참사로 이어질 위험성이 있는 공사를 즉각 중단해야 할 것"(동아일보, 1999.2.19)이라는 성명을 발표했다.
19) 공문: 환경부, 환평67121-720:1998.7.27, "영월댐 건설사업 환경영향평가서 검토 의견 추가 통보."
20) 여기서 정선군의 개발촉진지구 지정과 관련해서 건교부가 댐 건설을 전제로 정선군에 개발촉진지구를 허가해 준 것이었는데 결과적으로는 환경부로 하여금 이러한 추가 재보완 요구를 하게 만들었다.

수밖에 없는데 댐 상류에 다시 위락단지를 조성하겠다는 발상을 이해할 수 없다"(조선일보, 1998.11.2)고 건교부의 입장에 부정적인 견해를 표명했다. 1999년 3월 환경부 자연보전국장이 국회환경포럼에서 "지난 1997년 6월 건교부가 전달한 동강댐의 환경영향평가 결과를 검토한 결과 동강댐이 건설되면 이 지역의 생태와 수질이 악화될 우려가 있다"[21]고 언급하며, 반대 입장을 표명했다.

셋째, 환경부는 반대 입장을 보이는 단체와 연계를 통해 대안을 모색했다. 환경운동연합과 공동으로 구체적인 물절약운동을 추진한 것은 그 대표적인 예이다. 물절약운동의 추진은 환경운동연합이 댐 건설을 대체하는 대안으로 주장해 온 것이다. 환경운동연합은 1999년 3월 25일 물절약국민운동 선포식 및 물절약 캠페인을 벌이기 시작했다. 이 때 "환경부와 환경연은 공동으로 물 부족을 고민해 왔고, 그 방법은 댐 건설이 아니라고 보았으며, 환경부도 물절약운동에 상호 인식이 되어 있었던 상태였다"[22]는 주장에서 알 수 있듯이 공동으로 대안을 모색하기에 이른 것이다. 또한 1999년 4월 15일에 환경부 장관은 환경연의 33일간의 농성장을 방문하기도 하는 등 환경단체에 대한 간접적 지지 활동을 보이기도 했다.

5) 갈등고조기의 대응 행동

지역주민 및 지방자치단체의 반대, 환경운동연합과 같은 환경단체, 그리고 각종 시민 사회단체의 개입은 문제의 복잡성을 높였고, 다양한 정치집단들의 본격적 개입으로 정책갈등은 최고조에 이르게 된다. 특히, 댐의 안전성 문제에 민감하게 반응했는데, 국회 환경노동위원회에서도 댐의 안전성 문제를 본격적으로 논의했다. 그 결과 국회 환경노동위원회와 환경부 차관 및 실국장 등은 논란이 되고 있는 동강댐 예정지 현장 방문 및 탐사를 하기에 이르렀다. 이후 1999년 4월 5일 강원도지사가 사전에 중앙정부와 협의 없이 독자적으로 댐 건설 반대 기자회견을 가졌고, 이어서 강원도의회와 강원도 내 18개 시·군의회 의장단도 반대 입장을 표명했다. 그리고 강원도의회와 충청북도의회가 댐건설 반대 공동선언문을 채택했으며, 평창군의회가 반대 성명을 발표했다.

---

21) 국회환경포럼, 전국환경전문가회의 자료집(1999).
22) 환경운동연합 ○○○ 홍보팀장과의 인터뷰(2000.12.16).

급기야 대통령이 1999년 4월 7일 건교부의 국정개혁 보고 시에 "물대책, 홍수대책, 댐 건설 지역의 안전성 등을 국민에게 정확히 제시하고 합리적으로 댐 건설 여부를 결정해야 한다"는 의견을 제시하기에 이른다. 그리고 4월 28일 강원도 지부장 단독 회동 시에는 "국제적으로 인정받는 객관적인 조사팀에 맡겨 그 결과를 본 뒤 추진 여부를 결정해야 한다"는 견해를 밝혔다.

대통령의 입장 표명 이후 건교부는 일단 댐 건설 추진 입장을 선회하는 대응을 했다. 건설교통부 장관은 영월댐 건설 여부를 외국 회사에 맡기고 사업 추진을 연기한다고 발표해 기존의 댐 건설 연내 강행 입장에서 한 발 물러선 입장을 보였다. 연기 이유에 대해 건교부 장관은 "현재 활동 중인 영월댐 합동평가단에 대해 환경단체 등의 사이에서 부정적인 여론이 많고, 이러한 부정적인 인식을 없애기 위해 외국 평가회사에 영월댐 사업에 대한 종합적인 점검을 받기로 했다"(동아일보, 1999.4.30)고 공식적인 입장을 표명했다. 그러나 외국 회사에 댐 건설의 타당성 여부를 맡기는 것에 대해 환경운동연합은 반대 입장을 취했고,[23] 댐 건설의 타당성에 대한 재검토 시도는 이루어지지 못했다. 이러한 상황에서 대통령은 다시 댐 건설 반대 입장을 표명했다. 즉, 8월 6일 강원지역 MBC와의 합동회견에서 "환경 보전의 입장에서 많은 사람이 걱정하고 있는 일을 굳이 정부가 할 필요가 없다"[24]는 의견을 제시했다.

이와 같이 대통령을 비롯한 정치권의 개입 이후 건교부의 입장이나 주장이 지지를 얻지 못하게 되자 환경부는 댐 건설 백지화에 대한 구체적인 대안을 모색하면서 대응했다. 2000년 2월 환경부 장관은 한국일보와의 인터뷰에서 "동강댐을 건설하지 않아도 댐 건설과 같은 효과를 얻을 수 있는 방안을 모색하고 있다"(한국일보, 2000.2.23)는 입장을 발표했다. 그리고 환경부는 물절약추진대책위원회를 통해 소규모 녹색댐 건설, 중수도 시설 확충 등 댐 건설 백지화에 대한 여러 가지 대책을 추진할 계획임을 밝히면서 댐 건설 백지화를 공론화시켜 나갔다.

댐 건설을 둘러싼 중앙정부의 입장에 대한 이해관계자들의 지지와 역학 관계에 변화가 나타나자 국무총리실 수질개선기획단은 물관리정책 민간위원회를 개

---

23) "그 이유는 결론을 정해놓고 절차적으로 합리화하려는 시도일 수 있다는 것 때문에 반대했다"(환경운동연합 ○○○ 간사와의 인터뷰, 2000.519).

24) 환경운동연합 외. 시민의 승리 동강댐 백지화 자료집: 2006.12.

최했다. 그리고 1999년 8월 26일 동강댐 건설의 타당성을 원점에서부터 종합적으로 조사해 건설 여부를 최종적으로 결정하기 위해 영월댐 건설 공동조사단을 구성하게 된다.[25] 결국 물관리정책 민간위원회의 심의를 거쳐 5개 분과 33인의 공동조사단을 운영하게 되었으며, 10여 차례의 전체회의와 수시 분과회의를 열어 동강댐에 대한 종합보고서를 제출했다. 이러한 과정에서 건교부와 환경부 모두 공동조사단의 활동에 적극적으로 협조했고, 공동조사단의 조사 결과에 따라 동강댐 백지화 여부를 결정하게 되었다.

3 갈등 조정 기제의 변화를 통한 갈등 해결

영월댐 건설정책의 조정 과정과 조정 기제를 살펴보면, 정책 참여자가 많아지면서 댐 건설 정책문제는 점점 복잡해지는 양상을 보임을 알 수 있다. 이에 따라 정책문제에 대한 조정 기제도 갈등당사자 간 조정 → 제3자 조정 → 혼합적 조정으로 조정 양상에 변화를 보였다. 먼저 정부부처 당사자 간 조정 시기에는 직접 또는 간접적인 정책 참여자가 두드러지지 않아 정책문제는 단순했다. 정책갈등은 건교부와 환경부 간 이견의 노출 속에서 제도적 절차에 따라서 건교부의 협의 요청과 이에 대한 환경부의 보완 요청이 반복적으로 나타났다. 따라서 이 시기에는 제3자 개입에 의한 조정 기제나 독립적 조정 기제는 존재하지 않았다. 환경영향평가서의 협의 요청과 보완 및 재보완 요청을 중심으로 건교부와 환경부 모두 절차적인 대응으로 일관했다. 당사자 간 조정활동은 정책갈등의 실마리를 풀어나가지 못했고 정책이 지연되는 상황으로 나타났다.

당사자 간 조정 과정 속에서 정책문제에 지역주민 및 지방자치단체의 이해 관계에 따른 찬성과 반대 등의 움직임이 증가하고 환경운동연합과 같은 환경단체

25) 공동조사단의 구성 과정은 다음과 같다. 먼저, 1999년 7월 6일 물관리정책 민간위원회를 개최했다. 여기에서 영월댐 추진 재조사를 위한 공동조사단 구성 방안에 합의했고, 세부 추진 계획 논의를 위한 소위원회(7인)를 구성했다. 이후 2차례(7월 12일 7월 28일)에 걸친 소위원회 개최로 조사단 구성 원칙에 합의했다. 조사단은 5개 분과(물 수급, 홍수, 댐 안전, 환경, 문화)로 구성하고, 분과별 구성 인원은 6명 내외(총 30인 내외)로 구성하는 것으로 결정되었다. 공동조사단의 전문가 구성은 정부 측(건교부, 환경부, 강원도), 환경단체 및 민간위원이 추천하는 사람으로 구성하기로 했으며, 조사 기간은 6개월(99. 9~2000. 2)로 하되 최장 6개월 연장이 가능했다.

의 반대활동이 증가하면서 정책문제는 더욱 복잡한 양상으로 변화했다. 이 과정에서 정책을 둘러싼 정부부처 간 이견과 대립이 커지면서 공식적인 제3자가 정책갈등의 조정 기능을 수행했다. 국무총리실 수질개선기획단은 수차례 관계기관 회의를 개최했고, 회의에서 논의된 결과를 건교부와 환경부 및 유관기관에 통보하는 등의 조치를 취했다. 먼저 찬반으로 나뉜 지역주민이 개입하자 건교부는 지역주민을 설득하거나 댐 건설을 기정 사실화하고, 동시에 관계 기관과의 협의를 통해 문제를 해결하려고 시도했다. 이에 환경부는 지속적으로 절차적인 대응을 통해 건교부를 견제하면서 정책 이슈를 확대시켜 나갔다. 둘째로 환경단체가 개입하자 건교부는 전문가를 활용하거나 정책토론회를 통해 댐 건설 정책의 정당화를 시도했다. 이에 대해 환경부는 여전히 절차적인 대응 차원에서 환경영향평가에 대한 추가적 재보완 요청을 통한 정책의 지연과 적극적인 현지 조사활동 및 관련 부처의 협의 네트워크를 활용하며 대응해 나갔다. 셋째로 제3자 조정이 본격적으로 취해지자 건교부는 댐 건설의 강행 표명 등 기정 사실화와 정당화를 시도했다. 이에 대해 환경부는 일관되게 절차적 대응을 통한 댐 건설 지연과 유관 기관과의 협의 네트워크를 지속적으로 활용하면서 대응했다.

이러한 정부부처 간 정책 갈등 속에서 상위기관인 국무총리실의 수질개선기획단이 공식적인 조정활동을 했다. 그러나 이미 정책문제는 매우 복잡한 양상으로 변화했고, 따라서 조정활동은 효과적으로 기능하지 못했다. 주요 이유는 환경운동연합과 같은 강력한 반대 조직이 정책 과정에 깊게 개입하게 되면서 정책문제의 중립적 해결 필요성이 높아졌음에도 불구하고 실제 조정활동은 중립적 성격을 띠지 못했다는 것이다. 따라서 제3자 조정활동을 기반으로 운영된 건교부 주도의 합동평가단은 그 목적을 달성하지 못하고 해체되었다.

조정기구 운영의 중립성에 대한 불신 때문에 합동평가단이 실패했다는 인식에 따라 이후 시도된 공동조사단의 성공적 운영을 위해서는 중립성을 보장해야 한다는 공감대가 형성되었다. 결국 공동조사단 구성위원 비율에 대한 균등 추천을 통해 혼합적 성격의 조정기제가 작동되었다. 정치권의 공식적 개입과 관심이 증대하면서 동강댐 건설의 타당성을 원점에서부터 종합적으로 조사해 건설 여부를 최종적으로 결정하기 위해 갈등 주체들 간의 합의를 통해 공동조사단이 구성된 것이다.

공동조사단의 구성에는 두 가지 차원의 협력이 발생했다. 즉, 정책갈등의 주체였던 건교부와 환경부라는 정부부처 간의 협력과 정책갈등 및 정책 경쟁의 주체였던 중앙정부와 환경운동연합 간의 조건적 협력이 생성된 것이다. 이러한 조건적 협력은 공동조사단의 중립적 구성을 가능하게 했다. 즉, 민간환경단체와 정부기관 간의 참여 비율을 균등하게 구성하기로 합의했고, 이것은 정부부처 간의 협력으로 이어졌다. 이로 인해 정책문제를 좀 더 객관적으로 접근할 수 있는 중립적 성격의 혼합적 조정 기제가 생성된 것이다. 공동조사단은 객관적 조사활동을 통해 동강댐 건설 백지화라는 최종 결과를 발표하게 되었고, 환경의 날 기념식에서 대통령이 동강댐 백지화를 공식적으로 표명하는 결과를 가져오게 된 것이다. 결국 적극적인 토론과 논변 과정을 통한 객관적인 공동조사단의 구성은 동강댐을 둘러싼 정부부처 간 갈등을 해소하는 데 중요한 요인으로 작용했다.

제 3 절 정책갈등 사례분석의 시사점 및 생각해 볼 문제

1 정책갈등 사례에 대한 시사점

1) 정책 추진에서 객관적 근거와 사회적 지지 확보의 중요성

영월댐 건설 정책 추진에서 가장 주목할 만한 점은 정부의 정책 추진 과정에서 나타난 갈등의 발생과 이에 따른 정부의 정책 추진 중단 및 정책의 백지화이다. 중앙정부 중심의 정책 추진 과정에서 나타난 문제는 동강에 대한 방송 보도 이후 심각한 사회적 갈등을 경험하게 되었다. 결국 영월댐 건설 문제는 전 국민적 이슈로 부상했고, 정책 논변 과정을 거치면서 댐 건설에 대한 반대집단의 논리가 사회적 지지를 받게 되었다. 그리고 중립적인 관점에서 지속적인 재검토 과정을 거쳐 종국적으로 댐 건설이 백지화되었다.

정책 추진 과정에서 정책에 대한 사회적 지지를 얻는 것은 정책의 정당성 확보 차원에서 중요한 과제이다. 이 과정에서 반대집단의 전략적 대응은 사회적 지지를 얻는 데 매우 효과적이었다. 정책을 추진하는 건설교통부 및 수자원공사의 주장에 어떠한 문제점이 있는지를 지적하기 위해 적극적으로 근거를 찾는 노력을 보였다. 또한 학술 세미나나 토론회 등에 참여하면서 댐이 건설되어서는 안 되는 이유를 적극적으로 제시했다. 어떠한 갈등 사례에서보다 자신들이 주장이 왜 타당한지에 대한 근거와 논리를 찾기 위한 노력들이 있었고, 이러한 점은 사회적으로 비교적 설득력 있게 받아들여진 것으로 판단된다. 이것은 역설적으로 정부의 정책 추진 과정에서 정책이 왜 필요하고 정당한지에 대한 객관적인 근거 제시와 사회적 지지를 확보하기 위한 노력이 중요하다는 것을 말해 준다.

2) 중립적 관점에서 문제 해결을 위한 인식 전환의 필요성

정부의 정책 추진 과정에서 이해관계자 및 관심 사회집단의 반대 속에 발생한 갈등의 심각성이 더해지면서 갈등의 해결이 정책의 성공을 가르는 중요한 문제로 부상하고 있다. 이 사례에서는 합의 형성을 위해 공동조사단을 운영해 이러한 문제를 해결하고자 시도했다. 정책을 추진하는 입장에서 건설교통부와 수자원공사는 처음 의도한 대로 댐 건설을 원활하게 추진해 나가기를 원했다. 그러나 댐 건설의 타당성 문제에 대한 사회적 논의에서 그 주장의 설득력을 잃었다. 따라서 환경단체의 의견을 수용해 50%의 추천권을 부여하면서 공동조사단의 운영에 합의를 했다.

어떻게 보면 정책을 추진하는 정부의 권위에 손상이 가는 것으로 인식할 수도 있다. 그러나 특정 정책의 추진 시 그것의 영향이 공동체 구성원의 보편적인 가치와 관련되는 것이라 한다면, 그리고 그것으로 인해 이해관계집단에 많은 영향을 줄 수 있는 것이라고 한다면, 객관적이고 중립적인 관점에서 정책을 재평가해 추진하려는 인식의 전환은 중요한 의미를 가진다. 많은 경우 정부의 정책 추진 당사자들은 처음 추진해 온 관점을 쉽게 바꾸지 않으려는 경향이 있다. 이것에는 지금까지 해왔던 관성에 의존하는 편의주의적 접근 방식을 가지거나, 이미 투자된 것을 잃지 않으려는 매몰비용의 논리에 빠져 있는 경우가 많다. 대규모 국책사업의 추진에서는 설령 어느 정도의 매몰비용이 있다 할지라도 사회 대다수의 구성원이 문제 제기를 하는 경우 공동체의 보편적 가치를 고려해 새로운 시각에서, 그리고 충분한 시간을 가지고 적극적으로 정책적 논변을 벌이는 것이 정책실패의 가능성을 줄여줄 수 있는 좋은 선택이 될 수 있다.

건설교통부와 환경단체의 대립 속에 국무총리실과 환경부가 관여해 공동조사단을 구성해서 댐 건설 여부의 타당성 문제를 재조사해 잠정적인 결론을 도출하고, 이를 토대로 최종적인 의사 결정을 한 것은 거버넌스를 지향하는 국정의 흐름에서 큰 의미를 갖는다. 당시 환경단체의 개입으로 새만금 갯벌의 매립문제를 둘러싸고 정책 추진집단과 환경생태 가치를 주장하며 매립을 반대한 집단 간에 유사한 갈등이 발생했을 때에도 영월댐 사례에서 시도된 공동조사단을 구성해 해결하려 했다. 비록 새만금 사례의 경우 그 운영상의 문제로 성공적이지는 않았지만, 그러한 방식이 효과적인 접근일 수 있음을 말해 준다.

3) 정책 참여 구조에 따른 조정 기제의 변화 필요성

공공정책 추진에서 갈등 당사자 간 협력이 어려울 경우 제3자의 개입에 의한 갈등 조정의 필요성이 나타나게 된다. 갈등의 당사자들이 갈등을 해결하기 위해 수차례의 협력 과정을 거쳤으나 해결책을 찾지 못할 때 제3의 갈등 조정자는 화해를 알선(conciliation)해 주거나 또는 조정을 촉진(facilitation)해 주는 역할, 일반적인 조정(mediation)을 수행하면서 대안을 제시하는 역할, 그리고 약간의 강제적인 권한을 가지고 중재(arbiration)를 하는 역할을 할 수 있다. 여기서 갈등 조정자는 문제의 성격이나 갈등 상황에 따라서 적절한 역할을 수행해야 한다(Folger & Poole, 1984; 주재복, 2001; 이달곤, 1995: 78).

그러나 문제의 성격이나 정책 참여자에 따라서는 당사자 간 분쟁이나 제3자에 의한 조정에도 한계가 있다. 이 때에는 정책 이해관계자들로 하여금 새로운 독립적인 조정기구를 만들어서 문제를 해결할 필요성이 있다는 점을 이 사례는 잘 보여 주고 있다. 혼합적 조정 방식(hybrid coordinator)은 당사자와 이해관계자, 그리고 조정자들이 새로운 임시조직(adhocracy)을 만들어 토론과 논변 과정을 거쳐서 합의점을 도출하고 갈등을 조정해 나가는 방법이다. 이 사례에서 살펴보았듯이 정책 참여 구조가 복잡해질수록 갈등 해결을 위한 조정 기제는 당사자 간 조정 형태에서 혼합적 조정 형태로 이행해 갈 가능성이 크다.

갈등 당사자들은 갈등 과정에서 다양한 전략과 행동을 선택한다. 특히 문제의 복잡성, 정책 이해관계자나 정책 참여자의 수, 반대집단의 수나 영향력 정도 등에 따라서 상이한 대응 행동을 보이게 되고, 이것은 정책 결정에 중요한 영향을 미친다(Allison, 1971; Lindblom, 1965). 즉, 정책갈등 상황에서 정부 간 전략적 대응 행동은 정책 참여 구조에 따라서 상이하게 나타난다는 점이다. 정책문제의 갈등이 고조되어 공식적인 기관이 조정활동의 일환으로 개입하게 되는 경우, 정책갈등 기관들은 정책에 대한 자기 주장의 설득력을 높이는 활동을 더욱 강화한다. 조정기관으로부터의 지지를 얻기 위한 객관적 조사활동, 정책의 정당화, 대안 모색 등이 이에 해당한다.

결국 정책 과정에 참여하는 참여자가 많아질수록 정책문제는 단순한 문제에서 복잡한 문제로 변화하며, 이에 대한 관련 행위자들의 대응도 복잡하게 변화한다. 그리고 정책갈등의 양상과 정책갈등을 해결하기 위한 조정 양상도 변화한다(홍성만, 2002). 즉, 정책 과정에서 정책 참여 구조의 변화는 정책 조정 과정에서 정책을 둘러싼 갈등 당사자의 대응 행동에 변화를 가져오며, 정책 참여 구조와 대응 행동의 변화 과정에서 정책갈등의 해결에 적합한 새로운 정책 조정 기제가 나타난다.

2 정책 과정에 대한 시사점

1) 기관의 미션 달성 노력을 통한 정책의 책임성 확보

중앙행정기관은 공공성이라는 보편적 가치를 지켜나가기 위해 각 기관의 미션에 충실해야 한다. 각 기관의 미션 추구가 종종 상충성을 갖는 경우가 있을 수 있지만, 이의 적극적 대처는 오히려 긍정적인 기회로 작용할 수 있다. 예컨대, 국토의 개발을 추구하는 건설부의 미션과 자연생태 환경의 보전을 추구하는 환경부의 미션은 상충 가능성이 있다. 이 사례의 경우에서도 건설교통부가 추진하는 영월댐 건설 시 동강의 자연 생태환경의 파괴 가능성이 있다. 댐 건설에 따른 환경영향을 파악하는 환경영향평가제도는 환경부의 미션 차원에서 댐 건설의 적합성을 검토하는 제도적 절차이다. 환경영향평가제도의 운영이 어떻게 이루어지는가에 따라서 그 환경상의 문제에 대한 적절한 대책이 보완될 수 있거나 형식적 역할에 그칠 수 있기 때문이다.

이 사례에서 환경부는 건설교통부에서 작성한 환경영향평가보고서에 대해 수차례의 보완 요구를 했고, 이것은 건설교통부가 좀 더 신중하게 정책 추진을 하도록 하는 역할을 했다고 평가할 수 있다. 이와같이 각 부처의 미션 간 상충 가능성이 있는 경우 이를 해소하기 위한 적극적인 역할은 정책에 대한 상호 견제 역할을 할 수 있다. 또한 이를 통해 정책 추진에 좀 더 신중을 기할 수 있고 충실한 정책 추진이 가능하도록 하여 정부기관의 책임성을 제고한다. 부서 간 이견 제시와 이견에 대한 합리적 검토는 공공기관의 정책학습을 촉진시킬 수 있는 의미 있는 계기로 작용할 수 있다.

2) 사실(fact)을 중심으로 한 공개적 정책 논변

정책 과정에서는 정책 추진의 타당성 문제나 정당성 문제로 찬성집단과 반대집단이 대립하는 경우가 비일비재하다. 이 때 근거 없는 주장으로 상대방을 비난하거나 사실을 왜곡해 자신의 입장만을 제시하는 경우 정책 과정에서 불필요한 논란을 키워나갈 수 있다. 이 사례의 경우에서도 영월댐 예정 지역 내 동굴 숫자에 대한 상이한 자료의 제시는 댐 건설의 안전성을 주장하는 수자원공사와 안전성에 문제를 제기한 집단 간에 심각한 논란을 불러일으켰다.

이견이 대립하는 경우 사실을 중심으로 근거를 제시하며, 공개적 정책 토론과 진솔한 정책 협의를 해 나갈 때 대안 중심의 발전적인 논변이 가능하다. 사실 중심의 근거가 풍부하게 제시되는 경우 사안에 대한 객관적인 판단 가능성이 높아질 수 있다. 공개적 논의가 이루어질수록 다양한 이견들이 제시되고 오류의 수정 가능성이 높아질 수 있어 질 높은 의사 결정에 도달할 가능성이 높다.

3) 정부 간 정책갈등의 조정 기제로서 공동조사단 활용

정부 간 갈등 조정에 공동조사단이라는 문제 해결 기제는 비교적 효과적인 역할을 수행할 수 있다는 점이다. 이 사례에서 영월댐 건설 여부를 둘러싸고 건설교통부와 환경부뿐만 아니라 외부 사회집단 간 심각한 사회적 갈등을 벌이는 과정에서 객관적인 공동조사단을 구성해 댐 건설의 타당성 문제를 결정하기로 하고 재검토에 들어갔다. 그 결과 댐 건설의 타당성 문제를 비교적 객관적으로 검증할 수 있었고, 공동조사단의 조사 결과는 댐 건설 백지화 여부와 관련한 의사결정에 중요한 역할을 했다.

특히 논란의 가능성이 큰 정책일수록 초기부터 객관적인 공동조사단을 구성해 정책을 추진하는 경우 정부 간, 그리고 정부와 사회집단 간 갈등으로 인해 발생하는 사회적 비용을 최소화할 수 있다. 더불어 정부 간 가치갈등에 따라 사회집단 간 갈등이 연쇄적으로 확대될 가능성이 있는 경우 이해관계자들로 구성된 객관적인 공동조사단을 만들어 대안을 탐색하고 문제를 해결해 나가는 것이 정책과정에서의 갈등을 최소화하고 정책의 지연이나 왜곡을 줄일 수 있는 합리적인 처방책이 될 수 있다.

4) 정책과 관련된 법규의 보완을 위한 사전적 노력

중앙행정기관들은 직면한 과제를 해결하기 위해 다양한 사업과 정책을 추진한다. 이 과정에서 과제 현안 해결을 위한 법률의 개정 등 보완적 입법이 되어야 정책의 구체적인 집행 여건이 마련되는 경우가 많다. 보완적 입법의 문제는 정당 간의 대립 구도를 비롯한 정치환경에 의존하기도 하지만, 중앙행정기관 역시 관련 법규의 미비점에 대한 사전적 보완을 위한 준비를 충실히 할 필요가 있다. 정책과제의 해결에 대해 장기적 안목을 가지고 변화하는 현실을 반영해 실질적인 보완이 될 수 있는 노력이 이루어져야 한다.

이 사례의 경우 댐 건설 예정지를 고시하고 나서 지역주민들의 반대에 직면하자 건설교통부는 지역 지원을 강화하기 위한 차원에서 '댐 건설 및 주변 지원 등에 관한 법률'의 개정을 추진했다. 이러한 시도에 대해 반대 집단들은 포획 차원의 지원을 위한 조치라고 폄하하며 비판하기도 했다. 그러나 현실적 필요에 부합하는 적실성이 높은 지원 법규가 마련되어 있는 경우 지원이나 보상을 더 받아내기 위한 소모적 논란은 줄어들 것이다. 지원과 보상의 기준이 무엇이어야 하며, 그리고 어느 수준에서 보상이 이루어져야 하는지에 관한 것은 경제적·사회적·지역적 특성을 고려한 공론 과정을 통해 도출된 합의를 반영할 수 있는 것이어야 한다.

5) 정책문제의 특성을 고려한 정책 운영의 유연성 확보

정부의 정책 운영에 대한 기본 방향 차원에서 보면 정책문제의 특성을 고려한 좀 더 유연한 정책 운영이 이루어질 필요가 있다. 사회적 · 정치적으로 첨예한 이슈를 가진 복잡한 문제, 그리고 다양한 가치 상충의 여지가 존재하는 문제일수록 정책 결정 과정에 대한 개방적이며 상호적인 의사 결정 기제를 내부화시키는 것이 갈등을 효과적으로 해결할 수 있다는 점이다. 정책의 초기 단계부터 관련 이해당사자들이 합리적으로 참여할 수 있는 절차를 마련해 운영하는 정책 결정 구조가 중앙정부에 의한 일방적인 정책 결정 구조보다 오히려 사회적 비용을 감소시킬 수 있다.

공공정책에서 이해당사자의 합리적 참여는 참여의 공정성, 참여의 투명성, 참여의 적절성, 참여의 대표성 등이 충족된다는 것을 전제로 해야 한다. 비록 이해당사자의 참여가 정책 과정을 더 지연시킬지라도 장기적으로 보면 합리적인 참여의 보장이 효과적인 경우가 더 많다. 정책의 추진 과정에서 행정의 효율성과 효과성도 중요한 이념이지만, 이제는 누구를 위한 효율성과 효과성인가에 대한 근본적인 고민을 해야 할 시기가 된 것이다. 정책 과정에 참여를 확대하는 것이 대화와 토론, 그리고 협상을 유도해 대안 도출에 긍정적으로 작용할 수 있다. 장기적 관점에서 보면, 합리적 절차를 마련해 체계적으로 이해당사자의 참여를 확대하는 것이 더 좋은 결과를 도출할 수 있고, 나아가 정책 과정의 민주성을 제고할 수 있다.

3 생각해 볼 문제

이 정책갈등 사례와 관련해 가능한 연구 질문들은 다음과 같다.

첫째, 정부부처 간 갈등을 조정할 수 있는 제도적 장치로는 어떠한 기구들이 있는 것일까? 정부부처 간 갈등은 어떠한 방식을 통해 해결하는 것이 바람직한 것일까?

둘째, 건설교통부와 환경부의 경우와 같이 정부부처 간 추구하는 가치의 상충

가능성이 있는 경우 이러한 가치들은 어떻게 조화시킬 수 있는 것일까? 한 부처의 가치만을 추구하는 경우 다른 가치가 침해될 가능성이 있는데, 공공성을 고려할 때 어떻게 상호 책임성을 확보할 수 있는 것일까?

셋째, 환경부와 환경단체의 경우와 같이 정부부처가 추구하는 가치를 옹호하는 NGO가 정책 과정에 참여할 때 정부와 NGO는 어떠한 관계를 유지하는 것이 바람직한 것일까? 지속적인 견제 역할을 하는 것이 정책 개선에 도움을 줄 수 있는 것일까? 아니면 협력적 관계를 유지하는 것이 정책 개선에 도움을 줄 수 있는 것일까?

넷째, 정부부처 간 갈등으로 인한 부작용으로 발생하는 사회적 피해나 비용에는 어떠한 것들이 있는 것일까? 그리고 갈등의 부작용을 최소화할 수 있는 방안은 무엇인가?

다섯째, 정부가 공공재적 성격을 가진 대규모 국책사업이나 사회적 인프라 시설의 입지 등의 정책을 추진할 때 어떠한 절차를 통해 추진하는 것이 바람직한 것일까? 그리고 사업 추진으로 인해 직·간접적으로 피해를 입게 되는 지역주민의 재산권 피해 등 실질적 피해에 대한 보상의 근거나 기준은 어떻게 마련해야 할까?

마지막으로 정부부처 간 갈등을 포함해 사회적 갈등을 효과적으로 예방하고, 나아가 발생한 갈등을 해결하기 위해 활용 가능한 참여적 의사 결정 기법에는 어떠한 것들이 있으며, 각 기법들은 어떠한 갈등 상황에서 유용한 것일까?

제 9 장

위성 DMB 사업을 둘러싼 이해갈등 사례*

성지은
(과학기술정책연구원)

제 1 절 위성 DMB 도입을 둘러싼 이해갈등

새로운 기술 도입은 항상 다양한 쟁점과 첨예한 이해갈등을 유발한다. 특히 유선과 무선이 하나로 통합되고 방송과 통신이 융합된 서비스들이 속속 그 모습을 드러내는 컨버전스(convergence) 시대에서는 기술과 상품 면에서 융합을 수용하는 제도 측면에서의 다양한 쟁점과 갈등이 더욱 복잡하게 전개된다. 이는 새로운 기술이 유발하는 법률적 · 제도적 문제이면서, 기술 개발 및 표준, 시장과 수요의 산업경제적 요소와 이해, 가치관, 그리고 문화 등의 사회문화적 요소가 복잡하게 연계된 문제이기 때문이다.

2001년 9월, SK텔레콤이 국제전기통신연합(ITU)에 위성 DMB(Digital Multimedia Broad casting) 주파수 등록 신청을 계기로 본격으로 사업을 추진하고, 2005년 5월부터 서비스 제공 중인 위성 DMB도 예외가 아니었다. 여타 기술과 마찬가지로 수익성 등 사업의 불확실성뿐만 아니라 경쟁 사업자 등 다양한 참여자들의 복잡한 이해 관계에 따라 첨예한 갈등 양상을 보여 왔다. 특히 위성 DMB 추진 과정은 DMB 도입을 추진하는 TU 미디어와 허가 · 규제기구인 방송

* 이 장은 「한국정책학회보」, 제15권 제2호에 실린 "새로운 기술 도입에 따른 정책갈등 양상 분석: DMB 사업자 선정을 중심으로"를 수정 보완한 것이다.

위원회와 정보통신부의 문제이면서 지상파 재전송을 반대하는 지상파 방송노조, 콘텐츠를 가진 기존의 방송사업자와 이동통신사업자 간의 협력과 경쟁 문제, 정통부와 방송위원회 간 주도권 다툼 등 다양한 이해갈등으로 볼 수 있다. 이에 따라 관련 이해관계자들은 정통부나 방송위원회 등의 정책 당국, SK텔레콤이나 KT, LGT 등의 통신서비스 업체, KBS, MBC, SBS의 지상파 방송계, 관련 DMB 장비업체 및 시민단체 등으로 다양했다(김평호, 2004: 88-89).

정책 쟁점 또한 SK텔레콤이 2001년부터 위성망 국제등록 신청을 하고 일본 MBCo와 합작, 주파수 조정 및 위성 발사 등 위성 DMB 진출을 위해 행보를 할 때마다 새롭게 등장했다(양동복, 2004: 26). 제기된 정책 이슈도 사업자 수, 선정 및 서비스 개시 시기, 기술 표준, 로열티 문제, 사업자 선정 방식 및 기준, 지상파 TV 재송신 등으로 다양했으며, 이해 관련자와 이슈가 다차원적으로 얽혀 복잡한 이해갈등을 보여 주었다.

이처럼 위성 DMB 기술이 도입되어 사업화되는 과정은 각 이해관계자들의 정치적 게임의 산물로 볼 수 있다. 첨단기술이자 미래의 성장 동력이라는 특성으로 산업기술적 합리성에 기반을 두어 논의되었다기보다는 각 행위자들의 정치사회적 이해 관계에 의해 만들어져 온 것이다. 이를 좀 더 구체적으로 살펴보기 위해 이 연구는 위성 DMB 사업화 과정을 중심으로 기술 환경과 제도 환경의 갈등 과정을 분석하고자 한다. 세계 첨단기술이자 미래를 이끌어 갈 성장동력 사업이라 할지라도 새로운 기술로 도입되어 사업화에 성공하기까지는 여러 이해갈등 상황으로 쉽지 않음을 보여 주고자 한다. 통신과 방송이 한 영역에 머물러 있을 때와는 달리 통신과 방송이 융합하는 과정에서 제기되는 시장 경쟁 논리냐, 정치·문화적 논리냐의 갈등뿐만 아니라 복잡하게 얽힌 법과 제도, 정치적·경제적·사회적 세력들 간의 역학 관계로 인해 새로운 기술 도입은 복잡한 정치 과정을 따르게 되는 것이다.

그동안 위성 DMB는 본격적인 디지털 통신·방송 융합 시대의 신호탄이라는 평가를 받았으며, 나아가 막대한 부가가치와 전방위적 산업 유발 효과를 낳아 침체한 우리나라 경제를 끌어올리는 '신성장 동력'의 하나로 평가받아 왔다. 특히 위성 DMB는 '세계 최초'라는 타이틀을 위해 우리나라와 일본에서 치열하게 경쟁을 벌인 첨단 서비스이면서 정부가 아닌 사업자가 주축이 되어 사업을 추진해 왔다. 따라서 위성 DMB는 통신과 방송의 융합의 핵심 사례가 되며, 새로운 기술 도입, 특히 뉴미디어 도입을 위한 정책 논리를 살펴볼 수 있는 좋은 사례이다(김평호, 2004: 90). 첨예한 정책 쟁점을 거친 매체이면서 여전히 도입 초기 단계에 있다는 점에서, 무엇보다도 민간에 의해 추진된 세계 최초의 첨단 서비스라는 점에서 단일 사례이지만 중요한 핵심 사례가 된다.

이 연구는 위성 DMB 도입 및 사업자 허가 과정을 시기별, 정책 이슈별로 분석함으로써 새로운 기술 도입을 둘러싼 제도적 규칙이 어떻게 영향을 미치고 만들어지고 있는가를 살펴보고자 한다. 이를 통해 새로운 기술과 매체의 소개나 성격 규명, 새로운 기술 환경에 따른 규제의 유형 및 법제 연구에 치중된 기존의 연구에서 벗어나 새로운 기술 도입을 둘러싸고 복잡하게 전개되는 실제적인 역학(dynamics)을 살펴볼 수 있으리라 본다.

구체적으로 이 연구는 위성 DMB를 둘러싼 정책갈등과 역학 과정을 추진 시기별로 주요 쟁점을 분석한다. 선정 시기는 DMB 개념이 도입되는 1기, DMB가 법적 지위를 얻게 되는 방송법 개정까지를 2기, 사업자가 허가되고, 본격적으로 사업이 추진되는 시기인 3기로 나누어 분석한다. 주요 쟁점은 각 시기별로 가장 논란이 되었던 이슈로 사업자 선정 및 서비스 도입 시기, 사업자 수, 위성 DMB 단말기 보조금 허용 문제, 사업자 선정 방식, 기술 표준과 로열티, 지상파 방송 재송신 문제 등으로 구분해서 살펴보기로 한다.

제 2 절 위성 DMB 도입 과정과 주요 쟁점 분석

이 연구는 먼저 위성 DMB 사업이 어떤 과정을 거쳐 추진되고 있는가를 살펴본다. 추진 과정에서 나타나는 갈등 양상을 시기별로 분석하면서 정책의 주요 쟁점은 무엇이고, 정책의 주요 행위자는 누구이며, 이들 간의 관계가 어떻게 변화되었는가를 분석하고자 한다.

1 제1기: DMB 개념 도입

1) 추진 과정과 갈등 양상

제1기는 DMB 개념이 도입되면서 SKT가 사업을 독자적으로 추진하던 시기이다. 무엇보다도 이 시기는 사업자와 정통부를 중심으로 사업의 공감대를 형성해 나가는 시기로 DMB를 어떻게 정의하고 분류할 것이며, DMB 도입으로 인해 위성방송과 지상파 등 기존의 방송사업자에게 미칠 영향이 주요 이슈였다. 정책 당국인 정통부는 서비스 규정뿐만 아니라 정책 제도반 구성과 표준화를 위한 공청회를 개최하는 등 적극적으로 지원했다. 도입 초기에는 거대 통신업자의 방송 진출에 따른 다양한 우려가 제기되었으나, 국제 위성 주파수 자원의 확보, 이용자 편익 차원에서의 새로운 이동통신 수신 기회 제공 등이 강조되면서 도입 자체에 대한 반대 소리는 그다지 없었다(한국언론학회, 2003).

DMB 도입 과정을 살펴보면, 초기 DMB는 1990년대 초부터 기존 지상파 라디오 방송의 디지털 전환이라는 비교적 소극적인 차원에서 DAB(Digital Audio Broadcasting)라는 개념으로 논의되었다. 논의 초기에는 실험실 수준이었으며, 별다른 관심을 끌지 못했다. 이후 1997년 지상파 디지털 방송추진협의회에서 DAB 도입을 검토했으나 주파수 부족, 시장성 부족, 재원 부족으로 논의를 연기하게 되었다(방송위원회, 2003). 이후 정보통신부는 DAB 개념을 지상파 TV용 주파수를 이용한 이동 TV 서비스로 확장해 DMB(Digital Multimedia Broadcasting)라는 개념으로 접근하기 시작했다(송해룡, 2002). 당초 이동성이 가장 강하고 경제성이 높은 DAB 도입이 사회적 요구와 변화를 반영함으로써 단순한 디지털 라디오 방송이 아닌 이동 멀티미디어로 변화하게 된 것이다(한국언론학회, 2003).

한편, 위성 DMB 사업의 도입 절차는 다소 특징적 양상을 보여 주었다. 그것은 통신사업자인 SKT가 2001년 ITU에 위성궤도 등록 신청을 하고 분당 실험국을 개설해 동영상 서비스를 제공하겠다고 발표하면서 시작되었기 때문이다. 여기에 정책당국이 적극적으로 지원하고, 여타의 관련 사업자들도 불확실한 미래의 경쟁에서 도태되지 않기 위해 따라나설 수밖에 없는 정책환경이 조성되었다(김평호, 2004).

이후 2003년 2월 방송위원회가 위성 DMB 정책 방안을 의결했으며, 4월에는 위성 DMB 기술 방식을 system-E로 결정했다. 2003년 12월에는 위성 DMB 사업을 위해 TU 미디어가 설립되어 본격적인 사업 추진이 진행되어 왔다.

2) 주요 쟁점

(1) 사업자 선정 및 서비스 도입 시기

위성 DMB 서비스 도입 시기에 대한 입장은 각 관계자들의 이해에 따라 조기 도입론과 연기론으로 나뉘어 왔다. 조기 도입론에는 위성 DMB의 경우 이미 사업 준비가 끝났고, 세계시장 선점 필요성 등이 우선적으로 작용했다. 이와 함께 모바일 콘텐츠 산업과 단말기 산업의 경제적 파급 효과는 위성 DMB 조기 허가를 주장하는 강력한 근거가 되어 왔다. 반면 DMB 도입 신중론자들의 입장은 서비스의 현실적 어려움과 수요 부족을 지적해 왔다(대구·경북언론학회, 2004).

정보통신부가 DMB 산업을 일찌감치 차세대 성장 동력으로 지정하고 조기 서비스 실현을 위한 제도적 지원에 나선 반면, 방송산업을 규제하는 방송위원회는 방송사들의 논리를 제기하며 위성 DMB사업 허가 일정을 지연시켜 왔다. 방송사들의 경우, 위성 DMB의 상업성 문제를 거론하며 위성 DMB 서비스가 조기 실시될 경우 지상파 DMB 시장이 크게 위축될 수 있다고 주장해 왔다. 위성 DMB 서비스 일정의 지체는 KBS, MBC 등 지상파 DMB 사업 예정자들의 일정 연기 요구가 받아들여진 결과로 볼 수 있다. 이 같은 주장 뒤에는 통신·방송 융합의 조류 속에 방송업계의 기득권이 정보통신업계의 기술과 자본에 잠식당할 수 있다는 위기 의식이 깔려 있었다.

방송위원회는 2003년 2월, DMB 방송에 관한 정책의 종합계획을 발표하면서 위성 DMB에 대해 "위성체 발사 시점을 고려해서 적절한 시기에 사업자 선정을 추진한다"고 제시했다. 2004년 3월 13일 SKT와 일본의 MBCo가 공동 투자한 DMB 전용 위성인 한별호가 발사되자, 방송위는 허가를 더 이상 미룰 수 없는 상황이 되었다. 그러나 KT가 추진하고 있던 위성체 발사 시점이 2004~2005년(2006~2007년경 상용 서비스 개시 예정)이라는 점으로 인해 방송위가 언제 허가를 하느냐에 따라 후발업체 간에 형평성 문제가 제기될 수 있었다. 이 때문에 KT는 허가 시점을 최대한 늦춰 주기를 희망했고, 위성체를 확보하지 못한 상태에서 스카이라이프 위성과 갭필러를 이용한 시험 서비스를 구상하기도 했다(황근, 2004).

표 9-1 사업자 선정 시기를 둘러싼 주요 행위자와 근거

	주요 행위자	근거
조기 도입론	SKT(선발 업체), 정통부	- 세계시장 선점 - 사업 준비 완료 - 방송산업 전반의 디지털화 가속화
연기론	KT, 방송위원회	- 방송환경의 미완성 - 서비스의 현실적 어려움 - 수요 부족 지적 - 후발 업체와의 공정한 경쟁 환경 조성

우여곡절 끝에 KT가 사업에 불참하기로 결정하면서 일단락되었으나, 실제 SK텔레콤의 사업 개시는 여러 정책적 논쟁으로 인해 당초 계획과는 달리 2005년 5월에야 이루어졌다. 이에 따라 2004년 11월 20일부터 위성 DMB 방송 '모바HO'를 시작한 일본 MBCo에 시기적으로 뒤처지게 되었으며, '세계 최초의 위성 DMB 상용 서비스'라는 타이틀은 일본으로 넘어가게 되었다. 반면 우리나라는 방송과 통신이 융합된 휴대전화 겸용으로 제공하는 위성 DMB 서비스는 세계 최초의 국가가 되었다(TU미디어, 2005).

(2) 사업자 수

위성 DMB 사업자 수는 위성 DMB 서비스가 향후 가지는 경제 규모 및 사업의 효율성 문제로 볼 수 있다. 사업자 수의 문제는 SKT 중심으로 추진되어 오던 위성 DMB 사업에 후발 업체인 KT가 사업에 참여하기로 하면서 선발 업체와 후발 업체 간의 형평성 문제까지 파급되어 왔다. 이에 정보통신부는 위성 DMB 사업자 수를 복수로 할 수 있도록 ITU로부터 KT용 위성 DMB 위성 궤도와 주파수를 확보해 KT에 부여했으나 시장 규모와 후발사업자의 입장을 고려한 KT가 사업 진입을 유보함으로써 TU 미디어가 단독 사업자가 되었다.

각 정책 행위자의 입장을 살펴보면, 사업 개척자로서 SKT는 투자 재원의 효율적 활용과 미국을 제외하고는 전 세계 어느 나라에서도 2개의 사업자가 등장한 경우가 없다는 점을 들어 후발 업체의 사업 참여를 원치 않아 왔다. 반면 KT 등 후발 업체는 복수 사업자 구도가 충분히 가능하며, 선발 업체의 SKT의 시장 독점을 막기 위해 위성 DMB 상용 서비스 일정을 연기해야 한다는 입장을 제시해 왔다. 이에 학계에서는 위성 DMB의 조기 이익 환수나 개발이익의 독점을 겨냥한 과도한 경쟁을 지양하는 방안으로 그랜드 컨소시엄 구성이 제안되어 왔다. 그랜드 컨소시엄 형태로 사업을 추진할 경우 초기 투자비용 절감과 좁은 주파수 대역에서 오는 채널 부족의 문제를 해결할 수 있다는 것이다(한국언론학회, 2003).

결국 위성 DMB의 사업자 수는 국내 이동방송시장의 수용 여건과 주파수 확보 현황, 매체 간 경쟁 상황 등을 고려할 때, 1개의 사업자로 의견이 모아지게 되었다(방송위원회, 2005). 이에 KT와 TU 미디어 간에 그랜드 컨소시엄 협상이 추진되어 2004년 4월 말까지 단일화를 위한 협상을 보였으나, 지분 참여율의 문제로 양사 간 합의를 보이지 못하고 결렬되었다. 결국 KT는 위성 DMB사업을 위성궤도와 주파수를 확보했으나 DMB용 위성 발사 등 위성 DMB 사업 추진을 위한 행동을 보이지 않은 채 사업 착수를 유보함으로써 TU 미디어가 사실상의 단독 사업자로 선정되었다.

표 9-2 사업자 수에 관한 관련 사업자의 의견

	주요 행위자	근거
복수 사업자	KBS, EBS, KT, KTF	- 주파수 확보 현황, 독점사업자 폐단 방지 차원에서 복수사업자 선정 - 복수사업구도의 경쟁 환경 조성을 통해 관련 산업활성화
단일 사업자	SBS, CBS, 디지털스카이넷, 한국 DMB, 넷엔티비, TU 미디어콥, 뉴미디어방송협회, 지역방송 협의회, 한국케이블 TV 방송협회	- 복수사업자 선정 시 과당 경쟁에 의한 폐해 - 방송시장 환경 고려(콘텐츠 확보, 전체 유료방송 서비스의 시장 규모 등)

자료: 방송위원회. (2004.6.30).「위성 이동멀티미디어방송 사업자 선정 정책 방안 마련을 위한 공청회」 자료집 수정.

2 제2기: 방송법 개정 통과

1) 추진 과정과 갈등 양상

제2기는 2003년 12월 TU 미디어가 설립되고, 2004년 3월 방송법이 개정되기까지 DMB 사업자의 법적 지위를 얻게 되는 시기이다. 이 시기에는 방송법 개정안 국회 통과를 둘러싸고 정통부, 방송위 등 정부부처 간 규제 영역권 다툼뿐만 아니라 전경련 등 재계와 여야 정치권이 서로 얽혀 복잡한 정치 과정을 보여 주었다.

방송위원회는 2003년 하반기에 DMB 도입과 관련한 내용을 포함한 방송법 개정 시안을 발표하고 정통부 등과의 협의를 시작했다. DMB 매체의 성격, 규제의 주체 등을 놓고 상당한 논란을 거듭한 끝에 2004년 3월 16대 마지막 임시국회에서 방송법 개정(안)이 통과되었다. 방송법을 통과시키면서 DMB를 "이동 멀티미디어 방송"으로 새롭게 규정하고 방송위원회에서는 2004년 3월 22일 "이동 멀티미디어 방송"의 근거 규정을 마련했다.

방송법 개정안에는 위성 DMB 사업자 선정을 위한 법률적 기반이 되는 DMB 도입 근거와 케이블TV 사업자 투자 지분 제한 완화, 데이터 방송 규정 등의 내용을 담고 있다. 개정된 방송법에는 우선, 기존 방송매체를 중심으로 지상파방송, 종합유선방송, 위성방송으로 구분하던 방송 분류를 텔레비전방송, 라디오방송, 데이터방송, 이동멀티미디어방송으로 분류했다. 데이터방송과 이동멀티미디어방송은 신규 도입되는 것으로 이동멀티미디어방송이 새로운 방송 영역으로 지정됨에 따라 위성 DMB사업의 근거가 마련되었다.

표 9-3 위성 DMB 개정 사항

개정 전	개정 후
위성방송사업자 일반의 규정은 있으나 채널의 구성과 운용 및 기타 규제 관련 사항에서 위성 DMB의 특성을 고려한 규정이 마련되어 있지 않음	▶ 법적 지위: 위성방송사업자로 현행 방송법과 동일 -채널의 구성과 운영에서 공공채널, 종교채널, 한국방송공사 및 한국교육방송공사의 TV방송채널의 동시 재송신 의무 없음 -주파수 대역의 제한에 따라 대통령령 입안 시 기존 위성방송사업자에 비해 규제 완화 예정 ▶ 위성 DMB사업자가 위성방송을 행하기 위한 지상의 무선국(보조용 방송설비)은 신고하고 개설할 수 있는 무선국으로 규정(방송법 부칙에 의한 전파법 개정) ▶ 위성 DMB용 주파수를 할당받은 자는 방송법의 규정에 의한 위성방송사업자가 이용할 수 있도록 제공해야 함(방송법 부칙에 의한 전파법 개정).

자료: 방송위원회. 방송법 개정법률안 설명 자료(2003.7).

방송법 개정까지는 방송위원회와 정보통신부가 사업 주도권을 둘러싸고 심각한 갈등을 벌였다. 또한 방송위원회와 정보통신부가 합의해 국회에 상정된 위성 DMB 관련 방송법 개정안은 KBS 수신료 분리 징수안을 둘러싼 여야 간의 갈등으로 인해 일정 내에 처리되지 못했다. 이에 SKT 등 업계와 전경련은 국회의 방송법 개정 조기 처리를 촉구하고 나섰으며, 특히 위성 DMB 시장 진출만 바라봤던 중계기 및 단말기 업체, 방송채널 사용사업자(PP) 등 2차 협력 사업자들은 서비스 지연에 따른 손실을 부각하며 압박하기 시작했다.

또 세계 최초 상용 서비스 기회를 상실함에 따라 일본에 주도권을 내주고 국가 경쟁력도 하락하게 되었다는 우려의 목소리가 언론을 중심으로 제기되었다. 사업에 참여한 통신 관련 벤처기업 71개사가 국회에 방송법 개정안 통과를 위한 탄원서를 제출했으며, 진대제 정보통신부 장관과 DMB 관련 업체들이 국회를 잇달아 방문해 법안 통과를 호소하고 있는데다 일본에 위성 DMB사업 주도권을 빼앗겨서는 안 된다는 여론이 강하게 제기되었다. 결국 위성 DMB 사업을 위한 방송법 개정안이 우여곡절 끝에 국회의장 직권으로 문화관광위원회 전체회의 의결 없이 본회의에 상정되어 통과되었다.

2) 주요 쟁점

(1) 기술 표준과 로열티

위성 DMB 사업자 선정에서 기술 표준을 무엇으로 할 것인가, 그리고 이에 따른 로열티 문제는 어떻게 해결할 것인가가 중요한 이슈로 제기되었다. 위성 DMB 기술 표준 결정은 사업자의 의견이 주요 반영되었으며, 우리나라가 세계 최초로 상용화한 CDMA 기술과 같은 코드분할 다중화(CDM) 방식을 근간으로 하고 있다. 사실 위성 DMB의 시스템 E는 일본의 도시바와 '한・일 공동 사업'으로 추진함에 따라 선택의 여지가 없는 유일한 기술 방식이었다.[1] 당초 사업 구상은 하나의 인공위성으로 한국과 일본에서 동시에 이동방송 서비스를 제공하는 형태였기 때문에 뒤늦게 사업에 참여한 SKT는 도시바가 미리 정해놓은 시스템 E의 규격을 따르지 않고 한국만의 별도 규격을 설정하기란 사실상 어려웠다(박

1) 이와 관련해 KT는 시스템 A를 기술 표준으로 주장했다. 시스템 E보다 기술적으로 뛰어나며, 지상파 DMB 기술 표준과 동일하다는 것이 이유였다(박창신, 2003: 91).

창신, 2003: 90-91).

국내 위성 DMB 표준화 추진 과정을 살펴보면, 2002년 4월부터 학계, 연구소, 제조업체, 정부 등이 참여하는 위성 DMB 표준화추진위원회에서 15회 회의를 통해 시스템별 평가 항목을 점검했다. 시스템 A, B, Ds, Dh, E 등 ITU-R 표준 다섯 가지 중에서 시스템 A인 OFDM 방식과 시스템 E인 CDM 방식이 경합을 벌였으며, 2003년 2월 공청회를 거쳐 2003년 5월에 시스템 E 방식을 국내 단일 표준으로 최종 확정했다. 이후 위성 DMB의 세부 기술 기준과 송수신 정합 표준을 제정하기 위해 2003년 5월부터 8월까지 위성 DMB 무선설비 기술기준위원회를 운영했다(서종수, 2004).

그동안 정통부는 국제 동향, 경제, 서비스, 기술 분야 등 네 가지 항목을 구성해 위성 DMB 표준 방식을 평가해 왔으며, 위성 DMB 시장의 분할로 사업자 부실이 초래될 수 있다는 점에서 단일 표준안을 고려해 왔다. 그러나 위성 DMB 표준의 경우 정부 주도식이 아닌 서비스·단말기 업체 등 민간의 의견을 수렴해 결정되었다. 무엇보다도 "도시바와 이미 충분한 협의가 되어 있다"는 SK텔레콤의 주장을 정통부가 받아들인 것으로 볼 수 있다.[2] 기술 표준 결정 당시 TTA를 비롯해 단말기·중계기업계는 위성 DMB 표준을 일본식인 시스템E로 단일화하면 CDMA와 마찬가지로 외국 특허에 종속되는 것이 아닌가 하는 우려를 제기하기도 했다(제일경제, 2004.5.5).

잠재되어 있던 도시바와 국내 업체 간 로열티 문제가 표면화되기 시작한 것은 위성 DMB 관련 특허를 갖고 있는 도시바 측이 2004년 12일 TTA 측에 "위성 DMB 단말기 대당 판매가격의 2%를 로열티로 지급해야 한다"고 요구하면서부터였다. TU 미디어는 도시바가 TTA에 제시한 대당 판매가 2%의 로열티 부과안에 맞서 삼성전자 등 국내 제조업체들이 수량 정액 제안을 제시하자 도시바 측에 국내 업체들의 의견을 수용하도록 설득해 왔다. 이와 함께 단말기 업계는 판매량에 따라 로열티를 차등 적용하는 '수량 정액제'를 요구하며 TTA와 업계는 양측의 입장이 좁혀지지 않을 경우 위성 DMB의 기술 표준 문제를 원점에서

2) 국내에 개발 중인 위성 DMB 시스템이 없고, SKT가 이미 일본이 제안한 시스템 E를 근간으로 사업성 및 기술성에 대한 검토가 내부적으로 완료한 상태였기 때문에 위원회 중심의 표준화 과정은 SKT가 추진하고자 하는 기술에 대해 절차 등 대외적인 정당성을 부여하는 행동에 그칠 수밖에 없었다.

재검토할 수도 있다는 입장을 보여 주었다. 언론을 비롯해 도시바와의 로열티 문제가 크게 부각되었는데, 이는 자칫 차세대 통신·방송 융합 서비스가 '제2의 CDMA' 문제로 비화할 수 있다는 우려감 때문이었다(서울경제, 2004.5.26).[3]

많은 논란 끝에 위성 DMB 원천 기술의 로열티는 TU 미디어가 제시한 판매 수량에 따라 로열티를 차등 책정하는 '수량 정액제'로 최종 확정되었다(매일경제, 2004.6.3). 도시바는 공문을 통해 수량 정액제 적용, 유사 특허에 준하는 특허료 부과, 한일 차등 부과 금지, 위성 DMB 서비스사업자 특허 부담 제외 방침을 확정했다.

(2) 사업자 선정 방식

사업자 선정 방식은 기존의 선정 방식의 골격은 유지하되, 위성 DMB 방송이라는 새로운 사업의 성격에 맞춰 다소 수정 변화되어 왔다. 특히 선정 주체는 DMB·데이터방송 및 DMC 등 디지털 방송에 관한 종합계획(2003.2)에 의해 사업자 공모를 통해 방송위원회가 선정하기로 했다. 허가 방식은 RFP 방식, 그랜드 컨소시엄 방식, 개척자 우선 원칙 등 다양하게 논의되었으며, 결국 2003년 종합계획 및 2004년 개정 방송법을 감안해, 2000년 위성방송사업자 매체 특성을 고려한 허가 추천 신청 조건 및 심사 기준 등을 개선·적용하기로 했다.

다양한 논의 끝에 방송위원회는 사업자 선정을 RFP 방식(비교 심사 방식)으로 했다. 그러나 선정 사업자가 단일 사업자임에도 불구하고 채널 구성 및 방송 운용계획 항목에 과락을 적용하는 등 심사 기준을 강화했다. 위성 DMB 사업자 허가 추천을 위한 세부 평가 항목은 계량 평가 항목의 점수 비중, 계량 항목의 평균 배점 정도 등에서 이전의 케이블 TV, 지역 민방사업자 및 위성방송사업자 선정 때보다 훨씬 개선되었다는 평가를 받았다.

방송위원회는 위성 DMB 사업자 선정을 위해 심사위원회를 학계, 법조계, 방송·통신 전문가, 경제전문가, 시민단체 등으로 구성되었으며, 심사는 사업계획서 검토, 의견 청취 및 현장 실사 등을 거쳐 2004년 12월 14일, TU 미디어를 위성 DMB 방송 사업자로 선정했다(김보영, 2005: 96). 그러나 위성 DMB가 여타 다

3) 위성 DMB 기술 표준 결정뿐만 아니라 기술 로열티 문제에서도 CDMA 경험과 시행착오가 학습 효과로 작용해 왔다.

른 기존 방송과는 달리 위성체 발사(1,080억 원), 지상 중계기(Gap Filler) 설치 및 DMB 방송센터 구축(2,300억 원)이라는 막대한 자금이 투입된 상황이고(한국언론학회, 2003: 117), 실질적으로 사업을 추진한 기업은 1개의 사업자임을 감안할 때 일련의 선정 심사 과정은 절차의 공정성·투명성을 확보하기 위한 요식 행위로 변모되었다.

표 9-4 사업자 선정 방식에 관한 관련 사업자의 의견

	주요 행위자	근거
RFP	CBS, 지역방송협의회	-위성방송사업자 선정 사례를 감안해 RFP 방식 주장
개척자 우선 적용	TU 미디어콤, 뉴미디어방송협회, 한국케이블 TV 방송협회	-사업을 준비한 선발 사업자에 대한 우선권 인정 -현실적으로 사업이 가능한 것은 1개 사업자이므로 RFP 방식은 불가능
절대 평가	SBS, KT	일정한 심사 기준 및 평가 방식 수립 후 일정 점수 이상 획득 시 허가 추천

자료: 방송위원회(2004.6.30).「위성이동멀티미디어방송 사업자 선정 정책방안 마련을 위한 공청회」 자료집 수정.

3 제3기: 사업자 허가와 본격적인 사업 추진기

1) 추진 과정과 갈등 양상

2004년 3월 초에 개정 방송법이 국회를 통과하고, 3월 말에 전용 위성 '한별'이 정지 궤도에 안착됨에 따라 위성 DMB 서비스 실현에 가장 중요한 법적 근거와 기술적 기반이 마련되었다. 이를 계기로 방송 주관기관인 방송위원회는 사업자 허가 방식, 허가 시기, 소유 규제, 채널 운영 문제 등에 관한 구체적인 작업을 본격적으로 추진해 왔다(대구·경북언론학회, 2004).

그러나 위성 DMB에 대한 근거 규정을 만들어 놓은 새 방송법이 국회를 통과했지만 방송법 시행령을 놓고 이해관계자들이 첨예하게 대립했다. 또한 개정 방송법 시행령 공포 이후 방송위는 위성 DMB의 지상파TV 재송신 허용 여부에 대해 본격적으로 논의하기 시작했다. 이 시기부터 이해집단 간의 갈등이 본격화되었는데, 규제기관과 해당 사업자들이 합심해 자신들의 영역을 고수하거나 확장하고자 했다. 특히 신규 사업을 추진하는 TU 미디어와 기존의 지역방송사, 공중파 방송의 노동조합, 일부 시민단체가 심각하게 대립했다.

2004년 12월에 방송위는 위성 DMB 관련 학회 및 연구기관, 시민단체 등 11개 기관·단체로부터 추천받은 각계 전문가와 방송위원 1인을 포함한 12인을 심사위원으로 선정해 심사 평가를 실시한 결과 TU 미디어를 위성 DMB 단독 사업자로 선정했다. 이후 TU 미디어는 방송위의 허가 추천과 정보통신부의 허가 절차가 마무리되면서 2005년 1월 시범 서비스에 들어갔으며, 5월부터 본방송을 시작해 왔다.

그러나 2005년 5월, 방송4사가 위성 DMB에 지상파 프로그램을 재전송하지 않기로 합의하면서 지상파 채널 재송신 문제는 일단락되었다. 위성 DMB 재전송과 관련, 방송위원회가 결정한 '사업자 자율계약을 전제로 한 전면 허용' 방침에 대해, "노사 양측이 인정할 수 있는 충분한 여건이 성숙될 때까지 보류할 것"을 문서로 확인했다. 이는 당분간 위성 DMB를 통해서는 지상파TV와 똑같은 프로그램을 시청할 수 없다는 것을 의미했다.

2) 주요 쟁점

(1) 위성 DMB 단말기 보조금 허용 문제

위성 DMB 상용 서비스가 다가오면서 DMB 단말기에 대해 보조금 지급을 허용할 것인가가 논란이 되었다. 휴대폰 결합형 위성 DMB 단말기 활성화를 위해 보조금 지급이 필요하다는 주장과 보조금을 지급하면 신규 서비스에서도 시장 쏠림 현상이 벌어진다며 반대하는 입장이 팽팽히 맞서 왔다.

주요 행위자별 정책적 입장을 살펴보면, 위성 DMB 사업자인 TU 미디어와 SKT는 초기 시장 활성화를 위해 보조금 지급이 필수적이라는 주장을 해 왔다. 위성 DMB용 단말기가 고가여서 고객 확대에 어려움을 겪을 수 있는데다 초기 시장 부양 측면에서 보조금 허용이 불가피하다는 것이다. 반면, KT를 비롯한 후발 이통사인 KTF와 LG텔레콤은 위성 DMB에 대한 요금 할인은 여러 가지 부작용을 낳는 역차별 행위라며 강하게 반발했다. 시기적으로 SK텔레콤의 위성 DMB폰 출시가 빠른데다 보조금까지 허용하면 초반에 시장을 선점당할 수 있다는 우려가 크게 작용했다고 볼 수 있다.

(2) 위성 DMB에서의 지상파 TV 재전송

위성 DMB의 지상파 재전송 문제는 방송·통신 융합 시대에 방송위의 첫 정책 결정이라는 점과 그동안 방송사업자들이 공익재인 전파를 사용하기에 수많은 법적 재제를 받아온 상황에서 '산업 논리'를 앞세운 통신업체가 방송에 진출하면서 제기된 문제라는 점에서 의미가 있다.[4] 지상파 TV 재송신 문제는 위성 DMB 관련 이슈 중 가장 첨예한 이해갈등을 보였으며, 위성 DMB 사업자에게 지상파 방송 재송신 불허는 사업 철회를 고려할 만큼 민감한 문제였다. 시청자 채널 선택권 보장, 매체 간 공정 경쟁 및 형평성, 신규 사업자 보호 육성[5]이라는 측면에서 위성 DMB에서의 지상파 TV 재전송 불허는 비판이 제기될 수 있으며, 여전히 논란의 대상이 되고 있다.

먼저 시기별로 보면, 위성방송의 지상파 재송신 승인 문제는 2기 방송위원회 출범 이후 방송계의 뜨거운 감자로 부상했다. 방송법상 위성방송사업자는 방송위의 승인을 받아 지상파 방송을 재송신할 수 있으나 시청자의 권리를 보호해야 한다는 찬성 논리와 지상파 방송의 독점을 심화시킴으로써 지역 방송의 발전을 저해한다는 반대 논리가 팽팽히 맞서면서 사업자간 이해 관계가 첨예하게 대립해 왔다. TU 미디어는 산업 논리를 들어 지상파 재전송의 불가피성을 주장해 왔지만, 전국언론노동조합과 지역지상파사업자 등은 지상파 재전송은 지역의 독립적인 방송매체들이 고사할 수 있고, 공공성이 중요한 지상파 방송이 통신대기업

---

4) 디지털 위성방송의 도입 당시에도 지상파 방송 재송신 문제는 여러 이해관계자 간의 치열한 갈등을 보여 주었으며, 그 과정에서 기존의 방송시장에서 힘을 발휘했던 사업자들이 영향력을 미쳐 3년 가까이 KBS1과 EBS 채널을 제외한 지상파 방송은 제공되지 못한 바 있다(김도연, 2005).

5) 지상파 재송신 문제는 몇 가지 측면에서 논란을 제기할 수 있다. 첫째, 시청자 채널 선택권 보장 측면으로, 시청자 대부분은 위성 DMB를 통한 '지상파 방송 시청'을 원하고 있다는 점이다. 지상파 방송사의 발전 과정을 고려할 때 지상파 콘텐츠는 시청자와 방송사 공동의 재산이므로 모든 국민이 원할 때 볼 수 있도록 하는 것이 중요하다는 것이다. 둘째, 매체 간 형평성 문제로, 케이블, 위성 방송 등 모든 유료방송에서는 지상파 실시간 재송신을 실시하고 있으며, 공정 경쟁을 위한 최소한의 제도적 요건을 갖추기 위해서는 위성 DMB에 지상파 재송신을 허용해야 한다는 점이다. 셋째, 신규 사업자 보호 육성문제이다. 신규 미디어는 초기 정책이 매우 중요한데, 위성 DMB 사업성 하락은 연관 산업 분야와의 악순환 구조를 만들어 PP, 제조사 등을 포함한 위성 DMB 산업 전반이 침체에 빠지는 결과를 초래한다는 점이다. 과거 케이블 TV와 스카이라이프도 각각 초기망 확충 실패와 3년간 재송신 불가로 가입자 유치에 어려움을 겪었으며 경영난까지 이어졌다(TU 미디어, 2006).

의 영향력 아래에 놓이게 될 수 있다며 강하게 반발해 왔다. TU 미디어에 5%씩 지분 참여를 하면서 재전송에 찬성하는 듯 보였던 MBC와 SBS도 노조와 지역 민방의 반발이 거세지자 "방송위의 결정에 따르겠다"고 한 발 물러섰다. 여기에 지상파 DMB에 주력해 온 KBS도 위성 DMB에 지상파 재전송이 이루어질 경우, 후발 주자인 지상파 DMB가 경쟁력을 상실할 것을 우려해 재전송을 반대해 왔다.

표 9-5 지상파 방송 찬반을 둘러싼 주요 행위자와 근거

	주요 행위자	근거
지상파 재전송 찬성	TU 미디어, 정통부	- 방송매체 간의 균형 발전 도모 - 시청자의 권익 보장 - 통신·방송 융합형 서비스와의 형평성 - 지상파 DMB와의 형평성 - 케이블 TV 사업자(SO), 위성방송사업자(스카이라이프) 등 유료 방송과의 형평성
지상파 재전송 반대	KBS, 방송과 언론 노조, 지역방송 협의회, 한국케이블 TV 방송협회	- 보편적 무료 서비스인 지상파 방송의 유료 서비스화 반대 - 지역방송사의 고사 - 위성 DMB 콘텐츠 개발을 통한 국가자원 낭비 방지 - 위성 DMB 반대(통신재벌 이익 위해 추진된 특혜사업, 지상파 방송의 통신재벌 돈벌이 수단으로 전락)

자료: 박창신(2003: 102).

방송위원회 역시 위성 DMB는 신규 매체로서 새로운 콘텐츠를 가지고 서비스를 제공하라는 원칙을 제시했으며, 초기에는 원천적으로 지상파 재송신을 불허하는 듯한 입장을 표명했다. 하지만 시청자 복지 등 산업적인 측면을 고려한 찬성론이 제기되자 방송위원회는 여러 주체로부터 여러 차례에 걸쳐 의견 접수와 의견 청취, 공청회 및 전문가 회의 개최, 건의서 및 진정서 접수 등 다양한 방법으로 견해를 모아 종합하고 조정하는 노력을 진행했다. 이를 토대로 2004년 10월, 방송위원회 전체회의에서 "위성이동멀티미디어방송의 지상파 방송 재송신을 불허하되, 지상파 이동멀티미디어방송 허가 추천 시 위성이동멀티미디어방송의 지상파 방송 재송신 승인 여부 등을 종합적으로 검토해 결정"하기로 했다. 방송위의 결정은 "위성이동멀티미디어방송의 경우 유료방송의 신규 매체로서 이동수신에 적합한 신규 콘텐츠 중심으로 서비스되어야 한다"는 것을 기본 원칙으로 했다. 그러나 이 같은 결정에 대해 위성 DMB의 추진 당사자이던 TU 미디어와 관련 기업, 그리고 위성 DMB에 대한 전향적인 채널 정책을 기대하던 전문가들은 적지 않은 불만을 나타내기도 했다.[6)]

2004년 10월 지상파 재송신 불허 결정 이후에 위성 DMB 도입의 초기 정착에 지상파 방송 재송신이 필요하다는 의견이 지속적으로 제기되자 결국 방송위는 기존의 입장에서 물러서게 되었다. 2005년 4월 19일, 방송위원회는 전체회의를 통해 사업자 간의 자율계약을 전제로 위성 DMB를 통한 지상파 재송신을 허용하게 되었다.[7)] 하지만 2005년 5월 13일, KBS 등 방송 4사 사장단과 노조 대표들은 지상파 DMB 서비스가 경쟁력을 갖출 때까지 위성 DMB의 지상파 재송신을 하지 않기로 합의함에 따라 재송신 문제는 여전히 답보 상태에 있다(도준호, 2005).

제 3 절 사례의 특성 및 정책적 시사점

1 해당 사례 분석을 위한 가능한 이론적 틀

1) 기술 도입에 따른 이해갈등

어떤 형태로든 새로운 기술 도입은 다양한 이해갈등을 수반한다.[8)] 관련되는 이해집단들은 복잡한 상호작용을 통해 자신들에게 유리한 결정이 이루어지도록 노력하게 된다. 기술은 이해 관계뿐만 아니라 가치를 내포하고 있기 때문에 기술

6) 유사 매체 대비 불공정성 문제, 경쟁국인 일본 대비 위성 DMB 사업이 늦어지는 문제 등으로 국회 국정감사 등에서 많은 비판을 받았다(이현식, 2005).

7) 방송위는 지상파 재송신 승인 정책을 결정하면서 "위성 DMB 지상파 재송신은 방송사업자 간 자율계약을 전제로, 재송신 약정서 체결을 통한 승인 신청 시 방송법령(법 제78조 제4항, 동법 시행령 제61조 제3항)에 의거해 승인했다.

8) 지상파 디지털 TV 방송 방식의 정책 갈등, 위성방송의 재송신 정책의 중단과 재집행 등 일련의 사례에서 볼 수 있듯이 새로운 기술의 도입은 기술 표준, 사업자 선정 방식, 프로그램 제공과 제한 등 다양한 정책과 사업자 간 이슈를 중심으로 이해관계자들의 첨예한 갈등을 보여 주고 있다.

이 결정되고 새로운 사업으로 도입, 정착되어가는 과정은 필연적으로 정치적 활동을 동반한다.

기술뿐만 아니라 정책 또한 가치 판단을 내포하고 있으며, 정책 결정이란 어떤 정책이 누구에게 얼마만큼 중요한지를 판단하고 결정하는 정치적 활동이다. 특히 정부가 주도하는 기술 도입이나 기술 표준 등의 정책 결정은 경쟁 이익 간에 순위를 부여하거나 경쟁 이해 관계에 있는 집단들 중에서 어느 쪽에게 더욱 큰 혜택을 주느냐를 결정한다. 이러한 정책의 가치 판단적 속성은 개별 부처나 집단이 지향하는 정책이나 의사 결정의 방향을 결정하는 기반으로 작용하게 된다(박정택, 2004).

이처럼 새로운 기술과 정책이 도입되어 사회적으로 받아들여지는 과정은 각기 다른 이해관계자들 간에 복잡한 정치 과정이며, 이 과정에는 필연적으로 경쟁과 갈등이 존재한다. 경쟁과 갈등은 주로 환경적 · 구조적 · 인과적 불확실성과 한정된 자원의 불균형 배분, 목표 · 가치 · 인지 등 지향성의 차이로 인해 발생하게 된다. 특히 불확실한 정책 결정 상황하에서 각 참여자들 간에 이해가 서로 조화되는 경우는 드물다. 또한 각 참여자들 간의 역학 관계는 각 참여자들이 가진 권력이나 경제적 부(富), 정보, 지식 등 각종 자원의 문제와 그들이 사용하는 전략에 의해 크게 영향을 받게 된다. 이 밖에도 행위자들이 가진 가치, 태도, 경험에 의해 갈등 상황에 대한 지각을 형성하게 된다(김영평, 2002). 동일한 집단에 속하는 사람들이라고 하더라도 그들이 가진 가치관, 지각, 정향, 목표의 차이에 따라 다양한 이견이 존재할 수 있기 때문에 기술을 도입해 나가는 정책 결정은 이해 관계자가 복잡하게 상호작용한 역학의 산물(product of dynamics)로 이해될 수 있다(박정택, 2004).

한편, 각 이해집단은 사회로부터 지지와 자원을 획득하기 위해 다양한 정치 활동을 수행한다. 정치 활동에는 물리력을 활용하는 힘의 전략을 사용할 수도 있고, 보상이나 포상 등을 통한 유인전략을 사용할 수도 있다. 그리고 상징 관리, 논리 개발, 정당화 등을 통한 설득전략을 사용할 수도 있다. 결국 자원과 정당성을 확보하기 위해 끊임없이 정치 활동을 하게 되며, 정치 활동을 수행하는 집단들은 크게 능률성의 논리와 정당성의 논리를 활용하게 된다. 그러나 실제로 순수하게 한 가지의 논리만을 활용하는 집단은 없으며, 집단이 처한 사회적 상황의 변화에 따라 달라질 수 있다(Suchman, 1995).

2) 기술 도입과 제도적 고착(lock-in)

새로운 기술이 도입되고 시장에 의해 선택되는 과정은 제도 환경에 의해 영향을 많이 받는다. 여기서 제도는 관련 이해관계자들의 행위를 규제하거나 지지하고, 기술 선택과 구성에 영향을 미친다. 제도 또한 어느 정도는 혁신과 정치적인 행위에 의해 변화하게 되어 있는데, 여기서 혁신은 기술과 시장의 조건을 바꾸며, 정치적인 행위는 법과 규칙을 바꾼다(Casper & Waarden, 2005).

무엇보다도 기술과 제도는 자기 강화적(self-reinforcing) 시스템으로서 진화의 법칙을 따르고 있다. 진화 방식은 초기 상태에 의존해 상이한 경로를 취하며 일단 어느 경로에 들어서게 되면 다른 경로로 옮기는 것은 극히 어렵다(Andersen, 1994; Allen, 1994; North, 1990). 아서(Arthur, 1988, 1989, 1990)는 자기 강화 메커니즘을 제시하면서 다음 네 가지 특성을 제시하고 있다. 첫째, 복수 균형으로 다수의 해가 가능하고 결과는 확정적이지 않다. 둘째, 비효율성의 가능성으로 본질적으로 다른 기술보다 좋은 기술이 지지를 획득하는 데 운이 나빠지고 만다. 셋째, 감금 효과로 일단 해에 도달하면 그로부터 탈출이 곤란하다. 넷째, 경로 의존성으로 작은 사건이나 우연한 상황의 결과가 해를 결정할 수 있는데, 그 해가 한번 퍼지면 사람을 어떤 특정한 경로로 향하게 한다.

키보드 배열이나 야드·파운드(yard-pound)법, 자동차의 좌측 통행 등 일단 사회에 제도화되면 효율이 나쁘거나 국제사회와 일치하지 않더라도 제도를 변경하는 비용이 들기 때문에 쉽게 바꿀 수 없다. 어떠한 원인으로 어느 산업·기술·품질에 특화하면 경험의 축적 때문에 그 방면에서 더 강한 비교 우위를 차지하게 된다. 1980년대 VCR시장에서 VHS와 베타 방식이 경쟁했으며, 결국 기술적으로는 약간 뒤떨어진 VHS 방식이 승리를 거두었다. 그 이유는 소비자와 비디오 판매점의 선택이라는 사소한 사건이 축적되었기 때문이다. 이는 무작위적인 사소한 사건(행위자들의 미시적 상호작용)에 의존해 예상치 못한 결과가 야기되는 것을 말한다. 이러한 효과를 편차가 증폭되어 가는 긍정적 되먹임(feedback), 고착(lock-in)효과 혹은 수확 체증(increasing return) 효과라고 한다(Nelson & Winter, 1982; David, 1985; Arthur, 1988, 1989).

이처럼 기술과 제도는 공식적 제약과 비공식적 제약 사이의 복잡한 상호작용 때문에 감금 효과와 경로 의존적 특성이 복잡하게 나타난다. 정치조직과 경제 간의 상호작용, 제도 변화에 영향을 끼치는 교섭력의 크기가 다양한 행위자, 그리고 대부분의 비공식적인 제약의 존속에 기초가 되는 문화적 유산, 이 모두가 이 복잡성에 기여한다(North, 1990).

3) 조직과 기술·제도의 공진화

새로운 기술이 등장하고 산업이 형성·진화하는 과정은 기술만의 진화 과정이 아니다. 기술의 진화와 함께 그와 관련된 조직과 제도도 공진화(供進化)하게 된다.

기술과 조직·제도의 공진화를 다룬 논의들은 주로 기술공동체 수준에서 이루어진다. 기술공동체는 동일 영역에서 기술을 개발하며 활동하는 경쟁 기업들뿐만 아니라, 기술 개발을 상업화하는 데 일정 기능을 담당하는 여러 다른 주체들, 즉 공급자, 사용자, 대학이나 정부와 같은 자원 공급자, 협회 등을 포괄한다.

산업이 진화하는 과정에서 기술공동체는 기술정치 활동과 기술학습 활동을 수행한다. 즉, 자신들이 개발하는 기술이 사회 속에서 수용되도록 정당성을 확보하는 '정치' 활동과 기술 지식을 창출하고 확산하는 '학습' 활동을 수행하면서 산업을 진화시키게 된다. 제도 형성과 기술지식 창출을 동시에 수행하는 것이다.

'기술정치'는 서로 다른 기술을 지지하는 기술공동체가 자신들이 지원하는 기술이 지배적 설계로 자리 잡도록 상대편 기술공동체에 직·간접적으로 영향력을 행사하는 과정이라고 할 수 있다(Bijker & Pinch, 1987). 이와 같은 기술정치 과정으로는 특정 기술과 그 기술을 지원하는 조직들이 '사회정치적 정당성(socio-political legitimacy)'을 확보하는 과정과 '인지적 정당성(cognitive legitimacy)'을 확보하는 과정을 들 수 있다(Aldrich & Fiol, 1994).

'기술학습'은 개별 조직의 입장에서 보았을 때, 조직 내·외부에 축적된 지식 기반을 활용해 기술·경제적 문제를 해결하고 기술을 개발하는 과정이다. 그리고 기술학습 과정을 통해 조직의 지식 기반은 더욱 확장된다. 이는 조직학습론에서 파악하는 조직학습의 개념, 즉 환경의 변화에 따라 조직의 반응이 달라지면서 조직 내 반응 레퍼토리가 증대하게 되고 이로 인해 조직 내 지식이 증가하는 과정과 동일한 것이다. 이러한 성격을 갖는 기술학습은 사전에 축적한 지식 기반이 존재할 때 활발히 전개된다.

기술공동체는 기술학습의 주체들이면서 동시에 정당성 확보를 통해 자신들의 이해를 관철시키기 위해 활동하는 기술정치 활동의 주체들이다. 계속 이어지는 기술정치 활동과 기술학습 과정을 통해 제도들이 형성되고 기술지식이 축적된다. 그리하여 어느 순간에 특정 기술이 전(全) 사회적인 차원에서 사회정치적 정당성과 인지적 정당성을 확보하고 광범위하게 사용되는 상황이 전개된다. 즉, 지배적 설계가 등장하게 되는 것이다. 이 지배적 설계가 등장하게 되면 그 이후 특정 분야에서 기술 개발 활동은 그 지배적 설계를 중심으로 이루어지게 된다. 즉, 제도 효과가 작용하는 조건에서 이미 형성된 지배적 설계를 따라 조직들의 기술 개발 활동이 이루어지게 된다. 조직공동체가 기술의 학습과 제도 형성에 영향력을 행사해 오던 상황에서 기술과 제도가 조직의 기술 개발 활동을 규정하게 되는 상황으로 전환되는 것이다(Rosenkopf & Tushman, 1994; 송위진, 2007, 2010).

2 분석 사례의 특성

이 연구에서 살펴본 위성 DMB 사업자 사례는 다음과 같은 의의와 특성을 지닌다.

첫째, 위성 DMB 사업은 현재의 이동통신 서비스를 넘어 지속적으로 진화해 온 차세대 모바일 방송 서비스이다. 방송과 통신이 스스로의 서비스를 확장하는 과정에서 서로의 영역에 진입해 들어간다는 점에서 지금까지의 방송·통신 융합의 흐름과는 궤를 달리한다. 따라서 위성 DMB의 등장은 신규 서비스의 시작으로 그 의미가 머무르는 것이 아니라, 사회 전반에 걸쳐 다양한 외부 효과를 가져올 것으로 예상되었다. 특히 DMB 서비스는 기존의 이동통신과 방송 시장뿐만 아니라 인터넷, 광고, 프로그램 시장 등 넓은 의미의 방송시장과 통신시장에 영향을 미칠 수 있는 잠재성이 있다(조은기, 2004: 8-9).

둘째, 위성 DMB는 제한된 주파수 자원을 이용한 방송사업으로서 진입 제한되며, 방송의 공익성과 산업성으로 인해 어떤 형태로든 정부의 개입이 불가피한 사업이다. 특히 위성 DMB는 본질적으로 방송 서비스로 방송의 공익성 실현을 위해 국가의 정책적 개입이 불가피하다. 또한 위성 DMB는 불확실성이 대단히 높은 첨단산업으로, 다른 정보통신 서비스와 같이 기술과 장비, 인력 등 많은 투자가 장기적으로 이루어지고 투자 회수 기간이 수년까지 연장되는 성격을 가진다. 이와 함께 전용 위성을 쏘아 올려야 하고, 주파수 할당을 받아야만 사업이 가능하다. 이에 따라 어떤 형태로든 정부의 개입은 불가피하며, 주파수 자원 이용의 효율성을 제고하고 방송 산업의 활성화라는 산업성을 위해 국가적 차원에서의 정책이 필요하다.

셋째, 세계 최초로 기술 시장을 이끌어내는 선도 산업이다. 기존의 사업이 선진국을 모방해 왔다면, DMB 산업은 새롭게 창조해 나가야 하는 첨단산업이다. 지금까지 새로운 기술의 도입은 외국의 도입 과정을 지켜보면서 그 과정에서 야기되는 문제점을 검토해 이를 최소화하면서 국내의 경제적·산업적 여건에 맞추어 뒤따르기만 하면 될 뿐이었다. 반면 위성 DMB는 세계 최초로 시도되는 통신과 방송이 융합된 멀티미디어 방송으로,[9] 종합 유선방송이나 위성방송과는 달리 외국 사례에 의존하지 못한 채 해결해야 하는 상황이 전개되었다.

넷째, 위성 DMB 사업은 차세대 성장산업 중 하나이면서 양방향 멀티미디어 서비스로서 관련 콘텐츠 산업의 활성화를 촉진할 수 있는 강력한 플랫폼 사업이라고 할 수 있다(대구·경북언론학회, 2004). 업계에서는 위성DMB 사업이 향후 10년간 9조 원의 생산 유발과 6조 3,000억 원의 부가가치 효과를 낳고 18만 4,000개의 일자리를 만들 것으로 분석했다(한국언론학회, 2003). 위성DMB는 플랫폼사업으로 다수 채널의 방송을 위해 다양한 콘텐츠 제공사업자(contents provider)들이 관련되어 있다. 위성 DMB 네트워크 구축을 위해서도 단말기 제조사, 부품 제조사, 중계기(G/F) 제조사 등 많은 기업이 설비 및 부품, 기기 관련해 이해 관계를 형성하고 있다.

다섯째, 위성 DMB 도입은 특정 사업자의 사업 추진계획이 가장 핵심적인 촉매제였다고 할 수 있다(황근, 2004). 즉, DMB 도입 정책은 기본적으로 특정한 사업자가 독자적으로 새로운 방송 서비스 기술 혹은 주파수를 확보하고 신규 서비

9) 유럽(Nokia) DVB-H, 미국(Qualcomm) Media FLO 방식의 이동방송 기술이 개발 중에 있고, 싱가포르의 이동방송, 중국 광둥성(廣東省)의 이동방송은 버스 등 차량 장착용으로 공중시청 목적의 서비스로서 개인 휴대 이동방송이 아니다(TU미디어, 2005).

그림 9-1 위성 DMB의 산업 연관도

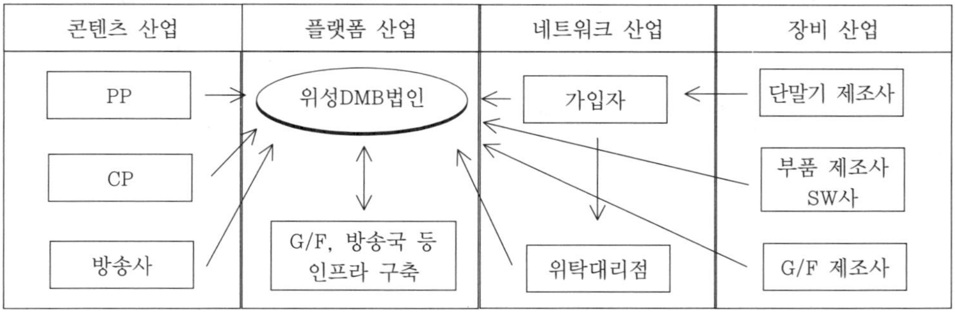

자료: TU미디어(주)(2004.9.24). 위성 DMB 지상파 재송신에 대한 의견.

스를 하겠다고 나서면서 본격화된 것이다(김평호, 2004). 그동안 정부 주도식의 도입 과정을 거친 케이블 TV나 위성방송과는 달리 민간 사업자가 주도해 주파수를 확보하고 빠른 인・허가를 정부에 요구해 왔다는 점에서 전례가 없는 사례이다.

3 사례를 통해 본 한국의 정책 과정에 대한 시사점

이 연구는 위성 DMB 서비스 도입 과정을 둘러싸고 시기별, 주요 정책 이슈별 갈등 양상을 분석했다. 그 내용을 정리하면, <표 9-6>과 같다.

첫째, 위성 DMB 도입 과정은 시간에 따라 정책 쟁점과 주요 행위자가 달라지고 있으며, 그 영향력 또한 변화되어 왔다. 도입 초기에는 사업의 성격과 전망, 규제 방법과 영역을 둘러싸고 갈등을 빚었다면, 방송법이 개정되고, 사업자 허가가 이루어지면서부터는 지상파 방송 재송신, DMB 폰 보조금 허용 등으로 정책 쟁점이 변화되어 왔다. 갈등의 주체 또한 초기에는 주로 사업 주도자인 SKT와 규제기구 간, 정통부, 방송위, 산자부 등 정부 부처 간 규제 및 업무 영역의 싸움이었으나, 후반으로 접어들면서부터는 방송노조, 후발 통신업체 등이 적극적으로 참여하게 되면서 관련 경쟁 집단 간 이해갈등으로 비화되어 왔다. 그러나 지상파 재송신 불허, 위성 DMB 단말기 보조금 불허에서 볼 수 있듯이 이해집단

표 9-6 위성 DMB 도입 관련 시기별 주요 쟁점 비교

시기	제1기: DMB 개념 도입	제2기: 방송법 개정 통과	제3기: 사업자 허가와 본격적인 사업 추진기
주요 쟁점	- DMB 개념 설정 및 관련 근거 마련 - 선정 시기 - 사업자 수	- 시행령 갈등 - 허가 방식 - 공정경쟁 논란 - 컨소시엄 구성 - 기술 표준 및 로열티	- 지상파 재송신 허용 문제 - 위성 DMB폰 보조금 불허
주요 쟁점 결과	- 선정 및 사업 개시: 당초 일정보다 상당 기간 연기 - 사업자 수: 1개	- 기술 표준 및 로열티: 시스템 E 방식, 수량 정액제 - 사업자 허가 방식: 엄격한 심사 기준 적용·심사+심사 결과가 기준 점수 이상일 경우 사업자 부여	- 지상파 재송신 허용: 불허 - 위성 DMB폰 보조금: 불허→2006년 초 허용
주요 행위자	- SKT(TU media) - 방송위, 정보통신부 - KT	- SKT(TU media) - 방송위, 정통부 - 지상파 노조 - KTF, LGT	- 지역방송사 - SKT(TU media) - 지상파 노조 - 방송위
갈등 유형	- 주무부처 간의 주도권 갈등 - 새로운 기술에 대한 개념과 규제 근거에 대한 혼돈 - 선발 주자와 후발 주자 간의 갈등	- 법과 제도 변화의 경로의존성과 이해 갈등 - 산업적인 측면과 공익적인 측면 간의 갈등 - 선두 업체에 대한 후발 업체의 견제	- 시장활성화와 역차별의 문제(형평성 문제) - 관련 경쟁 집단 간 이해갈등

간 갈등은 신규 사업자 보호 육성, 매체 간 공정 경쟁 등 기술산업적 합리성에 의거하기보다 기존의 제도적·정치적 논리에 지배되는 경향을 보여 주었다.

둘째, 사업자 선정 시기, 지상파 방송 재송신 등 정책 이슈별로 대립하는 이해집단이 다소 다르게 나타났으며, 각 이해집단은 자신의 이익과 정당성 확보를 위해 다양한 전략을 활용해 왔다. 특히 위성 DMB는 방송·통신 융합의 산물로 방송이 강조하는 공익이냐 통신의 시장 경쟁이냐의 논리 싸움이 두드러지게 나타났다. 정책 이슈는 서로 복잡하게 얽혀 있어 하나의 이슈가 쟁점화되면 다른 이슈로 영향을 미치거나 확산되기도 했다. 그러나 공식적으로 참여가 허용된 행위자들이라 하더라도 이들의 영향을 서로 달랐으며, 특히 위성 DMB 사업자 선정의 경우 지상파 방송 등 기존의 방송 매체가 정책을 주도하는 양상을 보여 주었다. 각 이해집단은 자신의 이해를 극대화하기 위해 분석적 경제 논리와 정치적 합리성을 동원하는 등 다양한 전략을 동원해 왔다.

셋째, 기존의 기술 도입과는 달리 민간 사업자가 주도해 왔다. 정부가 위성 DMB 사업을 차세대 성장 동력의 하나로 선정해 왔으나, 실제 사업을 지원해 주는 역할은 미약하게 나타나고 있다. 특히 정부 주도로 추진되어 왔던 기존의 방송매체 도입과는 달리 민간 사업자가 주파수 획득, 위성체 투자, 관련 기술 개발 등 나름대로 개척자 위치에서 위성 DMB 영역을 발전시켜 왔다는 점에서 차이점을 보여 주었다. 정부의 역할 또한 추격 단계에서 탈추격 단계로 접어듦에 따라 다양한 이해를 조정하고, 변화를 주도해 나가는 촉진자(facilitator)이자 패턴 메이커(pattern maker) 역할로 변화되어야 함에도 불구하고 기존의 이해집단에 포획되어 있는 양상을 보여 주었다.

넷째, 지금까지 선진국의 기술을 모방하던 단계에서 벗어나 '세계 최초'라는 타이틀을 두고 일본과 치열한 경쟁을 벌인 첨단 기술임에 따라 기존의 법적·제도적 틀 속에서 해결할 수 없는 새로운 문제가 끊임없이 제기되었다. 이에 따라 외국의 유사한 사례를 모방·학습하던 것에서 벗어나 사업자 스스로 제도를 탐색하고 설계해 나갈 수밖에 없었다. 서비스 개시 시기, 사업자 수, 선정 방식과 기준, 기술 표준과 로열티 문제, 지상파 방송 재송신 문제 등 끊임없는 이슈가 양산되어 왔다. 이에 따라 정부 역할은 물론, 이와 관련된 법과 제도까지 새롭게 변화되어 왔다.

다섯째, 기존의 이해 및 제도적 설계에 고착되는 양상을 보여 주었다. 기존의 법적·제도적 틀은 방송과 통신의 융합이라는 큰 변화의 흐름을 뒤따라가지 못했으며, 기존의 제도와 이해 관계에서 크게 벗어나지 못하고 고착화하는 양상을 보여 주었다. 위성 DMB가 주는 경제적·문화적 파급 효과가 큰 성장 산업이자 플랫폼 사업일지라도 시장의 선점 효과나 개척자 우대라는 시장의 논리가 쉽게 적용되지 못했다. 이처럼 새로운 사업이 도입되는 과정은 다양한 요소를 반영하게 되면서 기존의 이해 관계와 법적·제도적 관계에서 쉽게 벗어나지 못하는 고착(lock-in) 양상을 보여 주었다.

여섯째, 위성 DMB 사업은 민간 주도에 의해 진행되었으나, 정부의 방송산업 육성 및 신성장 동력 발굴이라는 국가 차원의 정책으로 추진됨에 따라 상당한 정치적 이슈로 발전해 왔다. 이에 따라 DMB 사업은 단순히 새로운 방송사업이라는 산업적·기술적·경제적 문제가 아니라 상당한 정치적·사회적·문화적 문제로 확대되어 왔다. 또한 몇 차례나 정책 결정이 번복되고 지연되는 등 방송사업자의 허가와 규제를 맡고 있는 방송위의 조정 능력의 한계를 보여 주었다. 또한 이해관계자들은 여론 활용과 집단행동 등을 통해 국가적 차원이나 장기적 차원의 이익이 아닌 단기적 이익을 추구하는 행동을 보여 주었다. 이러한 단기 차원의 복잡한 상호작용 결과, 당초에 제시한 사업계획이나 정책 목표와는 상당한 차이를 보여 주는 자생적 질서로 진화되어 왔다.

4 생각해 볼 문제

1) 탈추격형 혁신 시스템으로의 전환과 정부 역할 변화

최근 우리나라 산업기술정책[10)]은 새로운 전환기를 맞고 있다. 산업화 과정에서 형성된 추격형 기술혁신 체제와 산업기술정책이 그 한계를 드러내면서 새로운 변화를 요구받고 있기 때문이다. 기업 R&D 비중에서 볼 수 있듯이 국가연구개발사업의 주도권이 점차 민간 주체인 기업 및 대학으로 넘어가고 있으며, 민간부문이 정부 역할의 상당 부분을 대치하고 있다. 특히 우리나라는 더 이상 모방할 대상이 없어지면서 스스로 문제를 해결해야 하는 시기에 접어들고 있다. 기술혁신에서의 불확실성 또한 선도 주자와 후발 주자 간에 엄청난 차이를 보이고 있다. 선도 주자의 경우 새로운 아이디어를 앞서 시장에 적용하는 자이므로 명확한 목표 설정이나 수단의 탐색이 거의 불가능한 상황이다. 과거와 달리 모방하거나 따라잡아야 할 대상과 목표가 없어지면서 혁신의 주체인 기업의 전략뿐만 아니라 국가적 차원에서의 정책적 틀이 새롭게 변화될 수밖에 없는 것이다. 또한 환경의 불확실성과 복잡성이 높아지면서 정책실패의 가능성이 더욱 빈번해지고 있다.

10) 좁은 의미의 산업정책은 특정 부문으로 자원의 이동을 촉진하는 타깃팅(targeting)정책을 의미하며, 넓은 의미의 산업혁신정책은 산업 일반의 경쟁력 강화를 직접적 목표로 하는 일반 경제정책까지 포함한다. 산업정책을 둘러싼 찬반 논쟁은 흔히 산업정책이 협의로 정의되는 경우에 나타난다.

이런 탈추격 상황에서 정부 역할 및 산업기술정책은 다음과 같은 근본적인 논쟁을 야기한다. ① 변화하는 혁신 상황에서 꼭 필요한 정부 역할은 무엇인가, ② 국가가 개입해 특정한 기술 또는 산업을 진흥하는 것이 정당하고 효과적인가, ③ 어떤 기술과 기업을 지원해야 하는가, ④ 첨단기술과 과학에 기반을 둔 산업이 우선시되어야 하는가, ⑤ 정부 개입의 한계는 없는가, ⑥ 정책실패를 줄이기 위한 시스템 설계는 무엇인가 등이 그 예이다.

2) 기술 성공을 위한 전략

그동안 암흑상자(black box)였던 새로운 기술의 출현 및 사업화 과정을 열어보면, 거기에는 항상 불확실성, 협상, 딜레마, 논쟁, 갈등을 필연적으로 수반하고 있다. 무엇보다도 기술 도입에는 우연적 요소가 결합이 된 제도적인 선택 환경이 강력한 영향을 미치게 된다. 즉, 이해 관계 등 기존의 제도 틀에 상당히 영향을 받게 되는 것이다. 이로 인해 최첨단 기술이자 국가의 대표적인 미래 성장동력 산업이라 할지라도 기술적·경제적 합리성보다 정치적·문화적 요소에 의해 선택되고 만들어져 가는 양상을 보여 준다.

이 사례에서 살펴본 위성 DMB 사업도 결국 지상파 방송 재송신이 허용되었으나, 사업자였던 TU 미디어는 2010년 11월 SK텔링크에 합병되었다. 위성 DMB 서비스를 시작한 후 결국 흑자 한번 내지 못하고 실패한 것이다.

시티폰, 와이브로 등 위성 DMB사업과 유사한 사업 경로를 거치고 실패한 사례를 통해 다음과 같은 토론과 논쟁이 필요하다. ① 최초이자 최고의 기술이 왜 실패했는가, ② 혁신 주체인 기업의 실패 요인은 무엇이고 정부 정책의 실패 요인은 무엇인가, ③ 기술적·경제적 논리 외에 정치적·사회적 논리에 어떻게 대응할 것인가, ④ 새로운 기술의 등장과 관련해서 나타날 수 있는 다양한 이해갈등을 어떻게 조율해 나갈 것인가, ⑤ 추격에서 탈추격으로 혁신 체제의 전환이 이루어지는 상황에서 꼭 갖추어야 할 정부의 정책 역량 및 기업의 기술혁신 역량은 무엇인가 등이다.

제 10 장

상호 협의를 통한 규제: 셧다운제 정책 사례

최성락

(동양미래대학)

제 1 절 셧다운제 정책의 의의

셧다운(shut down)제도는 인터넷상에서 특정 시간대나 일정한 시간이 지났을 경우 온라인 게임을 더 이상 할 수 없도록 강제적으로 차단하는 것을 말한다. 처음에는 일반적인 위법적 인터넷 서비스를 대상으로 셧다운제가 논의되었으나, 2011년 이후에는 온라인 게임 서비스를 정지하는 셧다운제가 일반적으로 거론되면서, 셧다운제는 온라인 게임을 대상으로 하는 것으로 인식되고 있다.

한국에서 셧다운제는 만 16세 미만의 청소년들에게 밤 12시부터 다음날 아침 6시까지 인터넷상에서 온라인게임을 제공할 수 없도록 하는 것으로, 청소년보호법에 규정되어 있다. 2011년 4월 말에 국회를 통과해 법규화되었으며, 2011년 11월 20일부터 시행되었다. 제정 당시 셧다운제와 관련된 청소년보호법의 규정은 다음과 같다.

> 청소년보호법 제23조의3(심야시간대의 인터넷 게임 제공 시간 제한 등) ① 「게임산업 진흥에 관한 법률」에 따른 게임물 중 「정보통신망 이용 촉진 및 정보 보호 등에 관한 법률」 제2조 제1항 제1호에 따른 정보통신망을 통하여 실시간으로 제공되는 게임물(이하 "인터넷 게임"이라 한다)의 제공자는 16세 미만의 청소년에게

오전 0시부터 오전 6시까지 인터넷 게임을 제공하여서는 아니 된다.
② 여성가족부 장관은 문화체육관광부 장관과 협의하여 제1항에 따른 심야시간대 인터넷 게임의 제공 시간 제한 대상 게임물의 범위가 적절한지를 대통령령으로 정하는 바에 따라 2년마다 평가하여 개선 등의 조치를 하여야 한다.
③ 제2항에 따른 평가의 방법 및 절차 등에 관하여 필요한 사항은 「게임산업 진흥에 관한 법률」에서 정하는 바에 따른다.

부칙<제10659호, 2011. 5.19>
①(시행일) 이 법은 공포 후 6개월이 경과한 날부터 시행한다. 다만, 제23조의3 제1항의 개정 규정에 따른 인터넷 게임 중 심각한 인터넷 게임 중독의 우려가 없는 것으로서 대통령령으로 정하는 기기를 이용한 인터넷 게임에 대한 심야시간대 제공 시간 제한에 관한 부분은 공포 후 2년이 경과한 날부터 시행한다.

2014년 현재 셧다운제가 시행된 지 2년 반이 지났다. 셧다운제가 실시된 이후에도 셧다운제에 대한 찬반 의견과 정책평가에 대한 논란이 이어지고 있다. 하지만 여기에서는 2011년 11월 셧다운제가 제정되고 실행되기까지의 과정에 초점을 두어 셧다운제와 관련된 논점을 살펴보도록 한다.[1)]

제 2 절 셧다운제에 대한 찬반 논리

1 셧다운제 찬성 논리

1) 청소년의 수면권 보장

셧다운제가 처음 제시될 때 가장 주요한 논거로서 제시된 것은 청소년의 수면

1) 이 연구는 셧다운제가 시행될 당시의 시점을 기준으로 셧다운제 정책의 적합성을 살펴보도록 한다. 따라서 2011년 셧다운제 시행 당시에 주장되던 논리들을 바탕으로 소개한다. 청소년 수면권 보장 같은 것은 2014년 현재에는 셧다운제를 정당화하기 위한 논리로써 사용되지 않는다. 하지만 2011년 당시에는 청소년 수면권 보장이 셧다운제를 주장하는 주된 논거 중 하나였다. 정책의 적합성을 판단하기 위해서는 현재의 논리로 판단하는 것보다 제정 당시의 논리를 살펴보는 것이 더 합리적일 수 있다.

권이다. 청소년은 인간으로서 기본권을 가지는데, 인간에게 보장되어야 하는 기본적 권리 중 하나가 수면권이다. 그런데 청소년들이 밤 12시 넘어서까지 게임을 하면 잠을 충분히 잘 수 없다. 다음날 학업과 생활에도 지장을 준다.

부모들이 밤 12시에는 게임을 그만하고 자러 가도록 지도를 하지만, 게임에 몰두하는 청소년들에게 게임을 멈추게 하기는 쉽지 않다. 그러므로 게임 회사가 게임 서비스를 아예 제공하지 않도록 하는 것이 청소년들이 12시 넘어 게임을 하지 않게 할 수 있는 가장 좋은 방법이다. 밤 12시가 넘어 게임을 하는 것을 불가능하게 해 청소년들이 충분히 숙면을 취할 수 있는 권리를 부여하도록 한다.

2) 게임 중독으로부터 청소년 보호

청소년의 수면권 보장에 더불어 셧다운제의 주요한 논거는 게임 중독으로부터 청소년을 보호하고자 하는 것이다. 1990년대 말부터 온라인 게임이 한국에서 크게 활성화되면서 게임 중독 청소년도 크게 증가했다. 특히 최근 들어 게임 중독과 관련해 상담을 받는 청소년이 급증하고 있는데, 청소년 상담원에서 게임 중독과 관련해서 상담을 받은 청소년은 2007년 3,440명, 2008년 4만 706명, 2009년 4만 5,476명으로 증가했다. 2010년에는 상반기에만 4만 명이 넘어서 청소년의 게임 중독이 심각한 상황으로 인식되었다.

부모들이 청소년의 게임 생활을 통제해야 하지만, 실질적으로 부모들이 청소년의 게임 중독을 막지 못하고 있다. 게임 중독을 방지할 수 있는 가장 좋은 방법은 인터넷상에서 아예 청소년이 게임을 하는 것을 불가능하게 하는 것이고, 이러한 제도가 바로 셧다운제도이다. 셧다운제를 실시하면 청소년이 야간에 게임을 하는 것이 원천적으로 불가능하기 때문에 게임 중독의 문제를 완화할 수 있을 것으로 본다.

2 셧다운제 반대 논리

1) 수면권 보장의 문제점

한창 자라나는 청소년들이 최근 밤에 충분한 수면을 취하지 못하는 것은 맞다.

그러나 청소년들이 충분한 수면을 취하지 못하는 것이 게임 때문은 아니다. 학교에서 늦은 시간까지 자율학습을 하고, 학원을 수강하고, 또 밤늦게까지 공부를 해야 하기 때문에 취침 시간이 부족한 것이지 게임을 하기 때문에 잠을 충분히 자지 못하는 것은 아니다. 물론 게임에 몰두하느라 잠을 충분히 자지 않는 청소년도 있지만, 대부분의 청소년이 12시 넘어서까지 잠을 자지 않는 것은 밤늦게까지 학원에 있어야 하는 학습문화와 공부 때문이지 게임 때문이 아니다. 정말로 청소년의 수면권을 보장해 주고 싶으면 밤늦게까지 공부를 강요하는 학교 및 사회의 청소년 문화를 치유하려고 해야 한다. 수면권을 보장해 준다고 하면서 이런 사회 현상에 대해서는 논의하지 않고 게임에 대해 셧다운제를 시행하는 것은 불합리하다.

2) 게임 중독 치유의 한계

게임 중독은 게임을 오래하는 데서 나타나는 문제이지, 12시 넘어 게임을 하는 데서 나타나는 문제가 아니다. 12시 넘어 게임하는 것을 금지한다 해서 게임 중독이 치유되는 것은 아니다. 밤 12시에 셧다운제를 실시한다고 해도, 오후 3시부터 밤 12시까지 게임을 하면 9시간 게임을 할 수 있다. 이 경우 셧다운제를 실시한다고 해서 게임 시간이 감소된다고 볼 수 없다. 대신 학원을 마치고 밤 11시에 집에 와서 11시 반부터 게임을 하면 30분 게임을 할 수 있다. 게임 중독과는 상관이 없는 학생인데도 실질적으로 게임을 할 수 없다.

밤 12시에 셧다운제를 실시하는 것은 게임 시간을 줄이는 것과는 특별한 연관관계가 없다. 게임 중독과도 큰 상관이 없다. 실제 밤 12시 넘어 게임을 계속 하는 청소년은 5%가 안 되는 것으로 나타나고 있다. 셧다운제를 실시한다고 해서 청소년의 게임 중독이 치유되는 것은 아니다.

3) 셧다운제의 실효성

셧다운제의 가장 큰 문제점으로 지적되는 것은 과연 셧다운제가 제도로서 실효성을 가질 수 있는가이다. 셧다운제는 청소년들이 밤 12시가 넘어서는 네트워크상에서 제공되는 온라인 게임을 사용할 수 없도록 하는 것이다. 그러나 과연 청소년들이 12시가 넘으면 게임을 하지 못하게 될까. 온라인 게임 회사는 청소년

계정에 대해 밤 12시 이후 접속을 금지한다. 하지만 현재에도 많은 청소년은 15세 이상가, 18세 이상가 게임을 할 때 자기 자신 명의의 계정을 사용하지 않고 자기 부모 명의의 계정을 사용하고 있다. 이와 같이 부모의 계정을 사용하는 경우 청소년에 대한 셧다운제는 효과가 없다. 부모의 계정 외에도 인터넷에 익숙한 청소년들은 인터넷상에서 접속 금지를 우회하는 다양한 수단들을 알고 또 사용하고 있다. 이러한 현실에서 청소년들의 인터넷 접속을 금지하는 셧다운제는 실효성이 없다. 그리고 이와같이 실효성이 없는 규제를 시행하는 것은 불합리한 정책이다.

4) 청소년에 대한 인권 제한

청소년에게도 자신이 원하는 것을 선택할 인권이 존재한다. 사회악에 해당하는 것, 또는 청소년이 사용하기에 부적합한 술, 담배 같은 것이라면 청소년의 선택을 제약하는 것은 일리가 있다. 하지만 게임은 전체 연령가, 15세 미만가 등으로 법에 의해 이용이 가능한 엔터테인먼트 상품이다. 19세 이상 이용가인 게임 이용을 막을 수는 있지만, 법적으로 청소년이 이용 가능한 게임의 사용 시간을 제한하는 것은 청소년의 선택권을 지나치게 제약하는 인권 침해이다.

5) 관할 부서의 문제

2011년에 셧다운제가 청소년보호법에 명문화가 되면서 현재는 이러한 관할 부서와 관련된 반대 논리의 목소리는 줄어들었지만, 셧다운제가 청소년보호법에 명문화되기 전에는 셧다운제의 관할 부서와 관련해 반대 논리가 크게 주장되었다.

그동안 게임에 대한 것은 문화관광부에서 담당해 왔다. 그런데 게임에 대한 셧다운제를 주장하고 제도화한 정부부처는 여성가족부이다. 문화관광부 및 게임업계는 게임 영역에 대해 여성가족부가 개입하는 것을 반대했었다. 게임에 대한 규제는 게임 관련 부처에서 시행해야 하며, 여성부에서도 게임에 대해 규제를 하려고 하는 것은 이중 규제, 중복 규제라고 보았다. 특히 게임업계에서는 게임에 대한 관할 부처가 2개 부처가 되는 것에 대해 강력히 반대했다.

6) 갈라파고스 제도

셧다운제는 전 세계에서 유래를 찾아볼 수 없는, 한국에서만 법제화된 제도이다. 한국은 전 세계 인터넷 표준과 기준에서 동떨어진 갈라파고스 제도들이 존재한다. 게임 사전 심의제도, 공인인증서 제도 등이 그러한 제도의 예인데, 셧다운제도도 그와 같이 세계 표준에 동떨어진 갈라파고스 제도이다. 이와같이 갈라파고스 제도가 계속 발생하고 유지된다면 한국의 정보통신 경쟁력은 뒤떨어지고 낙후될 수밖에 없다. 이러한 갈라파고스적인 제도들 때문에 2000년대 초반까지만 해도 인터넷 강국, 정보통신 선진국이라 불리던 한국이 이제 인터넷 후진국이란 말을 듣게 되었다. 전 세계 표준과 동떨어진 한국만의 제도가 더 이상 제정되고 시행되어서는 안 된다.

제 3 절 셧다운제의 정책 과정

1 2010년 이전

셧다운제가 사회에서 처음 이슈화된 것은 2004년 10월이다. 한국에서 온라인 게임에 대한 열풍은 1998년 리니지에서 시작되었으며, 이후 한국에서 온라인 게임은 급속히 성장해 수년 내에 세계 제일의 온라인 게임 강국으로 성장했다. 그런데 이 당시 한국의 온라인 게임은 MMORPG 게임이 위주였다. 일반적인 게임이 몇 십분, 길면 한 시간 정도 즐기는 형태인데 반해 MMORPG 게임은 게임 내에서 성장을 하고 게임 내에서 다른 사람들과 네트워크를 구축하고 같이 생활을 하는 시스템이다. 따라서 MMORPG 게임은 게임 시간이 상당히 길어지게 되고, 시간이 날 때마다 MMORPG 게임 내에서 지내게 되는 게임 중독 현상이 나타나기 쉽다. 당시 온라인 게임은 MMORPG 게임이 주류였고, 따라서 청소년들이 MMORPG 게임에 빠져들면서 사회적으로 청소년들의 게임 중독이 처음 표면화되기 시작했다. 이러한 상태에서 2004년 10월, YMCA, YWCA, 흥사단 등 청소년단체들과 청소년보호위원회가 게임 중독을 방지하기 위해 주장한 것이 셧다운제였다. 셧다운제는 강제로 게임에 대한 접속을 금지하는 것으로 청소년들이 게임을 하지 못하게 하는 강력한 수단으로 인식되었다.

셧다운제가 처음 법안으로 제기된 것은 2005년이었다. 당시 한나라당 김재경 의원은 청소년보호법에 "대통령령이 정하는 심야시간대에는 청소년에게 온라인 게임을 제공할 수 없도록" 하는 셧다운제를 도입하는 개정안을 국회에 제출했다.

2006년에는 한나라당 김희정 의원으로부터 「정보통신서비스 중독의 예방과 해소에 관한 법률안」이 제청되었다. 이 안에 따르면 온라인 게임을 제공하는 사업자는 만 18세 미만 청소년에 대해 법정대리인의 신청이 있을 경우 1일 이용시간을 제한하도록 했다. 부모가 자신의 자녀가 하루에 3시간만 게임을 이용할 수 있도록 요구할 경우, 게임업체는 해당 아동에게 하루 3시간 이상 게임에 접속할 수 없도록 기술적 조치를 취할 것이 요구되었다. 부모 외에 자기 자신이 직접 게임 이용 시간을 지정할 수도 있는데, 이러한 셧다운제 의무를 위반할 경우 1,000만 원의 과태료를 부과하는 것으로 했다.

2008년 7월 한나라당 김재경 의원은 셧다운제를 도입한 청소년보호법 개정안을 다시 국회에 제출했다. 청소년의 연령을 고려해 심야시간(자정~오전 6시)에는 청소년에게 게임물을 제공할 수 없도록 했고, 이를 위반하면 2년 이하 징역 또는 1,000만 원 이하 벌금에 처하도록 했다.[2)]

그리고 2009년에는 민주당 최영희 의원이 셧다운제를 도입한 청소년보호법 개정안을 국회에 제출했다. 이 때의 셧다운제는 청소년 스스로 셧다운되는 방법을

---

2) 셧다운제에 과태료, 벌금 등의 처벌 조항이 들어가는지, 들어가지 않는지는 셧다운제와 관련해 중요한 의미를 지닌다. 사회에서 게임 중독에 대한 이슈가 제기되고, 셧다운제를 법규화하고자 하는 시도가 이루어지자, 게임업계에서는 셧다운제를 법규에 규정하는 것은 너무 과도한 조처이며, 업계 자율적인 노력과 자율 규제로 게임 중독을 방지하기 위한 조치를 취할 것을 선언했다. 이에 따라 게임업계는 2005년 9월, 2008년 9월, 2010년 4월 등 자율적인 조치 방안을 발표한다. 부모의 요구가 있을 때 셧다운제를 실시하는 방안, 피로도 시스템 도입, 청소년의 심야시간 접속 제한 등의 자율 규제가 도입되었고, 몇몇 주요 게임에서는 이러한 제도가 실제 도입되었다. 그러나 이러한 것은 자율 규제로서 처벌 규정이 없이 업계의 자발적인 참여를 유도하는 수준이었다. 이러한 자율 규제로는 수면권, 게임 중독문제를 제대로 치유할 수 없으므로 정부의 강제적인 조치가 이루어져야 한다고 주장되었다. 따라서 처벌 조항을 두고 셧다운제를 강제하는 법률안이 제안된다. 문화관광부와 게임업계에서는 셧다운제는 업계 자율적으로 도입할 수 있으므로 여성부가 입법화할 필요까지는 없다고 주장했다. 이에 대해 여성부는 문화부와 게임업계의 자율 규제를 믿을 수 없고, 따라서 법안 제정이 필요하다고 주장했다.

선택할 수 있도록 했다. 하루 총 게임 이용 시간을 미리 정하는 방법과 밤 12시부터 아침 6시까지 야간 동안에 게임을 하지 못하는 방법 두 가지 중 하나를 청소년 스스로 또는 보호자가 선택하도록 했다.[3)]

2 2010년 4월

셧다운제 입법화가 본격적으로 진행된 것은 2010년 4월부터이다. 2010년 4월에는 셧다운제를 도입한 청소년보호법이 2건 발의되었다. 김재경 의원은 밤 12시부터 6시까지 게임 제공을 금지하는 셧다운제를 도입한 개정안을 제출했고, 최영희 의원은 청소년 본인 또는 부모의 요청이 있을 경우 셧다운제 도입을 강제한 개정안을 제출했다.

한편, 문화관광부는 4월 12일 '게임 과몰입 대책'을 발표했는데, 일정 시간이 지나면 게임 내에서 성장이 어렵게 되고 게임 아이템을 얻기 힘들어지는 피로도 시스템, 청소년들이 야간에 게임 접속하는 것을 제한하는 셧다운제 등을 시행할 것을 발표했다.

2010년 선택적 셧다운제는 5개 게임사 77개 게임에 대해 시행 중이었는데, 그 대상을 2010년 내에 100개 게임으로 확대하고, 또한 1년에 한 차례 셧다운제 및 피로도 시스템을 문화관광부에 보고하도록 함으로써 이러한 자율 규제가 실효성을 갖도록 했다. 그리고 이와 같이 게임 중독 예방 조치를 각 게임사가 자율적으로 시행할 것을 규정한 게임산업진흥법 개정안을 발의했다.

문화부 측에서는 "게임법이 따로 있는데도 청소년보호법으로 게임을 제한하는 것은 이중 규제"라고 주장하고, "게임 중독 방지 대책이 게임산업진흥법에 규정될 것인데도 여성가족부가 셧다운제를 청소년보호법에 규정하는 것"은 옳지 않다고 주장했다. 이에 대해 여성가족부는 모든 게임 중독을 목적으로 하는 것이

3) 이와같이 청소년 스스로 선택할 수 있도록 하는 셧다운제는, 시간을 정해 강제로 서비스를 중단시키는 셧다운제가 위헌 소지가 있다는 비판이 제기되자 나온 방안이라 할 수 있다. 야간에 서비스를 제공하지 못하게 하는 강제적 셧다운제는 업체에 대한 업무 시간 규제로, 영업의 자유를 지나치게 제약하고 청소년의 선택권을 제약한다. 따라서 청소년이 스스로 선택할 수 있도록 하여 위헌 소지를 약화하는 방안이다.

아니라 청소년의 게임 중독 방지를 목적으로 하는 것이기에 청소년보호법에 규정하는 것은 문제가 없으며, 또한 업계의 자율 규제는 실효성이 적으므로 강제적 법규가 필요하다고 주장했다.

4월 19일, 국회 여성가족위원회 상임위원회는 강제적 셧다운제를 도입한 청소년보호법 개정안을 의결했다. 그리고 국회 문화체육관광방송통신위원회는 4월 29일, 게임 과몰입 방지 대책을 담은 게임산업진흥법 개정안을 통과시켰다. 서로 중복되면서도 충돌되는 규정을 담고 있는 이 두 법안은 국회 법사위에서 조정 과정을 거치게 되는데, 국회 법사위는 이 두 법안에 대해 정부 합의안을 가져올 것을 요구하고 법안심사소위로 회부했다. 게임산업진흥법과 청소년보호법 모두 개정안이 국회에서 통과되지 못했다.

3 2010년 5월~2011년 2월

여성부의 청소년보호법과 문광부의 게임산업진흥법은 각각 국회 상임위를 통과해 법안 개정이 예정되었으나, 법사위에서 이 두 법안 내용의 충돌을 이유로 심사를 거부하고 정부 합의안을 도출해서 가져올 것을 요구했다. 이에 여성부와 문광부는 법안 내용에 대한 합의에 들어간다.

여성부는 그동안 셧다운제를 추진하면서 문광부의 의견을 거의 반영하지 않고 독자적으로 법제화를 추진해 왔다. 문광부 측에서는 여성부의 셧다운제 추진에 대해 강력하게 반발했지만, 여성부는 청소년 보호는 여성부의 고유 업무라 하여 문광부의 입장을 반영하지 않았다. 그러나 문광부의 게임법 내용과 충돌되면 셧다운제 도입이 불가능한 것으로 국회 심사 과정에서 드러나면서 여성부는 문광부의 법안 내용에 대한 협의를 시작하게 된다.

문광부는 셧다운제의 법제화를 반대하는 입장으로서 여성부와 협의를 하지 않으면 셧다운제의 법제화를 막을 수 있었다. 하지만 문광부가 제안한 게임산업진흥법 내에는 셧다운제 자율 규제 규정 외에 오픈 마켓 게임 사전 심의에 관한 사항도 포함되었다.[4] 문화부 측에서는 오픈 마켓에 관한 게임산업진흥법 개정안의

4) 애플의 아이폰, 구글의 안드로이드폰 등 스마트폰은 오픈 마켓을 열고 있다. 이 오픈 마켓에는 게임 카

통과가 절실히 요구되었고, 따라서 셧다운제에 대한 협의에 나서게 된다.

2010년 5월부터 2011년 2월까지 셧다운제와 관련해 여성부와 문광부의 주장과 협의된 사항은 다음과 같다.

① 강제적 셧다운제를 도입할 것인가 말 것인가의 문제는 총리실의 중재로 강제적 셧다운제를 도입하는 것으로 합의되었다. 그리고 강제적 셧다운제를 도입할 것이 결정되면서, 셧다운제를 과연 어떤 식으로 운영할 것인가에 대한 문제가 대두되었다.

② 문화부는 셧다운제를 게임산업진흥법에 규정할 것을 주장했다. 이에 대해 여성부는 셧다운제를 청소년보호법에 규정할 것을 주장했다. 최종적으로 셧다운제에 대한 선언적 규정은 청소년보호법에 담고, 세부적인 방안은 게임진흥법에 담는 것으로 협의되었다.

③ 셧다운제가 적용되는 연령층에 대해 문체부는 만 14세 미만을 주장했고, 여성부는 만 19세 미만을 주장했는데, 만 16세 미만으로 하는 것으로 합의되었다.

④ 셧다운제가 적용되는 게임의 범위에 대한 문제가 존재했다. 법사위에 제출된 법안은 '정보통신망을 통해 실시간으로 제공되는 게임물'을 셧다운제 적용 대상으로 규정하고 있다.

문화부 측에서는 원래 셧다운제가 논의된 게임은 PC 온라인 게임이었고, 게임 중독의 문제도 이 PC 온라인 게임에서 발생하므로, 셧다운제가 적용되는 게임은 PC 온라인 게임에 한정된다고 보았다. 이에 대해 여성부 측에서는 법안 문맥 그대로 '정보통신망을 통해 실시간으로 제공되는 게임물'이 셧다운제 대상이 된다고 보았다. 이러한 문맥대로라면 스마트폰, 콘솔 게임도 셧다운제 대상이 된다.[5)]

테고리가 있는데, 한국은 모든 게임에 대해 사전 심의를 받도록 하고 있다. 그러나 미국 등을 기반으로 하고 전 세계인을 대상으로 제품을 개발하고 판매하는 오픈 마켓의 게임들을 대상으로 한국의 게임 사전 심의를 받도록 하는 것은 실질적으로 불가능하다. 따라서 아이폰과 안드로이드폰은 한국의 게임 카테고리를 닫고 있었다. 전 세계 주요 국가에서 게임 카테고리가 닫혀 있는 국가는 한국뿐이었다. 따라서 문광부는 오픈 마켓 게임들에 대한 사전 심의제를 폐지해 한국 내 스마트폰에서도 게임 카테고리가 열리도록 하고자 했다. 게임산업진흥법은 이와같이 오픈 마켓 게임에 대해 사전심의제를 제외할 것을 규정한 내용이 포함되어 있는데, 셧다운제로 인해 게임산업진흥법 개정이 이루어지지 않으면서 한국의 게임 카테고리는 계속 닫힌 상태로 있게 되었다.

5) 콘솔 게임은 X-box, 플레이스테이션 등을 활용해 수행하는 게임이다. 최근에는 X-box 등도 통신 기능을 포함하고 있어 '실시간 네트워크 게임'에 포함된다.

그동안 셧다운제는 PC 온라인 게임, 그중에서도 MMORPG를 주 대상으로 하는 제도였다. 따라서 모바일 게임 업계 등에서는 셧다운제에 대해 큰 관심이 없었다. 그러나 여성부의 주장에 의해 모바일 게임 등 게임 전반이 셧다운제 대상에 포함될 것으로 예측되면서 게임업계는 크게 동요하게 된다. 문화부는 셧다운제 적용 대상은 PC 온라인 게임에 한정된다는 입장을 명확히 했다.

4 2011년 3월

2011년 3월, 2010년 4월에 연기되었던 청소년보호법, 게임산업진흥법에 대한 법사위 심사가 이루어지게 되었다. 법안상으로 청소년보호법과 게임산업진흥법은 이전에 서로 충돌되던 사항이 해소되었다. 강제적 셧다운제가 도입되었고, 청소년보호법에 셧다운제 규정이 포함되었다. 그리고 만 16세 미만으로 대상자도 확정되었다.

그러나 적용 대상에 대해서는 아직 논란이 존재했다. 법규상으로는 '정보통신망을 통해 실시간으로 제공되는 게임물'에 셧다운제가 적용되는 것으로 일원화되었지만, '정보통신망을 통해 실시간으로 제공되는 게임물'이 어디까지인지에 대해 해석상 논란이 존재했다.

법안 소위는 2011년 3월 9일, 셧다운제 적용 범위에 대한 합의가 이루어지지 않은 것을 이유로 셧다운제 관련 조항을 전면 보류하고 4월 임시 국회에서 다시 논의하는 것으로 결정했다.

비록 셧다운제 적용 범위에 대한 해석의 문제는 있지만, 법안 자체에 대해서는 합의가 된 것이기에 여성부는 법안 통과가 이루어질 것으로 예측했었다. 그러나 예상 외로 법안이 보류되자 여성부는 당일 대책회의를 개최했다. 그리고 3월 10일, 4월 법안 통과를 위해 모바일 게임의 경우 적용을 1년 유예할 것을 제안했다. 이에 대해 문화부는 일단 3년간 유예하고, 3년 후 모바일 게임의 중독성 여부를 확인해 모바일 게임에 대해 셧다운제를 적용할 것인지 여부를 검토하자고 했다.

결국 3월 29일, 여성부와 문화부는 셧다운제에서 모바일 게임을 적용하는 것을 2년 유예하기로 합의했다.[6] 문화부는 "셧다운제에서 PC 온라인 게임 외 모바일 게임 등의 분야는 2년 뒤에 규제 대상 여부를 결정하기로 합의를 했다"고 3월 31일 발표했다. 그러나 여성부는 "모바일 게임은 법 시행 2년 이후에 셧다운제의 대상이 되는 것"으로 주장했다.

5 2011년 4월

위와 같은 협의를 통해 결국 2011년 4월 20일 청소년보호법 개정안이 국회 법제사법위원회 소위를 통과했다. 그리고 2011년 4월 29일, 셧다운제 법안은 국회 본회의를 통과했다. 이 개정법은 공포 후 6개월 이후부터 시행된다는 부칙 규정에 따라 셧다운제는 2011년 11월 20일부터 시행하는 것으로 결정되었다.

국회에서 이 법안은 재석의원 210명 중 찬성 117표, 반대 63표, 기권 30표로 가결되었다. 국회 심사 과정에서 셧다운제는 논쟁의 초점이 되었다. 일반적으로 법안에 대한 토론은 상임위에서 이루어지며 국회 본회의에서는 상임위에서 제출한 대로 특별한 논의 없이 그대로 통과되는 것이 원칙이다. 하지만 이 때 국회에서 같이 통과한 181개 법률 중에서 셧다운제에 대해서는 7명의 국회의원이 법안에 대해 찬반 발언을 했다.

6 2011년 5월 이후 2011년 11월 법안 시행 전까지 변화

2011년 4월 셧다운제 통과 이후 법안이 시행되는 2011년 11월까지의 주요한 관련 사항은 다음과 같다.

6) 이 협의에 의해 청소년보호법 제23조의3 2항("② 여성가족부 장관은 문화체육관광부 장관과 협의하여 제1항에 따른 심야시간대 인터넷 게임의 제공 시간 제한 대상 게임물의 범위가 적절한지를 대통령령으로 정하는 바에 따라 2년마다 평가하여 개선 등의 조치를 하여야 한다." 규정과 [부칙 ①(시행일) "이 법은 공포 후 6개월이 경과한 날부터 시행한다. 다만, 제23조의3 제1항의 개정 규정에 따른 인터넷 게임 중 심각한 인터넷 게임 중독의 우려가 없는 것으로서 대통령령으로 정하는 기기를 이용한 인터넷 게임에 대한 심야시간대 제공 시간 제한에 관한 부분은 공포 후 2년이 경과한 날부터 시행한다.")이 포함되었다.

첫째, 셧다운제에 대한 여론의 변화이다. 그동안 셧다운제는 시민단체 등의 강력한 지원 하에 법제화가 될 수 있었다. 그런데 셧다운제가 국회 소위원회 등을 통과하면서, 각종 시민단체들의 셧다운제 반대 성명이 이어졌다. 경실련은 "셧다운제는 청소년들의 게임 중독을 해결할 수 있는 대안이 될 수 없고 부작용만 유발하는 과도한 입법 규제"라고 주장했으며, 한국게임산업협회 등에서는 셧다운제에 대해 위헌 심판을 준비했다. 문화연대에서는 셧다운제가 자유로운 문화적 권리 침해라는 의견을 제시했으며, 기타 진보 네트워크 등 정보 인권, 청소년 시민단체의 반대가 계속되었다.

특히 셧다운제에 대한 반대의 목소리가 커지게 된 것은 2011년 10월, 블리자드가 한국에서 셧다운제가 적용되기 시작하면 스타크래프트 서비스를 해당 시간에는 중단할 것을 표명하면서부터이다. 시스템상의 이유로 청소년을 대상으로만 서비스를 중단하는 것이 아니라 성인들에 대해서도 서비스를 중단할 것을 천명했다. 시스템상으로 청소년과 성인을 구분할 수 없다는 이유에서이다.

그동안 셧다운제에 대해서 잘 알지 못했던 네티즌들, 그리고 셧다운제가 자신들과 특별한 상관이 없다고 여겨왔던 성인들도 직접적인 이해관계자가 되면서 셧다운제에 대한 여론은 급속히 악화되었다.[7)]

둘째, 애플과 안드로이드의 오픈 마켓 게임 카테고리는 2011년 10월 말까지 열리지 않았다. 오픈 마켓은 원래 셧다운제와 같이 개정안에 규정되어 있었다. 그러나 셧다운제로 인해 법안 통과가 계속 지연되자, 2011년 4월, 문화부는 여성부와 협의해 셧다운제를 제외하고 오픈 마켓 게임에 대한 사전 심의를 제외하는 게임산업진흥법 개정안을 먼저 제정했다. 이 개정법안은 4월 5일 공포되었고, 3개월 후부터 발효된다는 규정에 의해 7월 6일부터는 애플과 구글이 오픈 마켓 게임 카테고리를 열 수 있게 되었다.

그러나 4월 말에 통과된 청소년보호법에는 셧다운제 대상에 모바일 게임도 같이 논의되었다. 전 세계를 상대로 판매되고 운영되는 오픈 마켓에서 세계의 각 게임 개발 및 운영자들이 한국의 청소년만을 대상으로 셧다운제를 실시하는 것은 불가능하며, 한국에서 셧다운제가 실시되면 오픈 마켓 게임 카테고리는 위법

7) 여성부는 스타크래프트 이용자들의 셧다운제에 대한 반발이 거세지자, 10월 26일 청소년보호법 시행령에 예외 규정을 두어 스타크래프트에는 셧다운제를 적용하지 않을 것이라는 발표를 했다.

이 될 수 있었기 때문에 애플과 구글 안드로이드는 여전히 게임 카테고리를 열지 않았다.

문화부 측에서는 모바일 게임 셧다운제는 2년간 유예되었고, 그 때 셧다운제에 포함될지 여부를 논의할 것이므로 게임 카테고리를 열 것으로 보았지만, 애플과 구글은 셧다운제 사항이 확정되기 전에는 게임 카테고리를 열지 않으려 했다.

게임산업진흥법의 게임 사전 심의 규정을 개정해 게임 카테고리를 열 수 있도록 하기 위해 문광부는 셧다운제를 받아들이는 것으로 여성부와 협의를 시작했다. 그런데 결국 셧다운제 때문에 게임 카테고리를 열지 못하는 상황으로 변화했다.[8)]

셋째, 셧다운제가 적용되는 대상에 대해 법률은 '정보통신망을 통해 실시간으로 제공되는 게임물'로 규정하고 있다. 2011년 3월과 4월, PC 온라인 게임 이외의 게임에 대해서도 적용 여부가 논의가 되었고, 가장 크게 논란이 되었던 것이 모바일 게임이다. 그래서 모바일 게임에 대해서는 2년 유예하는 것으로 협의하고 법률을 개정했다. 그런데 이 때 모바일 게임 이외의 콘솔 게임 등에 대해서는 어떻게 할 것인가에 대해서는 합의가 되지 않았었다. 또한 최근 그 사용이 크게 증가하고 있는 아이패드, 갤럭시 탭 등 태블릿 게임에 대해서는 어떻게 할 것인가에 대해서도 합의가 되지 않았었다. 문화부는 콘솔게임과 태블릿PC에 대해서는 적용 제외할 것을 주장하고 있는데, 시행이 얼마 남지 않은 10월 말까지 확정되지 않았다.

제 4 절 생각해 볼 문제

1 상호 협의에 의한 정책 결정

셧다운제와 관련되어 많은 정책 결정이 있었다. 문화관광부와 여성부 사이에는 많은 논쟁이 있었고, 주장의 차이가 있었다. 그리고 수년에 걸친 정책 협의 과

8) 한국에서 애플 아이폰 게임 카테고리는 2011년 11월 2일 개방되었다.

정에서 하나하나 쟁점 사항에 대한 합의가 이루어졌다.

그런데 그 합의 내용을 살펴보면 사회 전체에 적합한 안이나 합리적인 안을 선택했다기보다는 양측 주장의 중간적인 대안을 합의하고 선택해 왔다. 셧다운제의 관할 부처를 문화관광부로 할 것인가 여성부로 할 것인가에 대한 논쟁은 결국 셧다운제를 여성부 관할인 청소년보호법에 규정할 것인가, 아니면 문화부 관할인 게임산업진흥법에 규정할 것인가의 문제였다. 그리고 이에 대한 논의 결과는 법률에서는 청소년보호법에서 규정하고, 실시 단계인 명령 수준에서는 게임산업진흥법에서 규정하는 것으로 협의되었다. 법률 수준과 명령 수준에서의 관할을 분리하는 방식으로 협의되었다.

셧다운제가 적용되는 나이를 얼마로 할 것인가에 대해 문화부는 만 14세 미만으로 주장했고, 여성부는 만 19세 미만으로 주장했다. 문화부의 만 14세 미만은 초등학생들에 대해 셧다운제를 적용하자는 것이었고, 여성부의 만 19세는 청소년보호법상 청소년의 범위가 만 19세 미만이기 때문이었다. 그리고 문화부의 14세, 여성부의 19세 논의는 결국 만 16세 미만으로 협의되었다. 14세와 19세의 중간 나이에서 협의되었지만, 한국 법제에서 16세를 기준으로 법 적용이 이루어지는 사항은 없다. 16세 기준이 셧다운제에서 새로 도입되었다.

적용 대상 게임 범위를 어디까지 할 것인가에 대한 논의에서 문화부는 PC 온라인 게임에 한정하는 것으로 주장했고, 여성부는 네트워크상에서 이루어지는 모든 온라인 게임을 적용 범위로 하는 것으로 주장했다. 여성부 주장에 의하면 콘솔 게임, 모바일 게임, 그리고 게임 등을 제공하는 네이버, 다음 등 인터넷 포털 사이트도 그 대상이 되었다. 이와같이 적용 범위에 대한 협의가 이루어지지 않아 국회 법률 통과가 어려워지자, 여성부와 문화부는 적용 범위를 시행령에서 상호 협의해 정하고, 논란이 되는 게임에 대해서는 셧다운제 적용을 일시 유예하는 것으로 합의를 한다.

또한 모바일 게임 등에 대해 적용 유예하기로 합의되었는데, 그 적용 유예 기간을 얼마로 하는가에 대해 다시 충돌이 발생하게 된다. 여성부는 1년 유예를 주장했고, 문화부는 3년 유예를 주장한다. 그리고 이러한 논쟁의 결과 2년 유예로 결정되었다. 14세와 19세 주장이 서로 부딪혀 16세로 결정이 나고, 1년 유예와 3년 유예가 서로 부딪혀 2년 유예로 결정이 났다. 청소년보호법과 게임산업진흥법이 서로 부딪혀 법률은 청소년보호법, 시행령은 게임산업진흥법으로 결정을 했다. 즉, 정책 결정은 양 부처 주장의 중간에서 이루어지는 양상을 띤다.

이와 같이 양측의 주장의 중간 형태에서 결정이 이루어지는 것에 대해 긍정적으로 보는 견해에서는, 한쪽의 일방적 주장에 의해 결정이 이루어지지 않고 양측의 의견이 고루고루 반영되는 것이 좋은 것이라고 판단될 수 있다. 그러나 이에 대해 부정적으로 보는 견해에서는 정책이라는 것이 상인들의 거래와 같은 형태를 띠는 것은 곤란하다고 본다. 이와 같은 거래에 의해 이루어지는 정책은 합리적인 정책이 아니며, 사회적으로 가장 타당한 정책을 시행해야 하는 정부의 책임 있는 자세가 아니라고 본다.

정책 결정에서 이와 같이 양측 주장의 중간 형태에서 합의가 이루어지고 정책이 결정되는 것은 타당한 것일까?

2 여론 수렴 대상과 시차

정책을 준비할 때는 여론을 수렴한다. 시민단체 등의 주장을 받아들여 정책이 기획되기도 하며, 정부가 준비한 정책안에 대해 일반 시민들이 어떻게 생각하는가를 조사한다. 셧다운제는 처음에 시민단체에서 주장한 것이다. 청소년 보호단체, 학부모단체 등에서 청소년 보호를 위한 셧다운제를 주장했고, 결국 여론의 힘을 얻어 여성가족부에서는 셧다운제를 본격적으로 준비하게 된다.

셧다운제가 제정되는 과정에서 여성가족부 및 기타 시민단체에서는 셧다운제의 필요성에 대해 설문조사 등을 시행했는데, 설문조사 결과 셧다운제를 찬성하는 의견이 압도적이었다. 게임산업협회 등 게임 관련 이해관계자들은 셧다운제를 적극 반대했지만, 이런 업계 관계자, 정책안에 대한 직접적인 이해관계자를 제외하고는 찬성 의견이 더 많은 것으로 나타났다. 따라서 셧다운제를 반대하는 게임업계의 의견은 자기 밥그릇 챙기기 정도로 인식되었고, 게임업계 등의 반대에도 불구하고 셧다운제가 추진될 수 있었다.

셧다운제에 대한 일반적인 여론이 완전히 달라진 것은 2011년 4월 셧다운제의 법안화가 이루어진 다음이다. 셧다운제의 도입과 그 내용이 일반에게 알려지면서 네티즌의 반발이 거세졌다. 청소년의 인권을 주장하는 목소리도 나타났고, 실효성 없는 과잉 규제라는 의견, 위헌 소지가 강하다는 의견 등도 나타났다. 셧다운제가 도입되기 이전에도 이러한 반대가 있었지만, 소수 의견이었다. 하지만 셧다운제 도입 이후에는 경실련 등 많은 시민단체에서도 반대 의견을 제시했고, 일반 네티즌 사이에서도 대표적인 불합리한 규제로 규탄의 대상이 되었다. 그리고 2011년 10월, 셧다운제로 인해 블리자드의 스타크래프트 게임 서비스가 야간에는 중단된다는 것이 알려지면서 여성가족부 폐지를 주장하는 트위터 의견 등이 퍼져나갔다.

셧다운제가 도입되기 이전에는 셧다운제 찬성의 목소리가 더 컸다. 그러나 셧다운제가 도입된 이후에는 반대 의견이 압도적으로 더 크다. 이와 같은 변화는 여론 자체가 변화했다기보다는 일반 네티즌들은 셧다운제가 도입되기 전에는 그 내용에 대해 잘 알지 못했기 때문이라 할 수 있다. 법안 도입 이전에 의견을 수렴한다고 했지만, 그 의견 수렴 대상은 학부모단체, 청소년 보호단체, 그리고 게임업계에 한정되었던 것이며, 게임을 즐기는 일반 사람들, 일반 네티즌의 의견은 반영되지 않았다. 일반 사람들은 해당 법안에 대해 잘 알지 못하고 있었으며, 법안 제정 얼마 전에 알았다 하더라도 이미 그 때는 문화부와 여성부 사이에서 셧다운제 도입에 대해 합의가 끝난 다음이었다. 결국 셧다운제 정책 결정 과정에서의 여론 수렴은 한정된 집단에 대한 여론 수렴이었으며 이해관계자 전체에 대한 여론 수렴은 아니었던 것으로 볼 수 있다.

셧다운제 정책 의제 설정 및 정책 결정 단계에서 관련 단체를 중심으로 여론을 수렴한 것은 타당한 것이었을까, 아니면 일반 국민 모두에게 해당 법안의 내용을 알리고 여론을 수렴해야 하는 것이었을까. 그리고 이와 같이 일반적 여론이 달라진 경우, 이미 입법화된 정책은 재고되어야 하는 것인가? 아니면 수년간에 걸친 협의 과정으로 형성된 정책으로서 그대로 집행되어야 하는 것인가?

3 실효성의 문제

셧다운제의 가장 큰 문제점으로 인정되는 것은 그 실효성이다. 셧다운제 실시를 주장하는 근거는 청소년의 수면권과 게임 중독 방지이다. 그런데 셧다운제가 시행되면 과연 청소년의 수면권이 보장될 것이며, 청소년의 게임 중독이 감소될 것인가?

대부분의 청소년이 밤에 잠을 많이 못 자는 이유는 게임 때문은 아닌 것으로 인정된다. 특히 셧다운제의 대상이 되는 만 16세 미만의 경우, 밤 12시 넘어서까지 게임을 하느라 잠을 자지 않는 청소년은 많지 않은 것으로 파악되고 있고, 그러한 현실에서, 밤 12시 넘어 게임하는 것을 막는 셧다운제가 게임 중독 방지에 크게 기여하지는 못할 것으로 보인다.

또 셧다운제 실효성과 관련해 문제되는 것은 과연 청소년들이 셧다운제 때문에 게임을 하지 못하게 될 것인가의 문제이다. 청소년들에 대한 설문조사 결과를 살펴보면, 셧다운제 때문에 밤에 게임을 못하게 될 것으로 생각하는 청소년은 거의 없었다. 부모님의 계정으로 접속하든, 아니면 온라인 게임이 아니라 다른 게임을 하든, 게임을 할 수 있는 방법은 많이 있다. 셧다운제 때문에 밤 12시 넘어 게임을 하고 싶지만 게임을 할 수 없는 상황이 도래하리라고는 예상하지 않고 있다.

하지만 셧다운제를 찬성하는 측에서는, 제도 실행 측면에서 설사 문제가 있다 하더라도 청소년의 수면권과 게임 중독 방지를 위해서는 셧다운제가 어느 정도 기여할 수 있다고 본다. 무엇보다 청소년의 수면권을 보장하고 게임 중독을 방지하겠다는 제도의 의의 자체에 대해서는 많은 사람이 찬성하는 것이 사실이다.

제도의 정당성과 존재 의의는 충분히 인정될 수 있으나 실효성은 의심되는 정책, 이러한 정책을 제정하고 집행하는 것은 의의가 있는 것일까, 아니면 분명히 실효성이 인정되는 정책만을 제정하고 집행해야 하는 것일까?

4 가이드라인으로서의 정책

여성부 측에서도 셧다운제가 크게 실효성이 없다는 것은 인지하고 있다. 그러나 여성부 측에서는 셧다운제가 실효성은 적다 하더라도 게임 중독 방지를 위한 가이드라인으로서 충분한 의의를 가진다고 본다.

여성부의 입장은 이렇다. 청소년들이 담배를 피우지 않고 술을 마시지 않도록 하기 위해 많은 정책이 사용되고 있다. 그러나 실제 청소년들의 흡연율은 낮지 않고 술을 마시는 비율도 높게 나타난다. 즉, 청소년에 대한 금연, 금주정책은 그 실효성이 높지 않다. 그러나 이러한 정책이 실효성이 높지 않다 해서 이런 정책을 제정하는 것 자체가 문제가 될 수는 없다. 청소년이 실제 담배를 피우고 술을 마시지만, 금주, 금연정책이 필요한 것처럼, 셧다운제가 실제 게임 중독을 방지하지는 못한다 하더라도 셧다운제는 충분한 존재 의의를 가진다. 여성부에 따르면, 셧다운제는 실효성 있는 정책이라기보다는 게임 중독 문제에 대한 가이드라인적 정책의 성격을 가지는 것으로 충분한 의미가 존재한다.

이러한 여성부의 입장에 대해 셧다운제를 반대하는 입장에서는, 셧다운제는 다른 가이드라인적 정책, 선언적 정책과 달리 게임업자에게 실질적인 부담을 안겨준다는 사실을 지적한다. 청소년에 대한 금연, 금주정책은 소매상들이 주의를 기울여야 하는 문제일 뿐, 실질적으로 소매상들의 경제적 부담, 사업적 부담을 안겨주지는 않는다. 다만 청소년이 구입하고자 할 때 팔지 않으면 되는 사안이다. 하지만 온라인 게임 셧다운제를 실시하기 위해서는 게임업자는 서버를 구축해야 하고 별도의 시스템을 마련해야 한다. 실질적인 부담이 발생한다. 실효성이 없는 정책이면서도 부담을 발생시키는 정책은 부당한 것으로 본다.

과연 정책은 실효성이 있는 정책만을 제정해야 하는 것일까? 실효성은 적지만 가이드라인적인 역할을 하는 정책을 개발하는 것은 타당할까? 그리고 정책 대상자가 실질적으로 부담이 발생하는가 여부에 따라 가이드라인적인 정책의 타당성은 변화하게 될까?

5 국제적 기준에의 적합 여부

셧다운제의 문제점을 지적하는 주요한 논리 중 하나는 셧다운제가 한국에만 존재하는 제도이며, 세계 다른 나라들의 제도와 충돌한다는 점이다. 세계 표준, 다른 나라들에서 일반적으로 인정되는 인터넷 원칙들이 한국에서 통용되지 않게 되면서 한국의 인터넷 환경은 갈라파고스가 되어 간다. 다른 나라에서 아무 문제

없이 서비스되는 게임이 한국에서는 서비스되지 않게 되며, 결국 한국은 세계 추세를 따라가지 못하게 될 것이라는 우려이다.

실제로 셧다운제로 인해 2011년 11월 전까지 한국의 아이폰, 안드로이드 스마트폰에 게임 계정이 열리지 않았다. 스마트폰이 사용되지만 스마트폰의 게임 계정이 열리지 않는 국가는 OECD 등 세계 주요국 중 한국이 유일했다.

또한 스타크래프트 운영사인 블리자드는 한국에서 셧다운제가 실시되면 청소년뿐만 아니라 성인을 포함한 한국인 모두에게 야간 동안 서비스를 중단할 것을 발표했다. 한국의 게임 서비스는 실명 인증, 나이 인증을 모두 하고 있지만, 외국의 경우 나이 인증을 하지 않는 경우가 많다. 특히 스타크래프트는 10여 년 전에 개발된 게임으로 실명, 나이 인증 시스템이 적용되지 않았다. 블리자드는 현시점에서 한국만을 위해 새로 시스템을 개발해 적용할 수는 없고, 인증 시스템이 없으면 청소년과 성인을 구별할 수 없다고 한다. 따라서 블리자드는 결국 야간 시간 동안 청소년에게 서비스를 중지하기 위해 한국 지역 전체에 대해 서비스를 중단하기로 했다. 스타크래프트는 전 세계에서 가장 유명한 게임이고, 한국인이 가장 많이 즐기는 게임 중 하나이다. 이러한 게임이 전 세계에서 유일하게 한국에서만 야간에 서비스가 중지되는 것은 한국의 인터넷 환경에 문제가 있는 것이라는 것을 반증한다.[9]

이에 대해 셧다운제를 찬성하는 측에서는 제도라는 것은 그 나라의 필요에 따라 제정되고 집행될 수 있다고 본다. 한국의 환경에 필요한 제도라면 제정하는 것이지, 다른 나라의 실시 여부에 따라 한국의 제도가 영향을 받을 필요는 없다고 본다. 또한 한국은 인터넷 선진국에 해당한다. 다른 나라에 없는 제도라도 인터넷 선진국으로서 한국이 새로운 제도를 도입해 나가야 된다고 본다.

한 국가의 정책은 국제 표준에 맞추어서 이루어져야 하는가, 아니면 국제 표준과 상관없이 자국의 실정에만 맞으면 되는 것인가? 그리고 만약에 국제 표준에 따라야 한다면, 과연 어느 정도 수준까지 따라야 하는 것일까?

---

9) 10월 26일 여성부는 스타크래프트에 대해 셧다운제를 적용하지 않는 것으로 시행령을 제정하기로 했다. 따라서 스타크래프트는 서비스가 중지되지 않고 계속 운영이 가능하게 되었다.

참고 문헌

국내 문헌

강성진 (2008). 「지방 소비자행정 시책 활성화 방안 연구」. 한국소비자원 연구보고서 08-05.

——— (2009). 「소비자정책 기본계획 평가 연구: 시행계획 평가를 중심으로」. 한국소비자원, 연구보고서.

강태호 (2005). 고도보존법과 역사문화도시 보존, 경주시, 역사문화도시의 보존과 복원.

건설교통부 · 수자원공사 (1997). 「영월다목적댐건설사업 환경영향평가서(보완)」.

건설교통부, 환경부, 한국수자원공사 등 중앙 및 지방의 관련 기관 내부자료.

공정거래위원회 (2004). 「정부혁신지방분권위원회 설명자료」.

——— (2007.8.31). 보도자료.

과기부 · 산자부 · 정통부 (2006). 「차세대 성장동력산업 육성정책 성과와 향후 과제」.

과학기술정책연구원 (2000). 「기술혁신이론 개관」.

국가과학기술자문회의 (2003). 차세대 성장동력 표준 항목 역할 분담 조정회의 결과.

국회과학기술위원회 (2004). 정보통신부 국감자료.

권기헌 (2010). 「정책분석론」. 서울: 박영사.

기획예산처 (2005. 7.18). 2006년 정보화예산, 중복 투자 방지 · 민간과의 역할 분담을 통한 효율 극대화에 중점. 보도자료.

김광구 (2011). 정부간 갈등과 해소 방안: 해소 방안 설계의 방향. 서울행정학회 동계학술대회 발표 논문.

——— 외 (2009). 광역정부 간 협력 구축 방안 연구. 경기지역환경기술개발센터.

김광웅 (1992). 「사회과학연구방법론」, 서울: 박영사.

김광웅 · 정정목 (2002). 바람직한 새 정부의 조직. 「한국행정학회 동계학술대회 발표논문집」.

김국진 (2004). 위성 DMB의 의의와 발전 방향. 「전파」, 3 · 4월호.

김길수 (1995). 혐오시설의 입지 갈등에 관한 연구. 「전북대 사회과학연구」, 21.

――― (2008). 지방정부 간 정책협력 사례연구: 파주 LCD클러스터 조성사업. 「한국자치행정학보」, 22(1).
――― (2009). 지방정부 간 갈등의 성공적인 조정에 관한 연구: 옥청호 상수원보호구역의 갈등조정 사례를 중심으로. 「한국자치행정학보」, 23(2).
김도연 (2005). IP-TV 도입의 영향 요인과 정책 쟁점. 「방송연구」, 여름호.
김도희 (2001). 비선호시설 입지정책의 추진 단계별 갈등 유발 요인에 관한 연구: 쓰레기처리시설 입지갈등 사례를 중심으로. 한국행정학회 하계학술대회.
김동영 (2011). 정부의 갈등관리 평가모형에 대한 탐색적 연구. 「한국정책과학학회보」, 15(4): 75-103.
김동욱 (2002). 정부조직개편 연구. 바른 사회를 위한 시민회의 세미나 자료집.
김동욱 · 김태윤 · 이창원 (2003). 중앙정부 조직개편과 기능조정 연구. 「한국행정학회 세미나 자료집」.
김명수 (1993). 「공공정책평가론」. 서울: 박영사.
김보영 (2005). 위성 DMB 도입에 따른 정책결정 과정에 관한 연구. 중앙대 석사학위 논문.
김상엽 (2006). 미술시장의 형성과 미술품 거래. 「충북 사학」.
김영평 (1992). 「불확실성과 정책의 정당성」. 서울: 고려대학교출판부.
――― (2002). 정책갈등의 양상과 갈등 관련자의 윤리적 대응. 「정부학 연구」, 8(2).
김영평 · 신신우 (1991). 한국관료제의 기관갈등과 정책조정. 「한국행정학보」, 25(1): 307-324
김용훈 (1996). 기술정책에 있어서 부처조직 간 경쟁에 관한 연구. 서울대학교 대학원 행정학과 박사학위 논문.
――― (2000). 정부 인증 기반 구축을 둘러싼 부처간 경쟁에 관한 연구. 「한국행정학보」, 34(3): 93-109.
김인철 · 최진식 (1999). 지방정부 간의 갈등과 협상에 관한 연구: 대구 위천공단 조성과 부산 낙동강 수질개선 문제를 중심으로. 「한국정책학회보」, 8(3): 99-121.
김종호 · 이창훈 · 신창현 (2004). 환경 분야 갈등 유형 및 해결 방안 연구. 한국환경정책 · 평가연구원.
김창수 · 양기용 (2007). 절차적 합리성의 성과와 함정: 환경갈등 사례의 비교분석. 「한국사회와 행정연구」, 18(3): 61-92.
김평호 (2004). DMB 도입 정책에 대한 반성적 검토. 「한국언론정보학보」, 제26권.
김해동 (2000). 「조사방법론」. 서울: 법문사.
김행범 (1998). 예산지출관료의 행동모형에 관한 공공선택론적 연구. 「한국행정학보」, 32(1): 45-64.
남준우 (2008). 미술품 가격의 결정 요인 분석: 호당 가격제가 성립하는가. 「경제학연구」, 56(2): 139-161.
――― (2011). 미술품 가격결정 요인과 투자 수익률 분석. 「경제학연구」, 59(1): 5-24.
대구 · 경북언론학회 (2004.5). 「DMB와 지역방송 연구」.

도준호 (2005). DMB 도입과 정책적 쟁점. 「방송연구」, 60: 7-33.
동아일보, 중앙일보 등 주요 일간지 보도자료.
디지털타임스, 2001.12.10, 2002.4.9, 2003.3.31.
모미순 (2000). 정보통신정책 형성 과정에 있어서 조직 간 갈등과 조정에 관한 연구. 서울대학교 대학원 행정학 박사학위 논문.
문화일보, 2003.2.7.
박경효 · 정윤수 · 최근희 (1998). 다조직적 구조하에서의 핵심적 집행문제: 국가GIS 정책의 사례. 「한국행정학보」, 32(2): 1-17.
박근후 (1992). 한국의 정책형성과 집행에 있어서 부처 간 비협조와 조정에 관한 연구. 「관동대논집」, 20.
박기묵 (1997). 하천의 상 · 하류지역 간 물분쟁 해결모형: 부산시와 대구시의 분쟁을 중심으로. 「한국행정학보」, 31(4): 227-243.
박만배 · 이영웅 (1999). 국가지리정보체계 구축사업 추진실태. 「계간 감사」, 통권 제62호.
박명희 (2009). 한국의 글로벌 경쟁력 강화를 위한 OECD국가들의 소비자 정책비교연구. 「소비자학연구」, 20(4): 263-286.
박미옥 (2012). 방폐장 이후의 한수원본사 이전 지역갈등 분석. 한국행정학회 발표 논문.
박병식 (1994). 사례조사의 과학적 방법론 연구. 「한국의 관료론: 방법과 실제: 김해동 교수 정년퇴임기념논문집」. 서울대학교 행정대학원 기념논문간행위원회.
——— (2001). 공직자의 개혁의식 내면화 방안. 「한국정책과학학회보」, 5(1): 129-157. 한국정책과학학회.
박정은 (2004.5). 정보화정책의 조정 기능에 관한 분석과 평가. NCA CIO REPORT 04-02호.
박정택 (2004). 「부처간 정책갈등과 조정에 관한 연구: 과학기술기본법 제정 과정을 중심으로」. 고려대 박사학위 논문.
박창신 (2003). 「DMB 도입 정책 방향에 관한 연구」. 서강대학교 석사학위 논문.
박호숙 (2001). 중앙정부와 지방자치단체의 갈등관리전략으로서의 협상론적 접근. 「한국사회와 행정연구」, 12(2): 359-378.
——— (2007). 「사례를 통해 본 정책갈등 관리기법」. 서울, 조명출판사.
방송위원회 (2003). 「신규방송 서비스 도입이 방송산업에 미치는 영향」. 서울: 방송위원회.
——— (2003.7). 「방송법개정법률안 설명자료」.
——— (2004.6.30). 위성이동멀티미디어방송 사업자 선정 정책 방안 마련을 위한 공청회. 공청회 자료집.
——— (2005). 「위성멀티미디어방송사업자 선정백서」.
백병성 (2003). 「소비자행정론」. 서울: 시그마프레스.
——— (2009). 「소비자행정론」(제2판). 서울: 시그마프레스.
산업연구원 (2002). 전통산업과 IT 인프라 융합촉진 연구. 산업연구원 연구보고서.
산업자원부 보도자료, 2003. 2. 21, 2003. 4. 28.

서종수 (2004). 위성 DMB의 국내외 기술기준 및 표준화 동향. 「전파」, 통권 제117호.
성지은 (2006). 새로운 기술 도입에 따른 정책갈등 양상 분석. 「한국정책학회보」, 15(2): 159-185.
소병희 (1996). 공공선택론의 이해와 정책학 분야에서의 응용. 「한국정책학회보」, 5(2): 267-292.
송위진 (2007). 「기술정치와 기술혁신」. KSI 한국학술정보(주).
——— (2010). 「창조와 통합을 지향하는 과학기술혁신정책」. 서울: 한울아카데미.
송해룡 (2002). 디지털라디오(DAB)로의 전환과 정착을 위한 시장 정책 모델 연구. 「커뮤니케이션학연구」, 10(1): 76-106.
시민의 신문. 2005년 1월 31일.
신영수 (2008). 소비자주권의 실현을 위한 경쟁법·정책의 역할. 「경쟁법연구」, 17: 30-34, 한국경쟁법학회.
신형균 (1992). 공공조직의 정책경쟁 및 전략선택과 제도의 역할: 환경규제정책을 중심으로. 고려대학교 박사학위 논문.
안문석 (1997). 정보공동활용과 국가경쟁력. 「정보화저널」, 제4권.
양동복 (2004). DMB 시대의 도래: 위성 DMB를 둘러싼 이슈들. 「신문과 방송」, 통권 405호.
유두련 (2010). 「소비자정책 기본계획 수립 방안 연구」. 한국소비자원 정책연구, 10-16.
유종해 (1988). 「현대조직관리」. 서울: 박영사.
유홍림 · 윤상오 (2005). 전자정부 추진 과정에서의 부처 간 갈등. 「한국행정학회 동계학술대회 논문집」.
윤상오 (2003a). 국가정보화평가 효율화 방안: 정보화사업평가를 중심으로. 「한국정부학회 동계학술대회 발표논문집」.
——— (2003b). 미연방 정부평가제도(Scorecard)와 전자정부 평가. 한국전산원 미발간 자료.
은재호 (2010). 정부 간 분쟁조정제도 개선방안 연구. 국회입법조사처 · 미래도시포럼 주최, 중앙-지방정부 간 갈등 해결의 정책토론회 자료집.
이기종 (2010). 경쟁정책과 소비자정책의 상승작용 촉진 방안. 「상사법연구」, 28(4): 353-375.
이관우 (1985). 「조사분석방법론」. 서울: 형설출판사.
이달곤 (1995). 「협상론: 협상의 과정, 구조 그리고 전략」. 서울: 법문사.
——— 외(2006). 「정책사례연구」. 서울: 대영문화사.
이선우 · 하태권 (2004). 「행정사례연구」. 서울: 한국방송통신대학교출판부.
이성우 (1993). 한국의 정책조정체계: 평가와 대안. 「한국행정연구」, 2(4).
이영철 (2009). 보다 나은 사례연구: 논리와 예시. 「정부학 연구」, 15(1): 189-213.
이종범 (1999). 개혁딜레마와 조직의 제도적 대응: 행정쇄신위원회의 조직화 규칙과 전략. 「정부학연구」, 5(1): 185-227.
이종열 · 권해수 (1999). 지역개발 과정상 지방자치단체 간 갈등분석과 관리전략: 위천공단지정 사례분석. 「한국정책학회보」, 7(3): 159-188.
이현식 (2005). 위성 DMB의 도입기 발전전략에 관한 연구. 중앙대학교 석사학위 논문.
이효민 (2006). 역사도시에서의 도시개발 제한에 대한 문제점과 개선 방안. 공주대대학원 석사학위 논문.
이희선 · 윤상오 (1999). 정보화정책에 있어 정부부처 간 이익 추구 행태에 관한 연구. 「사회과학논총」, 제18집, 한양대학교.
이희숙 (2004). 소비자정책 총괄기구로서 '소비자위원회(가칭)'설치에 대한 건의. 정부혁신지방분권위원회 건의 자료.
장노순 (1991). 공공선택모형 서설: 행정학에 있어서 방법론적 개체주의. 「사회과학연구」, Vol.31. 강원대학교.
재정경제부 (2004). 소비자정책 추진 현황. 정부혁신지방분권위원회 보고자료.
전병서 (2010). 「일본 소비자청 및 소비자위원회 설치법에 관한 연구」. 법제처.
전자신문, 2001.10.11, 2002.4.9, 2003.4.17, 2003.4.24.
정보통신부 (2002). 정보통신부 업무보고.
——— (2003). 정보통신부 업무보고.
——— (2005.7). 국가정보화 기획 · 조정 기능 강화 방안.
——— (2006). 「미래 IT 유망전략품목 발굴보고서」.
정보통신부 보도자료, 2001. 6.25, 2001. 7.28.
정보통신부 · 정보통신연구진흥원 (2006). 「IT 839 MASTER PLAN」.
정보통신연구진흥원 (2006). 「2006년도 정보통신 기술수준 조사보고서」.
정보화평가위원회 (2002, 2003a). 「국가정보화평가보고서: 제1편 정보화사업평가」.
——— (2002, 2003b). 「정보화촉진시행계획-산업정보화촉진시행계획」.
정부혁신 · 지방분권위원회 (2003.5). 참여정부의 전자정부 비전과 추진 원칙.
——— (2003.8). 참여정부의 전자정부 로드맵.
——— (2008). 「참여정부의 행정개혁」.
정인숙 (2004). 위성 DMB 도입을 위한 정책 쟁점과 기본 방향. 미디어경영학회 세미나 발제문.
정정길 (2003). 「정책학 원론」. 서울: 대명출판사.
정정길 · 성규탁 · 이장 · 이윤식 (2004). 「정책평가: 이론과 적용」. 서울: 법영사.
정충식 (2002). 국가경쟁력 제고를 위한 전자정부 구현전략. 「한국행정학회 추계학술대회 발표논문집」.
제일경제. 2004.5.5. 서울경제. 2004.5.26. 매일경제. 2004.6.3.
조영화 (2000). 한국 미술품 경매제도의 현황과 문제점의 개선 방안 연구. 「경희대학교 현대미술연구소 논문집」.
조은기 (2004). 방송통신 융합과 공정경쟁: 융합시장의 특성과 기업 결합을 중심으로. 방송통신포럼 발표 논문. 한국뉴미디어방송협회.
조철주 (2005). 지역통합을 위한 사회적 갈등 해소 방안. 충북개발연구원.

조현승 · 김종호 (2009). 미술품 경매시장에서의 가격결정 요인 분석. 「산업조직연구」, 17(4): 73-95.
주재복 (2001). 지방정부 간 정책갈등의 조정과정과 협력규칙: 서울시와 경기도의 상수원 분쟁을 중심으로. 「한국정책학회보」, 9(1): 141-164.
주재복 · 홍성만 (2001). 중앙부처 간 정책갈등과 조정기제: 동강댐 건설을 둘러싼 건교부와 환경부의 대응행동을 중심으로. 「한국행정학회 하계학술대회 논문집」.
중소기업특별위원회 (2003). 주요 현안 및 정책과제(2003년 대통령 업무보고자료).
천대윤 (2005). 「갈등관리와 협상전략론」. 서울: 선학사.
최병선 (1993). 제도개혁과 민주적 정책조정의 역설. 「한국정책학회보」, 2(1): 46-64.
——— (2003). 한국 미술품 유통의 구조와 개선 방안 연구. 「경희대학교 현대미술연구소 논문집」.
——— (2005). Art Market의 열쇠, 미술품 가격의 구조와 한국의 현실. 「경희대학교 현대미술연구소 논문집」.
최성락 (2011). 미술품 양도세 2년 연기 과정을 보면서. 「*Public Art*」, 1월호.
최연홍 (1998). 핵폐기물 처리시설 입지 선정 과정의 갈등과 해결: 미국의 경우와 한국에의 시사점. 「한국정책학보」, 7(3): 189-212.
TU 미디어(주) (2004.9.24). 「위성 DMB 지상파 재송신에 대한 의견」.
——— (2005.2). 「위성 DMB 사업 현황 및 향후 계획」.
하혜영 (2007). 공공부문 갈등해결에 미치는 영향요인 연구. 서울대학교 대학원 행정학 박사학위 논문.
한국미술문화 미래위원회 (2010). 한국 미술시장 활성화를 위한 제도 개선 및 방안 세미나 자료집.
한국언론학회 (2003). 「위성 DMB 국제세미나」. 서울: 프레스센터.
한국전산원 (2002a). 국가정보화평가 효율화 방안 연구. 한국전산원 연구보고서.
——— (2002b). 정보화평가제도 연구: 해외 사례를 중심으로. 한국전산원 연구보고서.
한광섭 (1996). 미국 통신사업자의 방송시장에의 진출 전략과 그 시사점. 한국통신학회 통신경영연구회. 제2회 정보통신기술정책포럼.
행정자치부 (2005.1). 2005년 전자정부사업 평가계획(안).
——— (2005.10). 행정자치부와 그 소속기관 직제개정령안.
——— (2006. 5.15). 지방이양 활성화 위한 사무배분 "사전심의제도" 도입돼야. 행정자치부 보도자료.
——— (2006. 7.27). 인터넷 포털과 함께하는 "전자민원 G4C". 행정자치부 보도자료.
허경옥 (2009). 소비자기본법 시행 이후 소비자정책의 방향에 관한 소고. 한국소비자원, 「소비자문제연구」, 35: 85-99.
허 범 (1979). 정책종결의 본질과 전략. 「사회과학」, 17: 1-109. 성균관대학교 사회과학연구소.
홍경한 (2010). 미술품 양도세. 「*Public Art*」, 10월호

홍성만 (2000). 정부와 비정부조직의 정책경쟁: 영월(동강)댐 개발정책 사례를 중심으로. 고려대학교 박사학위 논문.
——— (2002). 정부와 비정부조직(NGO)의 정책 경쟁과 합의 형성 과정: 영월(동강)댐 건설을 둘러싼 정책조직과 환경운동연합을 중심으로. 「한국행정학보」.
홍수정 (2010). 지방자치단체-주민 간 갈등과 참여적 의사결정: 울산북구청과 충북 진천 국 사례를 중심으로. 한국정책학회 동계학술대회 발표 논문.
홍은주 (2010). 금융소비자보호기구 설립 타당성에 관한 정책연구. 「여성경제연구」, 7(2): 113-137.
황근 (2004). 위성 DMB 도입 관련 쟁점분석과 평가. 「미디어경제와 문화」, 봄 · 여름 합본호.
황선옥 · 김선경 (2006). 정보화사업 협의조정제도 운영에 관한 정책집행 사례. 「한국정책학회보」, 15(1): 199-225.
CITO실무협의회 (2005.4). 국가CITO 기능 확보 계획.

국외 문헌

Aldrich, H. & M. Fiol (1994), Fools Rush In?: The Institutional Context of Industry Creation, *Academy of Management Review*, 19(4).
Allen, Peter M. (1994). Evolutionary Complex Systems: Models of Technology Change. In Loet Leydesdorff & Peter Van den Besselaar(eds.). *Evolution Economics and Chaos Theory*. New York: St. Martin's Press.
Allison, Graham (1971). *Essence of Decision: Explaining the Cuban Missile Crisis*. Boston: Little, Brown and Company.
Andersen, Esben Sloth (1994). *Evolutionary Economics: Post-Schumpeterian Contributions*. London: Pinter.
Arthur, W. B. (1988). Self-Reinforcing Mechanism in Economics. In P. Anderson, K. Arrow, & D. Pine(eds.). *The Economy as an Evolving Complex System*. Redwood City, CA: Addison-Wesley
——— (1989). Competing Technologies, Increasing Returns, and Lock-in by Historical Events. *The Economic Journal*, 99: 116-131.
——— (1990). Positive Feedbacks in the Economy. *Scientific American*. No.2: 92-99.
Bendor, Jonathan (1985). *Parallel Systems: Redundancy in Government*. University of California Press.
Bijker, W., T. Hughes, & T. Pinch (1987). *The Social Construction of Technological Systems*. Cambridge, MA: MIT Press.
Campbell, John (1984). Policy Conflict and Its Resolution within the Governmental System.

In Ellis Krauss (eds.). *Conflict in Japan.* University of Hawaii Press.

Casper, S. & F. Waarden(ed.) (2005). *Innovation and Institutions: A Multidisciplinary Review of the Study of Innovation Systems.* Edward Elgar.

CISCO SYSTEMS (2005). Connected Government.

David, Paul A. (1985). Clio and the Economics of QWERTY. *American Economics Review,* 75(2): 332-337.

Deutsch, Morton (1973). *The Resolution of Conflict: Constructive and Destructive Process.* New Haven: Yale University Press.

Dunleavy, Patrick (1991). *Democracy, Bureaucracy and Public Choice.* Harvester Wheatsheaf.

Dunn, William N.(1994). *Public Policy Analysis.* Englewood Cliff, NJ: Prentice-Hall.

EIU (2004). The 2004 e-readiness rankings. http://www.eiu.com

Folger, R. W. & M. S. Poole (1984). *Working Through Conflict: A Communication Perspective.* Gleview, Scott, Foresman and Company.

George, Alexander L. & Timothy J. McKeown (1985). Case Studies and Theories of Organizational Decision Making. *Advances in Information Processing in Organizations,* 2: 21-58.

Good, William J. & Paul K. Hatt (1981). *Methods in Social Research.* London; McGraw-Hill Book Company.

GSA (2000). *Capital Planning and IT Investment Guide.* Center for IT Capital Planning. Office of Chief Information Officer.

Hall, Richard H. (1991). *Organizations: Structures, Processes, and Outcomes.* Prentice-Hall.

Hall, Richard H. & Robert E. Quinn (1983). *Organizational Theory & Public Policy.* Sage Publications, Inc.

Heffron, Florence (1989). *Organization and Organizations. The Political Connection,* Englewood Cliffs: Prentice-Hall.

Jenning, Jr., Edward T. (1994). Building Bridges in the Intergovernmental Arena: Coordinating Employment and Training Programs in the Americn States. *Public Administration Review,* 54(1): 52-60.

Jones, C. O. (1977). *An Introduction to the Study of Public Policy*(2nd ed.). Duxbury Press.

Kerling, Fred N.(1986). *Foundations of Behavioral Research,* London: Holt, Rinehart and Winston.

King, Desmond S. (1990). Economic Activity and the Challenge to Local Government. In Desmond S. King & Jon Pierre (eds.). *Challenge to Local Government.* London, Newbury Park, New Delhi: Sage Publications.

Lan, Zhiyong (1997). A Conflict Resolution Approach to Public Administration. *Public Administration Review,* 57(1): 27-35.

Lindblom, Charles (1965). *The Intelligence of Democracy: Decision Making Through Mutual Adjustment.* New York: The Free Press.

Louis, Pondy (1967). Organizational Conflict and Model, *Administration Science Ouarterly*, 122.

Majone, Giandomenico (1989). *Evidence, Argument and Persuasion in the Policy Process.* New Haven and London: Yale University Press.

March, James G. & Herbert A. Simon (1958). *Organizations.* N.Y: John Wiley & Sons.

Meyer, John William & Brian Rowan (1977). Institutionalized Organizations: Formal Structure as Myth and Ceremony. *American Journal of Sociology*, 83: 340-363.

Mulford, Charles & Rogers David (1982). Definition and Model. In Rogers David & Whetten David(eds). *Inter-organizational Coordination: Theory, Research, and Implementation.* Iowa State University Press.

Nelson, R. R. & S. G. Winter (1982). *An Evolutionary Theory of Economic Change.* The Belknap Press of Harvard University Press.

Niskanen, William A. (1971). *Bureaucracy and Representative Government*, Chicago: Aldine Publishing Co.

North, Douglass C. (1990). *Institutions, Institutional Change and Economic Performance.* Cambridge: Cambridge University Press.

Peters, B. Guy (1989). *The Politics of Bureaucracy.* Longman.

Pondy, Louis (1967). Organizational Conflict: Concepts and Models. *Administrative Science Quarterly*, 12(2): 296-320.

Rabe, Barry (1988). The Politics of Environmental Dispute Resolution. *Policy Studies Journal*, 16(3): 585-601.

Reed, R. Steven (1986). *Japanese Prefectures and Policymaking.* Pittsburgh: University of Pittsburgh Press.

Rogers, David L. & David L. Whetten (1982). *Interoganizational Coordination: Theory, Research and Implementation.* Ames: Iowa State University Press.

Rosenkopf, L. & M. Tushman (1994). The Coevolution of Technology and Organization. In Joel Baum & Jintendr Singh(eds). *The Evolutionary Dynamics of Organigations.* New York, NY, Oxgord University Press.

Schmidt, Stuart M. & Thomas A. Kochan (1972). Conflict: Toward Conceptual Clarity. *Administrative Science Quarterly*, 17(3): 359-370.

Stake, Robert E. (1995). *The Art of Case Study Research.* Thousand Oaks: Sage.

Suchman, Mark C. (1995). Managing Legitimacy: Strategic and Institutional Approaches. *Academy of Management Review*, 20(3): 571-610.

Thompson, James D. & W. J. McEwen (1958). Organizational Goals and Environment. *Administrative Science Quarterly*, 4:121-137.

Weiss, Janet A. (1987). Pathways to Cooperation among Public Agencies. *Journal of Policy Analysis and Management*, 7(1): 94-117.

Yanay, Uri (1989). Reaction to Domain Overlap. *Administration & Society*, 21(3).

Yin, Robert K.(1989). *Case Study Research ; Design and Methods*. Beverly Hills CA: Sage Publishing.

——— (1993). *Applications of Case Study Research*, Beverly Hills CA: Sage Publishing.

——— (2002). *Case Study Research: Design and Methods*. 3rd ed. Thousand Oaks, CA: SAGE Publications. 신경식 · 서아영(옮김)(2005). 「사례연구방법」. 서울: 한경사.

日本 消費者廳.(2010). 消費者基本計劃.

cafe.naver.com/noshdown (셧다운 반대 운동본부)
www.assembly.go.kr (대한민국 국회)
www.kinds.or.kr (한국언론재단)
www.law.go.kr (한국법령정보센터)
www.mcst.go.kr (문화체육관광부)
www.mogef.go.kr (여성가족부)
www.most.go.kr (기획재정부)
http://www.mediamob.co.kr(검색일: 2011.4.11).
http://likms.assembly.go.kr/bill/jsp/main.jsp)(검색일: 2011.4.10)

찾아보기

ㄱ

ㅊ

ㅋ

ㅌ

ㅍ

ㅎ

저자 소개

박병식(朴柄植) Park, Byoung Sik

연락처: parkbs@dongguk.ac.kr

현 직: 동국대학교 사회과학대학원 원장, 사회과학계열대학 학장, 지역정책연구소 소장

학 력: 동국대학교(경제학사), 서울대학교 행정대학원(행정학 석사), 서울대학교 일반대학원(행정학 박사)

경 력: (현)한국행정학회 행정사례연구회 회장, (현)한필행정연구회 회장, 국회예산정책처 자문위원, 한국행정학회 교육취업위원장, 한국정책분석평가학회 회장, 행정고시, 입법고시, 7급공무원 출제위원, 농림수산식품부 · 소방방재청 평가위원

저 서: 「현대도시와 행정」(공저, 2009, 대영문화사)
「정책사례연구」(공저, 2002, 대영문화사)
「한국사회와 행정개혁」(공저, 2002, 법문사)

논 문: "지방자치단체 거버넌스 시스템의 모형 구축과 측정"(2013)
"박근혜 정부의 지방의회 발전 방안"(2013)
"ODA 국별 지원전략 평가기준 관계분석에 관한 연구"(2010)
"정부 업무평가의 효율적 운영 방안"(2001) 외 다수

이영철(李永喆) Lee, Yung Chul

연락처: youngcleee@hanmail.net

현 직: 전남대학교 행정학과 교수

학 력: 고려대학교 행정학과(행정학사, 행정학 석사)
미국 University of Notre Dame(정치학 박사)

경 력: 미국 사회과학연구협의회 Research Fellow, 지방분권추진위원회 실무위원, 중앙행정

심판위원회 위원, 한국행정학회 이사
저 서: 「딜레마와 제도의 설계」(공편저, 2009, 나남)
「교육정책 왜 자꾸 바뀌나」(2001, 백산서당)
「자본주의의 유형」(데이빗 코우츠 저, 역서, 2003, 문학과지성사)
논 문: "근거이론의 근거에 대한 음미: 방법론과 방법"(2014)
"포스트모던 행정학과 공공성 탐색"(2011)
"보다 나은 사례 연구: 논리와 예시"(2009)
"재편의 정치와 노동의 재편: 한국노동정책의 원형"(1999) 외 다수

김상봉(金相奉) Kim, Sangbong

연락처: s-kim@korea.ac.kr
현 직: 고려대학교 공공행정학부 교수
학 력: 고려대학교(행정학사), 서울시립대(도시행정 석사), 동경공대(정책학 박사)
경 력: 노무라종합연구소 사업전략연구실장, 국회사무처 입법고등고시 출제위원, 고려대학교 행정대학원장, 문화체육관광부 예산집행심의회 위원
저 서: 「공공투자분석」(2009, 세창출판사)
「비용편익분석의 이론과 실제: 공공사업평가와 규제영향분석」(공저, 2004, 박영사)
논 문: "공공투자사업 재평가시스템 구축과 그 적용에 관한 연구"(「정책분석평가학회보」, 2006)
"공공투자사업평가의 형평성적용에 관한 논고와 대안 탐색"(「도시행정학보」, 2006)
"공공투자사업의 편익평가와 소비자잉여분석에 관한 연구"(「도시행정학보」, 2000) 외 다수

백병성(白秉星) Beak, Bung Sung

연락처: bbs1000@hanmail.net
현 직: 경찰대학 치안정책연구소 선임연구관
학 력: 단국대학교(행정학사, 행정학 석사, 행정학 박사)
경 력: 한국소비자원 정책연구실 선임연구위원
미국 유타(Utah) 주립대학교 방문연구원
저 서: 「소비자정책기본계획 수립 방안 연구」(2010, 한국소비자원)
「소비자행정론」(제2판)(2009, 시그마프레스)
「소비자의 문제행동 현황 및 사례연구」(2009, 한국소비자원)
논 문: "경찰 서비스의 '고객의 소리' 운영 시스템과 문제점 연구"(2013)
"연결망 측면을 통해 본 경찰간부 반부패 대책"(2012)
"OECD 소비자정책 분석틀을 기준으로 본 한국의 소비자정책"(2012) 외 다수

성지은(成知恩) Ji Eun Seong

연락처: jeseong@stepi.re.kr

현 직: 과학기술정책연구원 연구위원

학 력: 숙명여자대학교(학사), 고려대학교(석사, 박사)

경 력: 고려대학교 정부학연구소 선임연구원(2002. 5 ~ 2004. 4)
고려대학교 정부학연구소 책임연구원(2004. 5 ~ 2005. 2)
과학기술정책연구원 연구위원(2005. 3~)

저 서: 「사회문제 해결을 위한 과학기술혁신정책」(공저, 2013, 한울아카데미).
「미래지향형 과학기술혁신 거버넌스 설계 및 개선 방안」(공저, 2010, 과학기술정책연구원)
「정보통신산업의 정책 진화」(2005, KSI 한국학술정보).

논 문: "지속 가능한 사회기술 시스템으로의 전환실험 비교: 지역 기반의 녹색 전환 실험을 중심으로"(공저, 「기술혁신연구」, 2014).
"사회문제 해결형 혁신과 사회－기술기획"(공저, 「과학기술학연구」, 2013).
"과학기술혁신 패러다임 변화와 거버넌스 개편 방안"(「기술혁신학회지」, 2013)
"신종전염병: 광우병 위험 거버넌스를 중심으로". 「불확실성에 대응하는 위험거버넌스: 신기술 및 신종재난을 중심으로」(김은성 편저, 2009, 법문사) 외 다수

유홍림(柳鴻林) Yoo, Hong－Lim

연락처: yhl1223@hanafos.com

현 직: 단국대학교 교수, 단국대 공공인재대학 학장

학 력: 한국외국어대학(행정학사), 고려대학교 대학원(행정학 석사)
미국 University of Texas at Austin(박사)

경 력: 안전행정부 자체평가위원장(현)
공기업 경영평가 위원, 책임운영기관평가단장, 한국조직학회 회장 등 역임

저 서: 「행정과 조직행태」(공저, 2011, 대영문화사)
「통계와 정책」(공저, 2010, 통계교육원)
「한국행정 60년」(공저, 2008, 법문사)
『정부조직진단』(공저, 2002, 대영문화사)

논 문: "대부처주의 정부기관의 효과분석: 교육과학기술부 공무원의 인식을 중심으로"(2014)
"ACMS 모형을 활용한 정책변동 분석: 건강보험통합정책을 중심으로"(2013)
"정부위원회 운영에 있어서 민간부문의 참여반영성 분석: 정권별 로스쿨제도 관련 자문위원회를 중심으로"(2012) 외 다수

윤상오(尹相五) Yun, Sang-Oh

연락처: yuliss@dankook.ac.kr

현　직: 단국대학교 공공인재대학 공공관리학과 교수, 단국대학교 교수학습개발센터장

학　력: 한양대학교(행정학사, 행정학 석사, 행정학 박사)

경　력: 한국전산원(현 한국정보화진흥원) 선임연구원(2001.4~2005.8)
국무조정실 정보화평가위원회 위원(2006.4~2006.12)
행정자치부 정보화 실무평가위원회 위원(2006.10~2007.5)
대통령소속 국가정보화전략위원회 전자정부전문위원회 전문위원(2011.12~2013.2)

저　서: 「정보통신기술과 행정」(공저, 2014, 대영문화사)
「빅데이터와 위험정보사회」(공저, 2013, 커뮤니케이션북스)
「전자정부정책평가론」(공저, 2008, 학림사)

논　문: "빅데이터의 위험 유형 분류에 관한 연구"(2013.6)
"성과지향적 국가정보화사업 관리를 위한 성과관리체계 개편에 관한 연구"(2012.12)
"온라인 정책 참여의 효과성에 관한 연구"(2012.4) 외 다수

이상길(李相吉) LEE SANG KIL

연락처: ansf0628@naver.com

현　직: 정보통신기술진흥센터 팀장

학　력: 한남대학교(법학석사), 고려대학교(행정학 석사, 행정학 박사)

경　력: 유럽연합공동연구개발 프로그램 ICT 분야 한국측 연락관
정보통신산업진흥원 산업기반팀장
정보통신기술진흥센터 사업총괄 팀장

논　문: "QCA Calibration 방법론에 의한 기술 분야별 선도국가 분류: 개방형 혁신과 기술 발전에 따른 정부 역할의 변화 연구"(박사논문)(2012)
"한-EU IT R&D 협력방안 연구"(「정책연구」, 2007) 외 다수

주재복(朱宰福) Jaebok Joo

연락처: jjb@krila.re.kr

현　직: 한국지방행정연구원 연구위원(지방조직분석진단센터 소장)

학　력: 국민대학교(행정학사), 고려대학교(행정학 석사, 행정학 박사)

경　력: 국민대통합위원회 갈등포럼위원
국민권익위원회 평가위원
지방분권촉진위원회 실무위원

저　서: 「공유재와 갈등관리」(공저, 2004, 박영사)

논　문: “한국과 일본의 지방자치단체 위원회 실태 분석”(공저, 2014)
“정부갈등의 유형과 해결방법의 특성에 관한 연구”(공저, 2014)
“지방자치단체 간 협력적 거버넌스 성공 요인 분석”(2013) 외 다수

최성락(崔誠洛) Choi, Seong Rak

연락처: haihabar@gmail.com
현　직: 동양미래대학교 교수
학　력: 서울대학교(경제학사, 행정학 석사, 행정학 박사), Assist(경영학 박사)
경　력: 한국정보보호진흥원 연구원
저　서: 「정책사례연구」(공저, 2014, 대영문화사)
「Decentralization and Development」(공저, 2010, 서울대학교출판부)
「인도의 행정과 공공정책」(공저, 2009, 법문사)
논　문: “셧다운제 정책 효과에 대한 인식 변화 연구”(「게임학회지」, 2014)
“게임머니 거래에서 발생하는 거래비용의 실증 분석”(「경영학연구」, 2013)
“주폭 척결 프로그램이 주민의 주취자 지불의사액에 미친 영향 분석”(「한국행정학회보」, 2012) 외 다수

홍성만(洪性滿) Sungman Hong

연락처: smgreen@anyang.ac.kr
현　직: 안양대학교 행정학과 교수
학　력: 고려대학교(행정학사, 행정학 석사, 행정학 박사)
경　력: 환경분쟁연구소 이사, 행정자치부 합동평가위원
저　서: 「공공갈등: 소통, 대안 그리고 합의형성」(공저, 2007, 르네상스)
「공유재와 갈등관리」(공저, 2004, 박영사)
논　문: “학교문화예술교육정책의 준거모델 탐색에 관한 연구”(2012)
“정부의 역할과 규제협상의 효과성”(2011)
“한강수계 오염총량제 집행과정의 협력 탐색”(2010) 외 다수

같은 방향, 다른 행로?

- 중앙부처 간 갈등과 협력 사례 -

펴낸날 / 제1판 제1쇄 2014년 10월 30일

지은이 / 박병식 · 이영철 외

펴낸이 / 임춘환

펴낸곳 / 도서출판 대영문화사

주소 / 서울특별시 용산구 청파로 61길 5(청파동 1가) 제일빌딩 2층

등록 / 1975년 12월 26일 제3-16호

전화 / (02)716-3883, (02)714-3062

FAX / (02)703-3839

홈페이지 / http://www.dymbook.co.kr

ISBN 978-89-7644-498-1

〔값 13,000원〕